JN231636

いちばんやさしい

四柱推命入門

神野さち＝著

ナツメ社

はじめに

運命のあやなす糸に導かれて私が名のある占術家の元に弟子入りしたのは、70年代後半だったと記憶しています。巷は活気に溢れ、それでも人は様々な不安や悩みを抱えていました。そしてその頃から「占い」は生きていくための処方箋として、身近な存在になりつつありました。毎日が、カリキュラム無き生きた占い修業でした。「見て、聞いて盗んで覚えよ」と極めて昭和な環境の中で、アナログ回路で人生を考える良い経験をしました。善悪を測る「ものさし」は人それぞれが違い、一様に判断することはできません。だからこそ運に良し悪しなし。禍福はあざなえる縄の如し。その視点を大切にしながら占いに携わり、40年を経た今もその想いは変わりません。より深く多角的に運命を鑑定したいとの思いで西洋から東洋へと占術の研究を進めて行くうちに、驚異の的中率を誇ると言われる「四柱推命」に行き当たりました。
ところが、鑑定方法が複雑なためか、世間一般的に敷居が高いと思われているのが残念なことでした。「いちばんやさしい」形にして、四柱推命の素晴しいエッセンスだけでもしっかり伝えたいという思いから、この本を書きました。少しでもあなたの人生のお役に立つことができれば、うれしいです。

神野さち

いちばんやさしい四柱推命入門

もくじ

第五章

運勢の流れを知る

第一章

四柱推命とは？

その成り立ちは６世紀にまでさかのぼる四柱推命。驚異的な的中率を恐れて生年月日を公表しない君主や貴族も少なくありませんでした。四柱推命は生年月日を四つの柱に見立て運命を予見する占いです。この占術の構成を分かりやすく解説しましょう。

四柱推命の成り立ち

四柱推命は、個人の性格を分析しながら未来を読み解く的中率の高い占術です。はじめはちょっと難しいかもしれませんが、必ず開運や人間関係の改善に役立ちます。

万物は、5つの要素から成り立っている

四柱推命は古代中国、隋・唐の時代（6～7世紀）にその考え方が生まれたとされ、宋の時代（西暦960～1279年）に徐子平という人が著した『淵海子平』が四柱推命の原書と言われています。

明の時代（1368～1644年）には、劉伯温という人が『滴天髄』という四柱推命の本を書いています。

四柱推命が日本に伝わってきたのは江戸時代中期（西暦1710年頃）とされていて、当時、長崎にいた医師、桜田虎門によって『推命書（上・中・下）』が著され、だんだんと四柱推命が一般に普及していくことになります。

四柱推命の基本となる考え方は陰陽五行説です。

万物は「木」「火」「土」「金」「水」の5つの要素から出来ていて、相反する性質を持つ「陰」と「陽」の二種類の「気」に分けられ、そして、これらの基本的な要素と気が、化合したり転変して、この世のすべてを作り上げている、というのが陰陽五行説です。

この陰陽五行説では、天の気の運行を十種類に分類したものを天干と言い、甲・乙・丙・丁・戊・己・庚・辛・壬・癸があります。それぞれの読み方と陰陽五行の分類は9ページの表1をごらんになってください。

天干は、馴染みが薄いかもしれません。丙午生まれというような時の丙が天干で、丙は陽の火（火の兄）のことです。午が十二種類の地支です。

十二支については、「今年は戌年」などと言われるので、よくごぞんじでしょうが、9ページの表2を見るとわかるように、地支の動物も、それぞれ「木」「火」「土」「金」「水」の意味合いを持っていることが分かります。

陰陽五行説は、四柱推命だけでなく、九星気学や風水などの占術、あるいは還暦、厄年、厄除けなどの考え方の出発点です。また、東洋医学も、漢方や薬膳の説明文の中に、十干十二支（天干と地支）を見かけたことがあるかもしれません。

それぞれの年、月、日、時間に、十干十二支が付いている

さて、例えば2018年は、戌年ですが、これでは地支だけしか言い表していません。正確には、戊戌の年です。10の天干と12の地支は、規則的に回ってくるので、60通りの組み合わせがあります。

還暦というのは、その人の生まれた年とまったく同じ十干十二支の年が、60歳

■六十甲子と空亡（表3）

全ての年、月、日、時間には、天干と地支を組み合わせた60種類の意味合いがあります。丙午(ひのえうま)とか甲戌(きのえいぬ)です。
四柱推命では、その人の誕生日の天干地支を元に鑑定します。
詳しくは付録の4ページを見てください。

1	11	21	31	41	51	
木の兄 子	木の兄 戌	木の兄 申	木の兄 午	木の兄 辰	木の兄 寅	
2	12	22	32	42	52	
木の弟 丑	木の弟 亥	木の弟 酉	木の弟 未	木の弟 巳	木の弟 卯	
3	13	23	33	43	53	
火の兄 寅	火の兄 子	火の兄 戌	火の兄 申	火の兄 午	火の兄 辰	
4	14	24	34	44	54	
火の弟 卯	火の弟 丑	火の弟 亥	火の弟 酉	火の弟 未	火の弟 巳	
5	15	25	35	45	55	
土の兄 辰	土の兄 寅	土の兄 子	土の兄 戌	土の兄 申	土の兄 午	
6	16	26	36	46	56	
土の弟 巳	土の弟 卯	土の弟 丑	土の弟 亥	土の弟 酉	土の弟 未	
7	17	27	37	47	57	
金の兄 午	金の兄 辰	金の兄 寅	金の兄 子	金の兄 戌	金の兄 申	
8	18	28	38	48	58	
金の弟 未	金の弟 巳	金の弟 卯	金の弟 丑	金の弟 亥	金の弟 酉	
9	19	29	39	49	59	
水の兄 申	水の兄 午	水の兄 辰	水の兄 寅	水の兄 子	水の兄 戌	
10	20	30	40	50	60	
水の弟 酉	水の弟 未	水の弟 巳	水の弟 卯	水の弟 丑	水の弟 亥	
戌亥	申酉	午未	辰巳	寅卯	子丑	空亡

■天干の表（表1）

この陰陽五行説をベースにして天の気の運行を10種類に分類したものを天干と言い、甲・乙・丙・丁・戊・己・庚・辛・壬・癸の十干となります。それぞれの読み方と陰陽五行の分類は次の通りです。※本書では訓読みで表記します。

	音読み	訓読み	五行分類	陰陽
甲	こう	きのえ　(木の兄)	木	陽(＋)
乙	おつ	きのと　(木の弟)	木	陰(－)
丙	へい	ひのえ　(火の兄)	火	陽(＋)
丁	てい	ひのと　(火の弟)	火	陰(－)
戊	ぼ	つちのえ(土の兄)	土	陽(＋)
己	き	つちのと(土の弟)	土	陰(－)
庚	こう	かのえ　(金の兄)	金	陽(＋)
辛	しん	かのと　(金の弟)	金	陰(－)
壬	じん	みずのえ(水の兄)	水	陽(＋)
癸	き	みずのと(水の弟)	水	陰(－)

■十二支の早分かり表（表2）

地の気が季節の移り変わりによって12種類に分類されたものを地支と言い、子・丑・寅・卯・辰・巳・午・未・申・酉・戌・亥の十二支となります。それぞれの読み方と陰陽五行の分類は次の通りです。

		五行分類
子	ね	水
丑	うし	土
寅	とら	木
卯	う	木
辰	たつ	土
巳	み	火
午	うま	火
未	ひつじ	土
申	さる	金
酉	とり	金
戌	いぬ	土
亥	い	水

でめぐってきたという意味なのです。

60通りの組み合わせは、9ページの、表3「六十甲子と空亡」を見てください。

ところで、十干十二支が付いているのは、「年」だけではありません。「月」「日」「時間」にも、それぞれの十干十二支があります。旧暦の暦があれば、すぐに見ることが出来ますし、最近では、インターネットでも、簡単に調べられます。

四柱推命は、あなたの生まれた年、月、日、時間の十干十二支を使って、その組み合わせから、性格や、親から受け継いだものや、運勢を鑑定する占術です。

生まれ年を年柱、生まれ月を月柱というように分けて、それぞれの4つの柱に、十干十二支の組み合わせから割り出した10種の通変星（宿命星、あるいは単なる星という）のどれかが、入るのです。

通変星は、西洋占星術の12星座のように、かなりハッキリとしたキャラクターを持っています。もちろん他にも補運や吉凶星などいろいろな要素が絡んできますが、まずは自分の通変星を知ることが重要です。

四柱推命の命式が表すもの

四柱推命は、陰陽五行説に従って、生まれた年、月、日、時間がそれぞれ持っている天干と地支の組み合わせで占います。まず、自分の命式を記入して運命図を作成しましょう。

生まれた時間が不明でも、充分な鑑定が可能です

さて、四柱推命は、生まれた年、月、日、時間の、それぞれの柱に入っている通変星を割り出すのが第一段階ですが、生まれた時間が分からないという方も、少なくないでしょう。その場合は、年、月、日の三柱の通変星や補運（108ページを参照）を調べただけでも、充分に鑑定できます。

四柱推命の様々な流派の中には、時柱は、主として晩年運や、人生の終末を占うのに使用することから、あえて見ないという占術家もいるほどです。

本書では、生まれた時間が分かっている方は、時柱も、調べてごらんになることをお薦めしています。時柱の働きは、あまり強くは出ないのですが、三柱の通変星のバランスがそれほど良くない場合でも、時柱に入っている通変星の働きがプラスに作用することもあると考えているからです。

別冊付録を使って自分の命式を作りましょう

四柱推命を占うには、まず命式を作成することが必要です。本書では、できるだけ簡単に命式が割り出せるように、別冊付録をつけました。付録に書いてある説明の手順に従って、付録の表の中からあなたが該当する十干十二支や、数字を選んで別冊付録3ページの表のマスの中に記入していけば、10分間くらいで命式が完成できます。ご自身の命式だけでなく、家族や恋人やお友達や上司の命式も作ってみたいと思われる場合は、別冊付録3ページの表をコピーして、その紙に命式を記入してください。

少し慣れてくると、表に記入しただけでいろんな事が読み取れるようになるでしょう。

ところで、インターネットを使える方は、生年月日を記入するだけで命式を調べてくれるサイトを発見するかもしれません。しかし、サイトの中には、本書とは違う流派の占術家の方もいらっしゃいます。別冊付録で割り出したものとは違った通変星などが出てくる場合もあるので、注意してください。

たとえば、上段の星（年柱、月柱、時柱）は、同じになるのですが、下段の星が変わってきます。それは、同じ月の生まれでも月が変わってから何日経過したかによって、通変星が違ってくるという考え方を取っているからです。その境目の日付が、流派によって違います。また、日柱の星も生まれた時間によって変わるという考え方もあります。

■四柱推命　個人の命式（運命図）

時柱	日柱	月柱	年柱
子供、孫 後輩、部下、弟子 幼年運（～4歳） 晩年運（65歳～） 出来事の結末	配偶者、パートナー 恋愛、結婚、SEX 中年運（40～65歳） 美意識 好みの異性	自分自身 性格、才能 仕事運、家庭運 青年運（18～40歳） 価値観 全ての基本	祖先、両親 目上、上司 家、不動産 引き立て運 初年運（4～18歳） 出来事の序章

	時柱	日柱	月柱	年柱
上段 行動パターン 印象 ルックス	（補運） 通変星 時の天干・時の地支	日の天干・日の地支	（補運） 通変星 月の天干・月の地支	（補運） 通変星 年の天干・年の地支
下段 隠された性格 本質 生き方	（補運） 通変星 時の下段の天干	（補運） 通変星 日の下段の天干	（補運） 通変星＝中心星 月の下段の天干	（補運） 通変星 年の下段の天干

自分の空亡 □□（地支２種）

昨年の運 □ ― □（補運）

今年の運 □ ― □（補運）

来年の運 □ ― □（補運）

□年□月□日□時 生まれ　※日の天干は日主ともいう

通変星の分類と力関係

四柱推命で一番重要なのは、10種類の通変星です。それぞれに個性的なキャラクターがあり、星同士の相性もあります。まずざっとこれらの星の特性を掴んでください。

それぞれに特徴があり、良い面、悪い面を持っている

別冊付録を使って、あなたの命式を完成させることができましたか？

四柱推命は、生まれた日の十干十二支を基本として、生まれた年や月や時間の持っているそれぞれの十干十二支との組み合わせで、通変星（宿命星ともいう）を割り出していきます。

年柱、月柱、時柱には、上下段にそれぞれの通変星、日柱には、下段だけに通変星が記入されていれば、正しく命式が完成しています。生まれた時間の分かっている人は、合計7つの通変星が入っているはずです。時間が分からない人は、5つの通変星が記入されます。

通変星は10種類ありますが、自我の星、表現の星、財の星、地位の星、名誉の星の5種類の、それぞれ正統派と変化型に分かれています（13ページの表参照）。

その人が、何を一番大切にして生きているかを5つに分類し、それを実行していくときに、正面突破の方法を取るか、あるいは型破りな方法で行動するかで、分けています。

四柱推命が誕生した頃の古代中国では、10種類の通変星のうち、食神（しょくしん）、偏財（へんざい）、正官（せいかん）、印綬（いんじゅ）を吉星として尊んでいたこともありましたが、昨今は、それぞれの通変星が吉の作用も凶の作用も持っていると解釈されています。

また、それぞれの通変星には、力関係があり、13ページの中段の図で分かるように、隣のグループとは協調し合いますが、一つ置いた次のグループのことは、剋（こく）するといって、特性を弱めたり悪い面を強調してしまうという作用が出ます。

ただし、ある通変星を剋している星が、他の通変星に剋されている場合は、その作用が弱まると見ます。

同じ自我の星のグループに属する通変星…例えば比肩（ひけん）と劫財（ごうざい）は、兄弟星といい、類似的なキャラクターを持っていると見なされています。また、同じ通変星が二つ命式の中にある場合は、この星の特質が強まると同時に、兄弟星の性格も帯びると考えられています。

命式の中のどこにあるかで、通変星の働きに違いが出る

四つの柱のうち、月柱下段にある通変星のパワーが一番強く出ます。それゆえ、月柱下段の星は、別名、中心星と呼ばれています。中心星のキャラクターが、その人の本質的なことを司っていると思ってください。ただし、この星を剋している星が命式の中にあると、キャラクターが弱まったり、悪い方向にシフトして出

10種の宿命星の兄弟関係

兄弟星		通変星の表す意味	何に優先順位をおいて生きているタイプか
正統派の星	変化型の星		
比肩（ひけん）	劫財（ごうざい）	自我の星	しっかり者、自負心達成のためにがんばる
食神（しょくしん）	傷官（しょうかん）	表現の星	おしゃべり、グルメ、快楽追求型
正財（せいざい）	偏財（へんざい）	財の星	経済観念が発達している。行動的
正官（せいかん）	偏官（へんかん）	地位（官）の星	権力が好き、正義感が強く律儀
印綬（いんじゅ）	偏印（へんいん）	名誉（知性）の星	プライドが高い、知的好奇心旺盛

5種の星 応援の構図

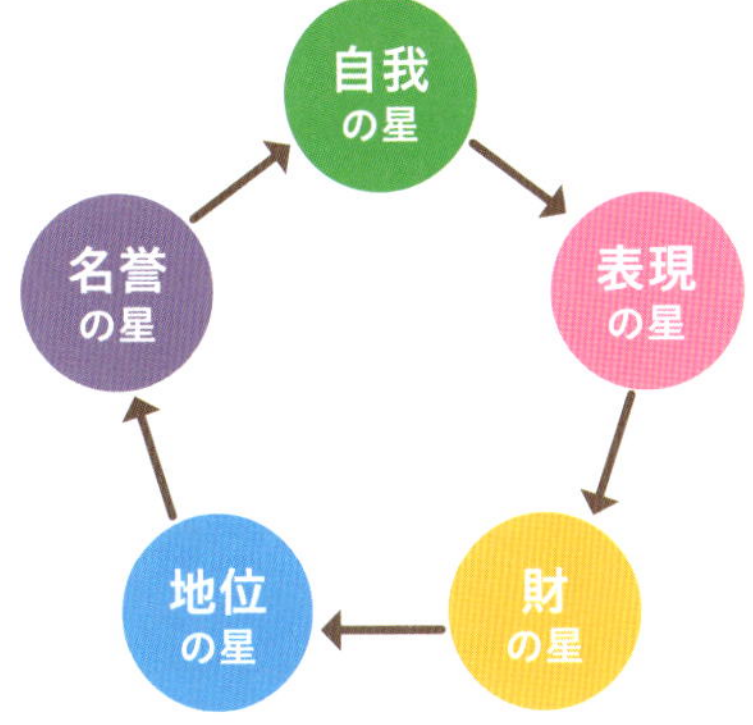

5種の星 相剋

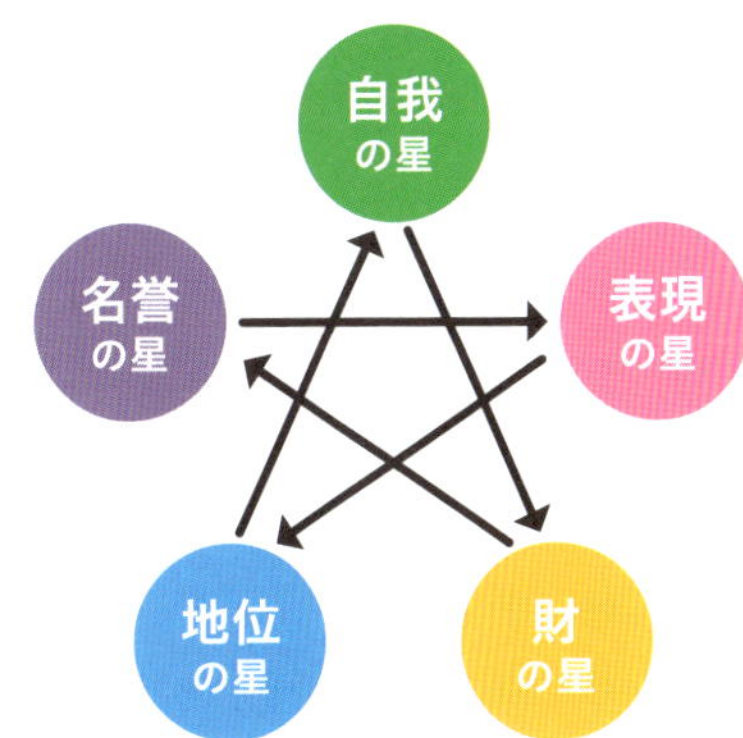

てしまう可能性があるでしょう。しかし、中心星を剋している星自体が剋されている場合は、バランスが取れるので、悪い作用は弱まります。

月柱や年柱の上段にある通変星は、その人の表面的な性格に現れます。付き合いが浅い間や、社交的な振舞いは、だいたい上段の星に左右されているのです。また、見た目やフィーリングも、上段の星が強く働いています。

日柱下段の星は、その人の美意識や、恋愛のしかたや、惹（ひ）かれる相手のタイプなどに表れます。

通変星は、命式のどこに位置していても、基本的な特性は変わりません。

第二章では、まず、あなたの中心星のの通変星のところを読み、次に月柱上段にある通変星や、命式の中に複数持っている通変星のところも読むことで、総合的に自分を知ることができるでしょう。

あなたの命式の中に入っている7つの通変星（時柱が分からない人は5つの通変星）と、相性の良い通変星があったら、応援団がいるので、その星の力は強まっています。相性の悪い星があったら、剋されているので、悪いほうに出ます。

10の通変星のキーワード

四柱推命には10種類の通変星がありますが、まずそれぞれのおおよそのキャラクターを理解するところから始めましょう。

四柱推命では、性格を理解し、生き方のクセを分析し、未来を読むための「命式」を作ります。それは西洋占星術のホロスコープのようなもので、あなたの人生のカルテです。この「命式」は、年柱、月柱、日柱、時柱から成り、全部で7つの通変星（重複している場合もある）を持っています。まず、10の通変星の個性を把握してください。それらの通変星の位置や数、組み合わせなどが鑑定の基になります。

比肩（ひけん）

◆アスリート的で実行力のある人
◆自分の力で生き抜く、がんばりやさん
◆シンプル志向で隠し事や、策略は苦手
◆自負心、競争心が原動力になるタイプ

劫財（ごうざい）

◆ギャンブラー的なスリルを好む人
◆自力で成し遂げようとする意識が強い
◆瞬時に論理的な判断や計算ができる
◆「華麗な自分像」が、努力の源

偏財（へんざい）

◆証券マンや豪商など、商才に長けた人
◆嗅覚が鋭く、臨機応変に行動できる
◆多趣味で面倒見もよく、人脈は広い
◆経済的にサクセスするのが、最終目的

食神（しょくしん）

◆芸能人や料理人的なパフォーマー
◆注目され、賞賛を浴びるためには働く
◆サービス精神が旺盛で楽観的で鷹揚
◆「楽しいことしたい」が、エネルギー源

正財（せいざい）

◆銀行マンや税理士など堅めの実務派
◆合理的な判断で感情を制御できる人
◆誠実で勤勉でマメだが面白みは少ない
◆正当な労働対価で経済的安定を目指す

傷官（しょうかん）

◆辛口コメンテーターや演出家的な人
◆明晰な頭脳を認められたくて努力する
◆ロマンチストで人情に厚い面もある
◆「独創的な表現をする」が、全ての動機

偏官

◆昔なら革命家や武将、現代では起業家
◆リーダー志向がパワーの原動力
◆おだてに弱く、情にもろい面もある
◆目標は「完璧な仕切りでビジョン実現」

正官

◆キャリア官僚や、企業の継承者タイプ
◆正しい規律を広めることに心血を注ぐ
◆上品で温厚で、何事にも無理はしない
◆正当に評価されることにこだわる

偏印

◆考古学者や俳人、昔なら吟遊詩人
◆一風変わったセンスや技能の持ち主
◆ウィットに富み、きまぐれな皮肉屋
◆知的好奇心が、全ての言動のベース

印綬

◆学者 、教育者、僧侶などアカデミック派
◆誰からもリスペクトされる勉強家
◆重厚で落ち着きがあり、包容力もある
◆プライドが高く、実より名誉を重んじる

第二章

本当の自分を知る

知っているようでいて知らない自分が飛び出してきて混乱することがありませんか？　人はカオスと共に存在しています。この章では自分の中に眠る未知な部分を見つけ出し、様々なアングルから隠れているもう一人の自分を探していきます。

比肩（ひけん）

自我の星の正統派——シンプルで前向きなキャラクター

この星の人は、他人の力に頼ったり、周りに左右されるようなことは、遺伝子の中にプログラミングされていません。裏表がなく、何事にもストレートに挑戦するピュアな心の持ち主です。

勝ち気でマイペースな人だとは思われていますが、嘘をついたり人を裏切ったりしないので、信用されています。

何かの選択を迫られたときも、決定までに時間をかけることはありません。公明正大で、努力や体力という自分の守備範囲が通用しそうなほうを、直感で選びながら進むでしょう。

比肩は、人と対等であろうとする意識を強く持っています

比肩という言葉は、「人と肩を並べる」という意味なので、社会の中で誰かと対

生き方

中心星が比肩の人は、自分の力で生き抜くアスリートタイプ

がんばってやり遂げるというシンプルな図式が好き

「比肩」が中心星にある人は、飾り気など余計な部分をそぎ落とした「人として、原点に近い」キャラクターです。パソコンで言えば初期化された状態、人間の一生に例えれば、自我が目覚め始めた赤ちゃんのような時期なので、エネルギーに満ちています。

お金や出世、名誉などよりも、自分の力で何かを成し遂げるというプロセスを経て、達成感を得ることが、この星の人の生き方の基本です。

職業イメージとしてはアスリート的な人で、自分の体力、気力、能力で、記録に挑戦することが生きがいに繋がります。もちろん、比肩の人がみんなアスリートになるわけではありませんが、自負心に裏打ちされた努力がプラスに働くようなジャンルを選べば、納得できる人生がおくれます。一生懸命がんばれば、それだけ報われるというシンプルな図式が、好きなのです。

じっと机の前に座っているのは性に合いません。有り余るエネルギーをもて余すことになりますから、デスクワークがメインになっている場合は、日常生活に体を動かすことやスポーツを取り入れることで運が開けます。

等に肩を並べながら自分を磨いていくというのが、この星の人が求めている自己実現の姿です。

また、「比肩」には兄弟やライバルという暗示もあるので、そういう人の存在が良い刺激になって、大きな成果をあげることができる可能性があります。

上下関係や貸し借りの関係、「忖度」のようなことは感覚的にインプットされていないので、相手が上司であろうと取引先であろうと、親戚のうるさい伯父さんであろうと「人間同士なのだから対等なはずだ」という潜在意識があります。例えマナーとして敬語を身につけていても「心はため口」なのです。

そういった振舞いを、爽やかな人だと受け入れてくれる人とは、信頼しあえる関係が築けるでしょう。しかし地位や立場にこだわるタイプの相手からは、礼儀知らずで生意気だと思われるかもしれません。比肩の人は、ただイーブンな関係を尊重したいと思っているだけなのですが、それが通用しないで、なぜかトラブルに発展してしまい人間不信に陥ることもあるでしょう。

その原因のひとつは、比肩の人は実力本位なので、相手にも相当高い水準を要求してしまうことにありそうです。相手が「ベストを尽くしていない」とか、「うまく立ち回っているだけだ」と感じたときには、シビアな目で見てしまうので、向こうはバカにされたと思って反撃に出てくることになるのです。比肩は本来、決して攻撃的ではなく、むしろ自己完結しているタイプです。相手を見下したつもりはまったくないので、風当たりの強さにビックリして混乱し、面倒になって逃げ出すことを考えます。

確かに「比肩」は、複雑な構図や面倒なことは苦手なのですが、逃避は似合いません。淡々と自分らしく課題をこなしていれば誤解は解けます。正面突破のがんばり屋さんというあなたの心意気を大切にしてください。怠惰に流されないパワフルな生き方は、素晴らしいものです。誇りを持って、それを貫いてください。無理をして自分の個性を殺すのは、運を停滞させることになります。

中心星が比肩の人が、やりがいを感じて続けられる仕事は？

中心星を助けてくれる他の星の働きはとても重要

自立心に富み、人から干渉されることを好まない比肩の人に向いている仕事は、技術職や職人的世界です。歯科技工士やプログラマー、システムエンジニア、システム管理者なども適職と言えます。

スキルを磨くことで認められるフリーランスの仕事であれば、若いうちから独立することも可能です。

スポーツ関係の仕事もお薦めです。自分がプロのスポーツ選手にならなくても、コーチやトレーナー、インストラクター、理学療法士、あるいはスポーツ用品の開発などにも能力を発揮します。

比肩の人は、あっさりさっぱりしているので、誰からも好かれ、交友関係は広いのですが、商売や交渉事が人間関係に絡むのを良しとしません。利害関係のないスッキリした付き合いを好むので営業の仕事はつらいかもしれません。

中心星が比肩で、命式の中に、食神や傷官といった表現の星がある人は、クリエイティブな感性がプラスされるので、画家やデザイナー、写真家、スタイリスト、クラシックの演奏家やシナリオライターとしてもやっていけるでしょう。人気があっても働くのが嫌いな食神や、才能があっても気まぐれな傷官を応援して、形ある作品に仕上げる力を与えるからです。命式の中では、比肩からのパワーが直接送り込まれる月柱の上段に表現の星があるのが、一番いい形だと言われていますが、他の位置でも嬉しい存在です。

中心星が比肩で、知性の星である偏印や印綬が命式の中にある人は、落ち着きがあって研究熱心な要素が加わります。文武両道とはこういう人のことで、ガムシャラにがんばるだけでなく、賢明さに裏打ちされた努力が継続できるので、どの分野でも一目置かれる存在になれるで

しょう。学者や研究者、文筆業などに向いています。

相性の悪い星がプラスに働くケースもある

命式の中に、偏官や正官などの地位の星がある人は、比肩のマイペースさが弱められて会社やチームのことを考える社会性が加わってくるので、リーダーシップが発揮できます。管理職としても高い評価が得られるでしょう。

特に正面突破にこだわりがちな比肩にとって、組織の運営に多角的な視点を持っている偏官は、貴重なキャラクターです。起業しても部下たちがついてきます。持ち前のパワーで会社を大きく発展させる可能性もあります。

ただし、偏官が月柱上段に位置していると、直接的に中心星（月柱下段）比肩の長所を剋して（殺して）しまうので、やたら命令をするだけで「自分はちっともがんばってない」と陰口を叩かれているかもしれません。

また、日柱下段の美意識を司る位置に偏官や正官がある人は、自己矛盾が発生して、迷いや悩みが多くなりそうです。

四柱推命の命式の中では、中心星の力が一番強く出るのですが、中心星を剋する関係にある通変星は、年柱などにあるほうが、作用がマイルドになるので、プラスに働きやすいようです。仕切り星の偏官は特に年柱下段にあるのが、好ましいと言えます。正官は律儀で上品な現れ方をするので、年柱の上段にあっても強すぎる影響は出ないようです。

財の星である偏財や正財は、経済観念が発達した合理的な星ですが、中心星が比肩の人は、これらの星を剋してしまうので悪い面が強調されて、命式のどこにあっても、ピュアな印象が薄れ、計算高い人と言われるようになります。ただし他に地位の星（偏官や正官）も同時にある場合はバランスが取れます。

中心星が比肩の人の恋愛や結婚の形は、どうなる？

友達の延長線上に恋のパートナーを見つける

中心星が比肩の人は、ロマンチックな雰囲気を盛り上げて、ドラマチックな恋愛をするのは苦手です。甘い言葉を口にしたりも出来ません。恋愛感情はあっても、なかなかそれを見せず、あくまでも仲間とか友達の延長線上でパートナーを見つけるというような感覚が性に合っているのです。そしてパートナーとしてお互いを高め合っていけるような関係が続くことを理想としています。

ベッドでも濃厚なシーンには至りません。照れくささもあって、まるでエクササイズをしているようなヘルシーな時間を共有することになりそうです。

ところが「比肩」には人と競うという意味があることから、実は三角関係になりやすい傾向があります。あっさりした恋愛タイプのように見えたのは余裕があった間だけ、競争相手が現れれば負けず嫌いな性格に火がつき、ぐいぐい押しの一手で迫るようなことになります。とはいえ、負け戦がハッキリした後は、案外ケロッとしていたりします。

逆に、競争相手に勝利して、首尾よく結婚に進んだ場合でも、喉元過ぎれば、それほど家庭にエネルギーを注がなくなります。結婚生活は些末な雑事がいっぱいなので、自己実現のステージとしては不向きだからです。家族一緒にスポーツなどすれば、いい関係が持続できます。また、命式の中に食神があると、料理や食卓を飾ることに一生懸命になる人もいます。

恋のすれ違いが起きるのは、なぜなのでしょう

ところで、好きになるタイプは、相性の良い相手とは限りません。四柱推命では、命式の日柱の星が、異性の好みや美意識を司っているので、あなたの日柱の星と同じ星を、月柱か年柱の上段に持っている異性に魅かれます。ルックスやフィーリングは、命式の中で上段の星に表れるからです。

日柱に、中心星の比肩を剋す地位の星（偏官や正官）がある場合や、日柱の星が財の星（偏財や正財）で、中心星に剋されてしまうと、好きになった相手となかなか恋人関係になれなかったり、せっかく付き合っても長続きしないということが起こりがちです。

ターゲットとしている相手の日柱の星が分かれば、その星のキャラクターを演じてみるのも、きっかけを作る作戦としては有効かもしれません。

とはいえ、長い付き合いや結婚生活では、お互いに中心星の価値観が色濃く出ることを覚えておいてください。

比肩の人は、男性も女性も、結婚生活においても、平等でいたいという気持ちでいます。

比肩の女性は、共働きをごく自然のことと考え、子育てをしながら仕事を続けていくこともできるガッツの持ち主です。夫が家事の分担をするのも当然だと思っています。甘えたいタイプの夫には、期待はずれということになりそうですね。

比肩の男性は、亭主関白的な感覚はないのですが、仕事で手を抜くタイプではないので、そちらに時間を取られて結果的に家庭内のことは疎かになりがちです。言い訳などしないので、かえってトラブルが深刻化する可能性もあります。

中心星が比肩の人が、幸せに暮らすために気をつけたいこと

比肩が中心星にひとつだけある場合はまだ良いのですが、命式の中に複数の比肩を持っていると、努力主義が直球で出てしまい、周りからは独善的と思われてしまいそうです。

また、同じ自我の星の劫財が、命式の中にあると、パワーにスピードも加わる上、相手を蹴落とす攻撃性や、計算に強いというキャラクターがプラスされるので、なかなか凄みのある存在だと思われそうです。もっとも比肩&劫財の組み合わせは、周りの評判や思惑など歯牙にもかけない根性の人なので、目標さえきちんと定めていれば、成し遂げる力は最強とも言えましょう。

比肩のエネルギーを上手に使ってくれる星、抑えてくれる星

中心星が比肩の人、さらに命式の中に比肩や劫財を持っている人にとって、表現の星（食神や傷官）は、ありがたい存在です。エネルギーを注ぐ先である目標を見つけやすいことになります。

一方、比肩を剋する地位の星（偏官や正官）を持っている人は、社会との関連、組織というものの掟、「敵の敵は味方」などの政治的発想など、立体的に状況を捉えられるようになります。その結果、チームプレーが出来るようになり、長期戦で目標に向かう力がついてきます。

剋される関係が、吉に転じるのは例外的で、比肩が強い星だからです。

目標をしっかり持って一人よがりにならないように

さて、比肩はやる気と元気が備わった立派な星なのですが、弱点があるとしたら長期的な目標を立てないまま突き進むクセがあることです。結果として「骨折り損のくたびれ儲け」になりかねないので、走り出す前に、いったい何を目的としているのか、あるいは自分はどうなりたいのか……ということをよく考えてみることをお薦めします。

それというのも、自我の星である比肩は、収入や出世や賞賛や名誉という形に囚われていないため、目の前の課題だけにパワーを注ぎ込む傾向があります。そして何か障害が出てくると、意地やプライドを優先させて、損することにもなるのです。せっかくがんばったのに、肝心の収穫が充分にできないまま終わらないよう、時々、原点に立ち返ってください。

月柱上段の星と中心星比肩の組み合わせ

四柱推命では、一番強く出るのはもちろん中心星ですが、ルックスやフィーリング、行動パターンなどは月柱上段の星に表れているので、職場などの浅い付き合いでは、その星の印象が強いかもしれません。
比肩は、財の星（偏財や正財）を剋しますが、官の星（偏官や正官）に剋されるという力関係があります。

通変星の種類が偏っていたり、位置が悪いときの開運術

四柱推命での鑑定には様々な要素がありますが、心の構造を分析するのに一番重要なのは、中心星と他の3つの柱（日柱下段、月柱上段、年柱の上段、年柱の下段）にある星の種類と配置です。時柱にある通変星は、性格に及ぼす影響は少ないのですが、もしも時柱に他にはない星が見つかったら、大事に生かしましょう。少しは役に立つかもしれません。

中心星が比肩の人は、自我の星が多すぎるとキツイ人だと思われ、財の星（偏財、正財）が多いと、計算高いと言われがちです。こういう人の性格は一筋縄ではないので、若い時は、紆余曲折を経験することになるでしょう。

でも、星の配置が悪くても、成功し、幸せな人生を送っている方はたくさんいます。そういう人は、いろんな経験を積みながら、自分の性格の長所、短所を客観的に理解し、セルフコントロールができるようになったのでしょう。

比肩の人が、その長所を生かし、恵まれたパワーを不完全燃焼に終わらせないために必要なことは、意地を張らない、頑固にならない、そして、プライドにこだわりすぎないことです。

「自分は自分の道を行く。だから放っておいて」といった蛮勇を改めることによって、比肩は幸福という目標に到達できるのです。

比肩 比肩

同じ通変星が重なると比肩の意味が強調されて、自我の強い性格となります。迷いがなく、はっきりと自己主張をしますが、それゆえTPOや判断を誤ると波紋が広がったり、周囲と衝突することに。親切や世話焼きは押しつけにならないように注意。

劫財 比肩

性質の似た星が組み合わさり、自分の主張を通さないと気が済まない性格になります。闘争心が強く、言葉にトゲがあるために、作らなくていい敵を作りやすく、浮き沈みの激しい人生になりがち。生家から独立して、苦労を重ねた後に成功できます。

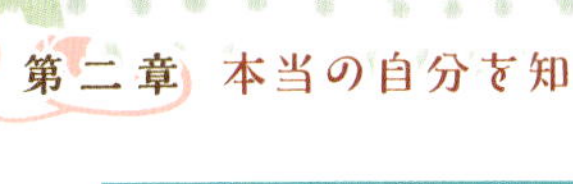

食神
比肩

温厚そうに見えても、心のベクトルは常に自分の欲望を満足させることに向かっていて、周囲への配慮に欠けるきらいがあります。わがままが通せる環境では、自制心を働かせないと危険。表現力に優れ、好きなことを職業に選べば伸びるタイプ。

傷官
比肩

元気があって発言も強気ですが、内面は意外と繊細で傷つきやすい性格です。結果を出せなかったとき、言い訳や責任転嫁をしていると信用を失うことに。失敗や挫折を引きずらないように、ポジティブに物事に対処していくことで開運できます。

偏財
比肩

下段にある比肩が上段の偏財を剋す、逆剋の組み合わせになり、財運に問題が生じやすくなります。見栄による出費や共同事業による損失に注意。性格的には自信家で個人主義的ですが、それを生かせる仕事を選ぶか、技芸を極めることが成功のカギ。

正財
比肩

比肩が正財を剋す、逆剋ですが、金銭の出入りは多くても最終的には財産を築くことができます。努力家で負けず嫌いな性格で、実務能力にも優れていますから、社会で活躍する可能性も大です。理想を実現するために強引になりやすいのが玉にキズ。

偏官
比肩

上段の偏官が下段の比肩を剋すため、せっかくのエネルギーを発揮しにくくなります。屈折した自己表現をしやすく、協調性も今ひとつとなりがち。目上の引立てや周囲の援助に期待しないで、マイペースでできる仕事を選ぶと開運に繋がります。

正官
比肩

正官が比肩を剋し、比肩のマイナス面をコントロールしてくれます。性格的には周囲に惑わされず、コツコツ実績を積み上げていく職人タイプ。お世辞がうまいタイプではないので出世は遅めですが、中年以降に自分の世界を確立できるでしょう。

偏印
比肩

比肩に偏印の要素がミックスされて独立独歩の人となります。人の意見に耳を貸しませんし、あまのじゃくなところもあるため、周囲の引き立てはあまり期待できないかも。手に職を持ち、自力本願で生きていけば自分の納得のいく結果を得られます。

印綬
比肩

比肩と印綬の組み合わせは品の良さを醸し出し、プライドの高い性格を形成します。周囲の人に対しては物腰柔らかですが、意に反することで人に頭を下げたりはしません。運勢的に安定していて、賢く、一芸に秀で、成功が約束された人です。

劫財（ごうざい）

自我の星の変化型——闘志を秘めたシャープなキャラクター

中心星が劫財の人は、スリルを求めるギャンブラータイプ

スイッチが入れば、パワー全開！他の追従を許しません

「劫財」が中心星にある人は、鋭い嗅覚とスピード感に溢れる猟犬のようなキャラクターです。人間の一生に例えれば、泣いたり笑ったり、足をバタバタさせて意志表示をする、幼児期のようなものです。人見知りを始めるのもこの頃です。

強い自負心と、秘めた闘志に貫かれ、自分の存在をアピールするためには手段も選ばず、努力も惜しまないというのが、この星の人の生き方の基本です。上昇志向もなかなかのものがあります。

ここまで読んで、劫財は凄みのある強烈な存在のように思われるかもしれませんが、第一印象、いえいえ第三印象ぐらいまでは、話し方もソフトで柔和な感じがします。女性は聞き上手で会話運びもそつがなく、男性も、やや女性的なニュアンスがあるくらいで、周囲に溶け込みやすい雰囲気をもっています。

職業的イメージとしては、ラスベガスのカジノで紳士淑女としゃれた会話を交わしながら、イザ勝負事となると本領を発揮するギャンブラーを思い浮かべてください。

劫財の人にとっては、スリルとスピードが何より大事です。退屈にはいらいらして、ルーティンワークが続くと窒息しそうになります。もちろん本当にプロのギャンブラーになるのはお薦めできませんが、日常の中に刺激を散りばめて、エネルギーをチャージすることは必要でしょう。例えば、歩いているとき青信号が3個続いたら、上司に新しい企画の提案をしようとか、お目当ての異性をデートに誘おうとか……。

ところで、劫財はなぜ「烈（はげ）しい自我」を隠しているのでしょうか。それはもちろん、ひとつのターゲットに照準を合わせたとき、勝率をアップし、ライバルを油断させて、目的を達成するためです。こういう振舞いは、計算というより遺伝子の中にプログラミングされているので、ごく自然に映ります。いつも全力投球していると、さすがの劫財も疲れるので、興味のない分野に関しては出しゃばらないで、誰かに任せて自分は英気を養っています。

そんなシーンでは、余裕を見せて温和なままで通します。

劫財は、今の時代にマッチした能力を持っています

劫財の劫は囲碁の世界での石の取り合い、財を奪ったり費やしたりすることを意味しています。また、「比肩」と同じように兄弟やライバルのことを示していますが、むしろ義兄弟を暗示しています。

闘い方も、比肩のようなスポーツマンシップにのっとったものではなく、リークやだまし合いも有りの世界です。

劫財が中心星の人は、トラブルや面倒な人間関係には免疫があるので驚きません。そういうときこそ、むしろ張り切るくらいです。

この星の人が一番嫌うのは、「なめられる」ことです。ですからファッションや持ち物には気合を入れていますし、無理をしても高級車に乗るのを好みます。

軽く見られたと思ったら、怒鳴ったり脅迫まがいのことも口にしそうです。とはいえ、執念深くないので、次の日には、コロッと忘れて飲みに誘ったりもします。

逆に、劫財がなめてかかるのは、グズな人や、優柔不断な人です。兎と亀の童話に例えれば、完全に兔タイプなので、たまには熟慮型の人に白旗を揚げる結果になりそうですが、それでも一目置く気にはなれません。

多少の失敗や負け戦の記憶を吹き飛ばして、大胆に素早く行動し、挑戦していくのが、劫財の心意気だからです。

かつて四柱推命が発生したころの中国では、劫財は破壊的な星として恐れられていました。しかし、今は違います。混沌とした現代を生き抜き、最後の勝利者になるカードは、この星の人の手の中にあると言っても過言ではありません。

一見、破天荒な行動も、実は瞬間的に計算されているのです。しかも劫財は、孤立を恐れない根性があるので、大発展の可能性があるでしょう。グローバルな活躍も期待できます。

反省や自己嫌悪は、劫財に似合わないので、運を停滞させることになります。

中心星が劫財の人が、ヤル気になって実力を発揮できる仕事は？

劫財の人は、上司から干渉されたり、指図をされるのは好まないので、早いうちからフリーランスで仕事をするのもいいでしょうが、下請け的な色合いが強いと、不満が溜まりそうです。リスペクトされている関係でないと長続きしません。

大胆なゆえに大雑把な劫財は、緻密なことには向きません。手先も器用なほうではないのです。エンジニアは向いていますが、実際の組み立てなど細かい作業は適正のある人に任せるのが無難です。

中心星が劫財で、命式の中に、食神や傷官といった表現の星がある人は、クリエイティブな感性がプラスされるので、パッケージデザイナー、前衛的な芸術家、建築家、広告関係の写真家、ミステリー作家、作曲家としてもやっていけるでしょう。人気があっても働くのが嫌いな食神や、才能があっても気まぐれな傷官を応援して、形ある作品に仕上げる力を与えるからです。命式の中では、劫財から

中心星を助けてくれる他の星の働きはとても重要

劫財の人に向いているのは、スリルとスピード感があり、チャレンジ精神がキープできるような仕事です。

デイトレーダー、証券マン、プロの棋士、レーサー、騎手、格闘技の選手、戦闘機やエアレースのパイロット、ベンチャー企業などにも向いています。匿名性が高くスピード感があるネット社会は、ある意味、劫財そのものです。コンピューター、ネット関係全般に向いています。

また、開発途上国で新しい取引先を開拓するような仕事なら、貿易などにも、興味が沸くでしょう。

刹那(せつな)的でもあり、緊張感の連続といった場面では、この星の人は抜群の強さを発揮します。

女性の場合も、頭の回転の良さで、抜擢される可能性大です。

のパワーが直接送り込まれる月柱の上段に表現の星があるのが一番いい形だと言われていますが、他の位置でも嬉しい存在です。

中心星が劫財で、知性の星である偏印や印綬が命式の中にある人は、知識を充分に蓄えてから勝負に出ようとする賢明さが加わります。同じ知性の星でも、偏印だと劫財のあきっぽさを助長する面もあるので、印綬のほうがプラスに働きやすいでしょう。沢山のデータを高速回転させて強気で出てくるのですから、コンピューター付ブルドーザーのようなもの。めったに太刀打ちできる人はいません。

どんなジャンルを選んでも、頭角を現します。

劫財を抑えてくれる星が結果的にプラスに働く

偏官や正官などの地位の星は、劫財を剋しますが、この星に限って強すぎるので「剋されて吉」と待望されます。劫財のやんちゃなキャラクターが抑えられてチームのことを考える社会性が加わってくるので、リーダーが務まります。また、現実的に物事を判断するようになるので、利益を生み出して、会社に貢献します。

特にアウトローな劫財にとっては、規律を重んじ品格の高い正官の方が好ましく、目上の人や取引先からも高く評価されるでしょう。

命式の中に偏官がある場合は、年柱の下段にあるのがベストで、年柱上段だと「速攻で仕切る人」という印象が強くなります。月柱上段にあると、強い星同士がぶつかり合うので、一貫性のない性格を形作ってしまいがちです。仕事も転職を繰り返す人がいます。

さて、劫財に剋される財の星（偏財、正財）は、本来は経済観念が発達した合理的な星ですが、悪い面だけが強調されてしまいます。瞬時に計算をしてトクする側に回るエゴイストと噂されているかもしれません。孤独に強い劫財は、噂などはどうでもいいのですが、「損して得取れ」の感覚が分かっておらず、財運が陰ることになりがちなので、要注意です。ただし他に地位の星（偏官や正官）も命式中にあれば、バランスが取れます。

中心星が劫財の人の恋愛や結婚の形は、どうなる？

ゴージャスなデートでなければ納得できない

中心星が劫財の人は、ドラマチックでゴージャスな恋を求めています。デートは特別にドレスアップして非日常的な所へ出かけるのが大好きです。男性は、その日のために平気で大金を注ぎ込み、女性はみみっちいデートしか演出出来ない相手のことは、すぐイヤになります。

公園でのんびり散歩するような平和で健康的なカップルになりたいとはまったく思っていません。まるで写真週刊誌に狙われている芸能人のように、シティーホテルの部屋で待ち合わせをして、夜景を見ながらシャンパンで乾杯し、セクシ

劫財

ャルな下着を身に纏(まと)って事に及ぶというようなことを本当にやってのけます。クリスマスイヴの話ではありません。普段のデートがそんな感じなのです。

安定した男女関係だと、すぐ盛り下がってしまう

ベッドでは大胆で、ときにはSMプレイも取り入れます。まあ、何事もスピーディーで力任せなので、それほどテクニシャンにはなれませんから、濃密な時間を期待していた相手からは、やや物足りないと思われているかもしれません。

中心星が同じ劫財でも、その人の日柱にある星によって、好きになるタイプは違ってきます。日柱の星と同じ星を年柱か月柱の上段に持っている異性に魅かれます。そして劫財の場合は、ハッキリしない相手を振り向かせるという駆け引きのプロセスで燃え上がります。ミステリアスな関係性に魅かれるのでしょう。ですから完全にステディの関係になってしまうと、他への目移りが始まります。周りから公認の仲になって、仲間も一緒に居酒屋で騒ぐのが楽しいというような感覚は、持ち合わせていないからです。

劫財の劫は、奪うという意味なので、友達の恋人にアタックしたり、不倫の関係に自分から飛び込んだりもします。そして、相手をゲットするまでのエネルギーの注ぎ込み方は、あっぱれと言えるほどです。優しい気配りもできるし、プレゼント作戦も展開するし、相手を喜ばすためのハプニングも演出するのです。

でも、そこまでやってもときにはフラれることもあり、直後は大変なショックを受けます。しかし、落ち込んだ姿は、親しい友人にも仕事の関係者にも見せたくないので、周りには気づかれないくらいです。そして実際、すぐに立ち直ります。もちろん新しいターゲットを見つけるからです。劫財の場合「逃げた魚は小さかった」と思える楽観性が、強さの秘密かもしれません。

このような心の構造をしている劫財が、結婚に向くはずもありません。ですから、劫財の人には、晩婚が多く、生涯独身で通す人も少なくありません。

生活の中に刺激を取り入れましょう

劫財が結婚を選ぶのは、「そろそろ結婚していたほうが、カッコいいかな」と思ったときでしょう。

でも、結婚は、忍耐の積み重ねであり、およそ劫財の辞書に載ってないことばかり。ゴミ捨てや皿洗い、雑巾がけなど、それでも離婚はみっともないと考えるなら、イベント性のあるプログラムを生活の中に持ち込むことです。海外旅行や、ホームパーティー、ドライブやゴルフ、ドレスアップしての社交ダンスなどです。命式の中に、地位の星（偏官や正官）がある人は、まず離婚はしません。

中心星が劫財の人が、幸せに暮らすために気をつけたいこと

命式の中に複数ある場合や、同じ自我の星の比肩とセットになっている場合は、ワンマンになって、部下や友人の忠告には耳を貸さないので、自分で気が付いたときには完全に手遅れになっているかもしれません。

ところで、四柱推命では、年柱上段と月柱上段にある星がその人の印象を司っているのですが、そこに偏財や食神、正官などの人当りの良い星があった場合、中心星の劫財も、表面はソフトなので、「隠された自我」の激しさを出したときにはかなり相手を驚かすことになります。二重人格、三重人格と恐れられてしまうかもしれません。なめられるのは大嫌いな劫財ですが、恐怖政治は敵を作り、必ず破綻する日が来ることを心に留めて、完膚なきまで叩きのめすようなことは慎んだほうが、結局はトクをします。「能ある鷹は爪隠す」くらいのほうが、神秘的で魅力的に見えます。

せっかく手に入れた財や地位を自分でスル可能性がありそう

劫財は、回転の速さと意志の強さで、勝ち戦に持ち込めるタフな星ですから、財産や地位、また名誉や賞賛を手に入れることも可能でしょう。弱点があるとしたら、長期的に一つの目標を立てて、その路線に沿わないことは排除していくという地道な判断ができないことです。

お金があれば派手に使ってしまったり、もっと財産を増やそうとリスクの高い投資話に乗ったりもします。特に、生まれた日の干支が、木の弟、火の弟、土の弟など陰の人は、ギャンブル運は決してよくないので要注意です。

地位ができると、それをキープするだけでは物足らず、手を広げ過ぎたり、親しいという理由で能力のない人に仕事を発注したりして信用を失いそうです。

劫財は、ひとつだけでも強い星ですが、

劫財

月柱上段の星と中心星劫財の組み合わせ

四柱推命では、一番強く出るのはもちろん中心星ですが、ルックスやフィーリング、行動パターンなどは月柱上段の星に表れているので、職場などの浅い付き合いでは、その星の印象が強いかもしれません。
劫財は、財の星（偏財や正財）を剋しますが、官の星（偏官や正官）に剋されるという力関係があります。

自我の星の組み合わせで、思い切りがよく、実行力があって世話好きな性格になります。負けず嫌いで人の言うことには耳を貸さず、自分の実力でのし上がっていくタイプ。目的達成のためには手段を選ばないところがあり、周囲を振り回すことも。

劫財 劫財

劫財が重なると性格が極端に出やすく、運勢も波瀾万丈となります。自分の欲望に忠実な生き方は、ともすればスキャンダルに発展することも。境遇が変わりやすいので、仕事は共同事業を避けましょう。生家から早く独立したほうが運は伸びます。

通変星の種類が偏っていたり、位置が悪いときの開運術

四柱推命での鑑定には、様々な要素がありますが、心の構造を分析するのに一番重要なのは、中心星と他の3つの柱（日柱下段、月柱上段、年柱の上段、年柱の下段）にある星の種類と配置です。

劫財の場合、パワーに才能をプラスして開花させてくれる表現の星（食神や傷官）と、組織を把握するのに必要な地位の星（偏官や正官）は、ぜひとも欲しいものです。知識の裏付けとなる知性の星（偏印や印綬）も、貴重な味方です。

しかし、たとえ星が偏っていても、成功し、幸せな人生を送っている方はたくさんいます。そういう方は、いろんな経験を積みながら、自分の性格の長所、短所を客観的に理解し、セルフコントロールが出来るようになったのでしょう。

劫財の人が、その長所を生かし、恵まれたパワーを不完全燃焼に終わらせないために必要なことは、強引なことは慎む、自分とは違う個性の持ち主を評価する、コロコロ目標を変えない、などです。

ある意味、劫財は、熱意が持続できないという悲しい習性を抱えています。興味を失ったテーマや相手に対しては、持ち前のパワーを燃焼させることができず、投げやりになってしまうのです。でも、そういう性格を自覚するだけで、幸福という目標に、既に一歩近づいたと言えるのではないでしょうか。

食神　劫財

劫財の激しさを穏やかな食神が緩和して、ソフトな安定感が出てきます。アイデアが光り、趣味で才能を開花させ、仕事以外にサイドビジネスでも収入を得られそう。積極性と物事にのめり込む集中力で成果を手に入れますが、過労には気をつけて。

傷官　劫財

組み合わせは悪くないのですが、性格は自己中心的でキツイ面が出やすくなります。他人に対してなかなか心を開きませんし、プライドを傷つけられるとリベンジに燃えてしまいそう。若いときに苦労し、手に職をつければ人間的に成長できます。

偏財　劫財

劫財が偏財を剋す逆剋で、財運にトラブルが出やすくなります。収入があるとどんどん使って残高ゼロ、悪くすると周囲に迷惑をかける暗示が。異性問題にも要注意です。組織には向かないタイプですが、趣味に恵まれて人生を楽しく過ごせそう。

正財　劫財

劫財が正財を剋す逆剋。お金に関する苦労が多く、赤字になったり、金銭トラブルで信用を失う心配も。がんばり屋で向学心旺盛ですから、若いときに知識や技術を身につけましょう。人と接する機会が少ない職種の方が能力を発揮できます。

偏官　劫財

偏官が劫財を剋しますが、劫財の性質の方が強く出て、思い込みが激しくなります。価値観も独特ですから、普通の会社員よりは、自分の個性を生かせる道に進むと良いでしょう。ただ、あまり野心を燃やすと逆に利用されますから気をつけて。

正官　劫財

正官が劫財を剋し、劫財のマイナス面が緩和されますが、性格的には気難しくて心の鎧を脱がないタイプ。女性は結婚すると夫で苦労しそうです。目的達成のために努力を惜しまない人ですから、資格や技術を身につけ、独立して仕事をするのが吉。

偏印　劫財

劫財と偏印の特性が混ざり合い、非常にアクが強く、個性的な人物になります。うまく自己表現できないと、ストレスが鬱積して自暴自棄になりがち。技芸などの能力を磨いて独自の世界を切り開きましょう。共同事業や堅い仕事は避けて吉。

印綬　劫財

劫財に印綬の性質が加わると、非常に気位が高く、キツイ性格になります。自分がやりたいと思ったことは必ず実行に移しますから、周囲の反感を買うこともしばしば。目立ち過ぎると余計な敵を作って波乱の人生となりやすいので言動は慎重に。

食神（しょくしん）

表現の星の正統派——温かくて、おっとりとした人気者

不思議と恵まれた育ち方をする人が多く、たとえ裕福でなくても、先生や親戚の人から特別に目をかけられたり、ご馳走をして貰ったりするので、屈折したりひがんだりすることはありません。

職業イメージとしては芸能人、それもアイドルやお笑い芸人、コメディアンや、食と関係の深い料理人などです。楽しいことを周りに拡げていくのが、この星の人の生き方の基本です。

ハングリー精神がないので、じっくり勉強するとか、人知れず歯を食いしばって努力をするなどということは、生まれつきプログラミングされていません。ですから、食神の人にとっては、有名大学の入試や国家試験を突破するのは、なかなか大変でしょう。まあ、褒め上手の親や塾の先生が近くにいた場合は、期待に応えたいと思って、短期間ならがんばれるかもしれません。

中心星が食神の人は、人に喜ばれて感謝されるのが、大好き

自然体で、皆に好かれるので、がんばらない

「食神」が中心星にある人は、生まれつき人から好かれるキャラクターをしているので、お姫様タイプ、王子様タイプです。人間の一生に例えれば、可愛い盛りの少年少女のような時期で、愛されオーラを振り撒いています。着飾ってピアノの発表会に出て、演奏の質など関係なく、拍手を浴びて喜んでいるような、幸せなキャラクターです。

なにしろ10種類ある四柱推命の通変星のなかで、「神」がつくのはこの星だけなのですから、とても恵まれた存在です。

食だけでなく、転じて衣食住全ての守護神の意味を持ち、そこから財を生むというエネルギーの流れがあるので、磁石に吸い付けられるように周囲に人が集まってきます。そして集まった人がまた財を生むという、水源地的役割を担います。アイドルのライブに大勢の人が集まり、グッズが売れ、周りの飲食店が繁盛し、アイドルの相手役も有名になる、というようなケースに似ています。

食神の人は、お金や出世などより、褒められたり、喜ばれたりするのが大好きです。みんなから求められ、賞賛される楽しい時間が続いていくことしか願っていないのです。

そんな食神の性格を自覚して、節目節目に、自分のための小さなご褒美を用意するのは、生き方上手になるコツです。もちろん「おいしい物」が一番手近にあるご褒美ということになります。

中心星が食神の人は、クリエイティブなセンスを発揮する

この本では、食神と傷官の二つを表現の星として分類していますが、他の本では、「漏星（ろうせい）」という名前を使っている場合もあります。外へ外へとエネルギーが流れ出す作用があるという意味です。

漏らすというのは、文字通り黙っていられない性分なので、自分の持っている情報やメッセージを、誰かに伝えたくてしかたないのです。そしてどうやったら、きちんと伝わるかとか、理解して貰えるかを考えた結果、話し方や書き方、見せ方を工夫するようになります。そこに食神がクリエイティブだと評価される根っこが見えてきます。

一方、隠し事もできないので、ついついホンネを口にしてしまったり、「ここだけの話」として聞いたことを、ペラペラしゃべったりします。こういうキャラクターは、オープンで可愛い人だと思われる反面、秘密裡に進めたいミッションにはとても参加させられないなあと、はずされることになります。職場でもグループ活動でも、食神があまり重要なポストを与えられないのは、こんな理由が考えられます。

もちろん、何かトラブルが起きたとき、「キャーッ、どうしよう」と放置してしまったり、泣いたり騒いだり感情的になったりというのが、大きな理由かもしれません。誰も「お子ちゃま」には、何かを任せたりできませんからね。

でも、じつは食神は、メンドクサイことは苦手なので、「重要なポスト」には、ほとんど興味がないのです。人任せほどラクチンなことはありませんから。

おおらかに、のびのびと、楽しいこと面白いことだけをやっていたいのです。

食神は、ありのままでいいのです。それでも幸運がめぐってくる星なのです。

中心星が食神の人が、喜んで続けられる仕事は？

中心星を助けてくれる 他の星の働きはとても重要

サービス精神に溢れ、感謝されたり、賞賛されることが好きな食神に向いている仕事は、タレントや飲食関係、サービス業などでしょう。

あるとき有名なお寿司屋さんで、試しに四柱推命の星を見たところ、6人の板前さんのうち5人の中心星が食神だったのには、ビックリしました。

マスコミ関係も向いています。自分が掴んだ情報を多くの人に発信するという行為にワクワクするのです。大事件があったとき、リポーターが、やや早口になり、ちょっと興奮して見えたりするのは、きっと食神の星があるからでしょう。

食神は、一般事務や、アシスタント的な仕事をしていても、潤滑油となって、職場の空気を和ませてくれる存在として、重宝されます。

ところが、人遣いが荒い上司や先輩だと、ノーを言えない食神は、アレもコレも頼まれて、疲れ果ててしまいそう。「漏星」には、エネルギーを吸い取られ、我が身が細るという暗示があるので、サービス精神の安売りは禁物です。特に食神が複数ある人や、兄弟星の傷官がある場合は、この傾向が強くなります。

中心星が食神の人にとって、一番強い応援団は、自我の星（比肩や劫財）です。エネルギーをチャージしてくれるので、命式の中に自我の星があると、文字通り「疲れを知らない子供のように」活発になり、意志の弱さも補強されます。芸能界やスポーツ界でスターになれる可能性も出てきます。

財の星（偏財や正財）があると、食神のアイデアや人脈が経済的成果へと繋がります。キッチン関連の発明品がヒットして、大きな収入になるなどというのも、夢ではありません。行列ができる店のシ

ェフやオーナーになれる幸運もめぐってくるかもしれません。

ファッション業界、美容関係、健康食品関係の営業や広報などでも、相手の懐に飛び込む天性の才で、不思議と商談がうまく運び、その結果、収入アップをもたらすでしょう。

ただし、財の星が多すぎると、他人に利用されて脱け殻のようにボロボロになる危うさも抱えることになります。

相性の悪い星がプラスに働くケースもある

地位の星（偏官や正官）は、食神に剋される星です。命式の中に地位の星があると、自分の属する組織を蝕む元凶になる可能性がありそうです。

なにしろルールに従ったり、立場をわきまえたり、外聞の悪いことは内密にするなどということが苦手だからです。また、本来の職務より社内のイベント事ばかりに熱心になる傾向があるので、部内が緩みがちになりそうです。

とはいえ、食神は寂しがり屋。フリーランスで働くよりは、会社に属しているほうが楽しく過ごせます。自分の職場は大切にしましょう。

月柱上段に地位の星があると、直接的に働くので、マイナス要素が強くなりますが、年柱にあれば影響は弱まります。

また、地位の星があっても、一緒に財の星もあれば、バランスが取れて、食神の発想やセンスを形にすることができるという良い流れが生まれます。

命式の中に、知性の星（偏印や印綬）がある人は、中心星の食神を剋するので、おおらかさや、明るさに陰りが出て、心配性や考え過ぎの傾向が強まります。特に偏印の作用は強く、「倒食」といってとても難しい組み合わせなので、心のバランスを崩して、浪費癖や過食に走る危険もありそうです。命式の中に、偏印を弱める財の星があればまだ良いのですが、それもない場合は、意識してネガティブ思考に陥らないように、できるだけ物事を現実的、合理的に捉えるクセをつけましょう。そうすることで、社会や職場に溶け込みやすくなり、出社拒否や転職を繰り返すリスクが抑えられます。

中心星が食神の人の恋愛や結婚の形は、どうなる？

誰からも好感を持たれ恋のチャンスはいっぱい

中心星が食神の女性は愛嬌があって、その表現方法の可愛らしさから男性の視線を集める魔法のオーラがあります。食神の男性も、女性を楽しませてくれるので、なかなかモテるタイプです。

ところが、付き合いが長くなると、時間やお金にルーズだったり、部屋の片づけが出来なかったり、詰めの甘さから、いつも大小のトラブルを抱えているので、逃げ腰になる相手もいます。しかしそれはごく一部で、甘えて頼るのが上手なので、たいていは、ますます心を動かされてしまうでしょう。さらに、食神の女性

食神

は無意識に涙を効果的に使えるというハートのエースの切り札を持っています。

しかも、ベッドではサービス精神が旺盛なので、あんなこともこんなこともして天国へ誘ってくれます。

もしも食神が中心星なのに、「そんなにモテた経験がないわ」という場合は、自分のことばかりしゃべっていないか、思い返してください。恋のバイブルの一行目には、「聞き上手になること」と書いてあるのを、覚えておきましょう。

天性の恋の達人である食神が、もしもなかなかハッピーエンドにならないという悩みがあるとしたら、それは、ちょっとイヤなことやスレ違いが起きると、「こんなはずじゃなかった、もっと別に私にピッタリの人がいるはず」と思って他を当たってみるという姿勢に、原因がありそうです。特に食神の男性は、彼女の女友達に優しくしすぎたりして、相手の信頼を失うようなことを、ついついやってしまっているようです。

料理上手の肝っ玉かあさんになりそう

食神が中心星の人が、結婚を決めるとしたら、それは「おいしい生活が出来そう」と思ったときです。親から自立して、少々苦しくても自分たちの経済力だけでやっていこうなどという覚悟は、さらさらありません。ところが、イザ結婚生活を始めれば、パートナーのことも、子供のことも、案外ちゃんと面倒を見て、手の込んだ料理などを作って、楽しい家庭を築いていくでしょう。男性も、時々プロ並みの料理を作ってくれそうです。もちろん整理整頓や掃除はあくまで不得手なので、パートナーになる人は、「ゴミに埋もれて死んだ人はいない」という言葉を、ぜひ座右の銘にしてください。

食神の女性はキャリアと家庭を両立できるほど根性もスピードもないので、仕事は趣味の延長か、働き方が選べる在宅勤務などマイペースで働くほうが、性に合っているようです。

ところで、自分の日柱にある通変星と同じ星が、年柱か月柱の上段にある異性に惹かれるというのが、四柱推命の恋の法則ですが、食神はちょっと違います。それは、食神の恋は、優しくされたとか、特別扱いしてもらえた……などという受け身的な始まり方をするケースが多いからです。

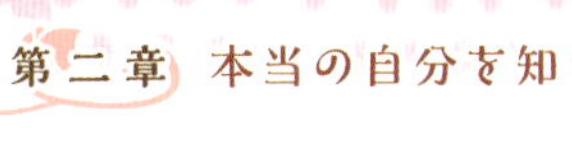

中心星が食神の人が、幸せに暮らすために気をつけたいこと

持続力と責任感がキーワードです

中心星が食神の人は、衣食住にもクリエイティブな才能に恵まれ、周りからは人気がある、なかなかおトクなキャラクターなのですが、弱点があるとしたら、それは、努力が続かないことです。短期決戦はまだしも、長時間かけて、大きな目標を達成するのは、難しいのです。

一日のほとんどを寝て暮らしている猫のようなもので、時々は目を覚まして可愛いしぐさで周りを和ませ、餌を食べ、またすぐに陽だまりを見つけて、お腹を出して寝てしまうのです。

なぜ、そうなるかと言えば、食神はエネルギーを常に発散して生きているので、実は本当に疲れやすいのです。しかも食神は、おいしい物が好きで、特に甘い物が好物、命式の中に自我の星（比肩や劫財）がない場合は、たいてい運動ギライなので、太りやすいのです。サービス精神のなせるワザで、料理を沢山作ったり、レストランでもどんどん注文するクセがあるので、その結果とも言えるかもしれません。若いときから、他の星の人以上に、健康を考え、体力作りを意識することで、持続力が養われます。

もう一つの欠点は、楽観的なので、何かトラブルが起きても「困った……でも、どうにかなるわ」と放置してしまい、いよいよ切羽詰まってから、周りの人に丸投げをするお子ちゃま体質です。

子供は、働かなくても衣食住が与えられ、楽しいことだけを追いかけ、感情のままに生きてゆくことが許されています。しかも、トラブルの責任は親に転化されます。この公式が、そっくりそのまま食神に当てはまってしまうのです。

プライベートでは多少は許されるかもしれませんが、ビジネスでは通用しません。涙も「有効」を取るどころかレッドカードです。一度信用を失うと、敗者復活戦のチャンスもなかなかめぐってきません。ですから、トラブルの兆候があったら、早めにしかるべき人に相談して知恵を借り、決して逃げ出さないで、並走をお願いするのがいいでしょう。

命式の中に、食神が複数あるとか、兄弟星の傷官を持っていると、ますます克己心が弱まるので、飽きっぽさも加速度をつけ、食道楽に加えて、着道楽に走り、カード破産への道をたどる人もいます。

また、食神の女性は妊娠しやすい傾向

食神

があります。不妊症に悩む人が多い昨今、ありがたいことですが、望まぬ妊娠だと人生の設計図を修正しなければならなくなるので、気をつけましょう。

持続力と、責任感を高めましょう

さて、ラッキー星の食神ですが、命式の中に、この星が多すぎたり、兄弟星の傷官もある場合や、知性の星（偏印や印綬）に剋されたりすると、案外、生きづらさを抱えることになります。セルフコントロールが苦手なので、「つまらない、誰もかまってくれない、何もしたくない」という状態に陥る可能性もあります。

そんなときは、とにかく外へ出て、太陽の光を浴び、歩いたり体を動かしたりしてみましょう。ドーパミンやセロトニンというホルモンが分泌されて、絶対楽しくなります。明日のことも、プラス思考で考えられるようになるでしょう。こういうときは、気が変わりやすいのも、なかなかのメリットです。

大きな夢があって、それに向かって長期間がんばらなければならないときは、小休止を入れながら、また元の軌道に戻るという方法が効果的です。また、財の星（偏財や正財）の友人や、パートナーの助言を聞いて、合理的な思考回路を取り入れてみるのもお薦めです。

一つ何かをやり遂げたという経験は、食神にとって必ず最高の宝になります。

月柱上段の星と中心星食神の組み合わせ

四柱推命では、一番強く出るのはもちろん中心星ですが、ルックスやフィーリング、行動パターンなどは月柱上段の星に表れているので、職場などの浅い付き合いでは、その星の印象が強いかもしれません。
食神は、官の星（偏官や正官）を剋しますが、知性の星（印綬や偏印）に剋されるという力関係があります。

食神に比肩の性質が加わりますが、食神のほうが強く出ますので趣味やプライベート重視型の性格になります。生活力があり、困ったときには助けてくれる人が現れるなど、幸運に恵まれる人生。ただ、組織の中で働く場合は公私のけじめをしっかりと。

劫財 食神

食神と劫財が組み合わされると、見た目は温和なムードでも本質は自分の欲望に忠実な人物となります。貪欲でバイタリティにあふれますが、計画性がないので成果はその時の運次第。得たものを周囲に分け与える気持ちがあれば人気を集めます。

食神　食神

食神が重なる比和(ひわ)の関係で運は強く、衣食住に恵まれる幸運を持っています。人生で挫折することが少ないために、ともするとワガママになりやすいのが心配。考え方が楽天的で、仕事と趣味が一致している場合が多く、おトクに楽しく過ごせます。

傷官　食神

比和の関係にありますが、この組み合わせは独特の価値観を生み出し、規格外の人物になります。適性のある世界に入れば出世しますが、対人関係は好き嫌いが激しく、敵が多くなりそう。軽はずみな言動はつまづきの原因になりますから注意して。

偏財　食神

食神に偏財の性質が加わって性格に積極性が増し、強い成功運の持ち主となります。よく遊び、よく働きますが、束縛されることが嫌いで、自由な生き方を選択します。趣味にハマり過ぎると普通の人生コースからドロップアウトしてしまうことも。

正財　食神

食神に正財の性質が加わることで強運に恵まれ、自信にあふれた性格となります。自分の能力を信じて行動するため、周囲の協力も得やすいのですが、調子に乗っていると足下をすくわれますから注意。計画性を持つことと、謙虚な姿勢を大切に。

偏官　食神

逆剋の形ですが食神が偏官を制するため、男性は性格が穏やかになり、女性は逆に気が強くなります。物事をつきつめていくタイプで、技芸や芸術方面は伸びますが、組織には向きません。女性は結婚後、専業主婦になるよりも仕事を持つほうが吉。

正官　食神

食神が正官を剋す逆剋で、見た目の印象と内面が大きく違うキャラクターになります。アピール力があり、組織の中でもうまく立ち回ることができ、財を成すことができるでしょう。ただ、自信過剰になると、せっかくの引き立て運を失うので注意。

偏印　食神

偏印が食神を剋す、「倒食(とうしょく)」と呼ばれる組み合わせです。運勢に浮き沈みはありますが、何か技術を身につけることで食べるのに困らない生活力が備わります。人頼みの姿勢や優柔不断な態度は不運を招きますから、意志を強く持つようにしましょう。

印綬　食神

印綬が食神を剋し、自分のことが第一という考え方が強くなります。線が細く見えても芯はしっかりしていて合理的な考え方をする人です。若い時は苦労しても徐々にステージを上げていくでしょう。後輩の面倒を見ておくと逆に助けられることも。

傷官（しょうかん）

表現の星の変化型――明晰な頭脳と、ロマンチックハートの持ち主

を現わすでしょう。情報や作品を発信することで、財を生むという暗示があり、衣食住に恵まれる確率は高いのです。食神より勤勉なので、関心のあるテーマについては一生懸命取り組みますから、この星の人が発信するものは、グレードが高くなります。

職業的イメージとしては、作家や画家や音楽家などの芸術関係、芸能界で言えば演技派の俳優や、辛口のコメンテーター、評論家などです。

傷官の人は、収入や出世などより、賞賛されたり、周りの人を驚かせたりすることが大好きです。スポットライトを浴びている瞬間だけが、生きているという手ごたえを感じられるのです。奇人変人のレッテルも、自分から好んで貼っているようなところがあります。平凡だとか、分かりやすい人だと思われるのは、耐えられないのです。

生き方

中心星が傷官の人は、注目を集めたいパフォーマー

周りの反応に敏感なのに、無関心を装うあまのじゃく

「傷官」が中心星にある人は、繊細で感受性が豊かで、感じたことや見聞きしたことを表現する力があります。それだけにナイーブなので、ガラスの心臓を持った黒豹のように、傷つけられると攻撃に転じます。

人間の一生に例えれば、青春の入口にさしかかった高校生のようなもので、急に親や教師に反抗的になったり、自分の住む社会を否定的に捉えたり、文学や音楽にのめり込んだりします。一見、孤高に見えますが、達観しているわけでも、世捨て人的なタイプでもなく、他人が自分をどう思っているかにはとても敏感で、周りの反応に一喜一憂していたりするのです。

傷官というのは、官位を傷つけるという意味から来ているので、社会の体制にそのまま呑み込まれるのは、良しとしませんが、決して革命を組織するような実行犯的な方向へは行きません。皮肉を言ったり、批判をしたり、プロパガンダ的な作品で表現するなどして、パフォーマンスに昇華していくことが、この星の人の生き方の基本です。傷官は、表現の星である食神の兄弟星なので、時流に乗る「読み」もなかなか鋭く、早くから頭角

哀しみや悩みが、何かを生み出す

傷官の人は心の屈折率が高く、精神構造には、子供っぽい部分が残っています。本当は、寂しがりやで、人に囲まれているのが嬉しいのですが、シャイなので自分から「いっしょに遊ぼう」などとは言い出せず、せっかく声をかけられても自分が最初でないと、すねて断わったりしてます。また、相手の関心を引こうとしてわざわざ意地悪なことをするかもしれません。親の愛情を確かめるために、叱れるような事を好んでやってしまう反抗期の子供のようです。しかし、このような資質はプラスに働く場合もあります。自分の中にあるモヤモヤや、寂しさや、哀しみを、理解して欲しいという強い思いが、「書く」「描く」「作る」というクリエイティブな才能を伸ばすモチベーションになるからです。傷官が表現の星と分類される原点は、ここにあるのです。

傷官の人が追い求めているのは、完全な理解や崇高な愛です。でも、小説や映画の中でしか、そんなものにはなかなか出会えないので、フィクションの世界に逃避するか、現実はそれなりのところで妥協して、クールを装って生きていくことになっているのでしょう。

完璧な理解者がいると、心に余裕ができます

傷官の人にとって、身近な理解者の存在は貴重です。「よしよし大丈夫よ」と受け入れ、「あなたは素晴らしいわ」と褒めたり励ましたりしてくれる親兄弟や、同性の友人がいれば、ホンネを吐き出すことができて癒されるからです。

傷官の人の目には、周りの人は、計算高く、冷たく、デリカシーのないエゴイストに見えてしまい、生きるのが辛いと感じることが多いかもしれません。それだけ、繊細な心と、鋭いアンテナを持っているからです。鋭敏な感性に恵まれたことを、誇りに思ってください。年を重ね、経験を積むことで、少しずつ生きるのがラクになりますから、大丈夫です。

中心星が傷官の人が、喜んで続けられる仕事は？

クリエイティブな仕事ならどのジャンルでも適性あり

シャープな感覚で時流を読み、鋭い表現力でそれを伝える……という能力を持っている傷官に、もっとも適した職業は、評論家やコメンテーター、ニュースキャスターなどでしょう。ファッションデザイナーやグラフィックデザイナー、作曲家、作詞家、演出家、演奏家など、クリエイティブなセンスが発揮できる仕事ならば、どのジャンルでも、やりがいを感じることができるはずです。

とはいえ、誰もが華々しい仕事に就けるわけではありません。大半の人は、サラリーマンやOLとして、会社や組織に属する歯車になって、営業や事務的仕事をこなしていく日常を送るわけですから、中心星が傷官の人は、なかなか納得できません。自分が属している組織や上司を、つい批判的な目で見て、「えっ、そんなの、おかしいと思います」とそのまま口にしてしまうので、チームの統制は取れなくなります。他の人は、多少の不満があっても、無能な上司が間違った指示をしていると感じていても、組織の中で淡々と役割をこなしていたのに、傷官の人がホンネを言ってしまったために、突然、場が白けるのです。組織を破壊する傷官のパワーは、小さなグチから、頭越しのリークに至るまで、様々な形をとって発揮されます。

他の星の働きで、傷官の長所が生かされる

中心星が傷官の人にとって、仕事の上では、命式の中にある他の星の働きが、とても重要です。財の星（偏財や正財）があると「ここまで言ってしまったらマズイかも」とクールに計算ができるようになるので、バランスが取れます。クリ

エイティブな仕事で生計を立てるには、ぜひとも財の星は必要です。

自我の星（比肩や劫財）があると、体力、気力が補強され、桁違いの実力で、周囲から「あの人は口は悪いけど必要だから」と許されてしまうかもしれません。

地位の星（偏官や正官）がある場合は、自身の中に、「組織っていうのは、こんなものだから、しょうがないかなあ」という感覚がインプットされているので、理解力が働き、直球の発言は控えるようになるでしょう。

知性の星（偏印や印綬）は、中心星の傷官を剋しますが、傷官の場合は激しい性格を弱めてくれるプラス要素もあるので、センスに知識が加わり一目置かれる存在になれるでしょう。ただし、月柱の上段に知性の星が来た場合は、人間関係が常にギクシャクするので、年柱の上下段にあるくらいが望ましいのです。

傷官が複数あると濃いキャラクターがますます増幅しますが、突き抜けているので、おもしろい人として受け入れられるかもしれません。兄弟星の食神があると、ソフトでオープンな性格も加わるので、安心して人が近寄ってくるでしょう。

後輩や同僚には、とても親身になる

ところで、職場や仲間うちで、傷官は恐れられている存在のように思われるかもしれませんが、初めはそうだったとしても、寂しがり屋で人懐っこい面がすぐに現れるので、同僚や後輩からは意外な人気があります。また、人の悩みや悲しみに共感する能力が高いので、親身になって話を聞いてくれますから、だんだんと深い話を打ち明ける人も出てきます。

しかも傷官は面倒見が良く、本気になって対策を練り、役に立つ人を紹介してくれたりもするので、頼りにされます。

シリアスな話だけではありません。アフター5に傷官の人と酒宴を囲めば、上司の悪口、会社への不満、政治への批判などを、ユーモアも交え、豊富なボキャブラリーを駆使して痛快に語ってくれますから、周りの人は、笑って泣いて、ストレスを解消できているはずです。そうして、しゃべることで、傷官本人もすっかりいい気分になれるのです。

中心星が、傷官の人の恋愛や結婚の形は、どうなる？

やや危ない感じが、恋のチャンスを引き寄せる

中心星が傷官の人は、おしゃれで会話上手で、その上、ちょっと危うい雰囲気があり、異性から見ると放っておけない感じがするので、恋のチャンスはいくつもめぐってきます。

傷官はロマンチストなので、偶然の出会いが重なったり、生い立ちに共通点があったり、愛読書が同じだったりすると、「この人こそ運命の人」と思い込んで恋に落ちます。もちろんルックスや立ち居振る舞いも、「白馬の王子様」や「憧れのマドンナ」の条件を満たしている相手に限ります。しかし学歴や収入や家柄に

こだわっているわけではありません。女性は口のうまいジゴロっぽい男性に惹かれる傾向があり、男性は「マッチ売りの少女」のような薄幸な女性を救い出すというストーリーにはまります。年齢差、離婚歴、あるいは相手が子連れだとしても、そんなことには左右されない「純愛型」です。

恋の始まりのころは、何もかもがバラ色に見えて、辛い過去も、嫌な仕事も全てが視界から消えて「この人に出会うために、私は生きてきたのだ」と思えるほどに夢中になります。もっと相手に気に入られたいと、ダイエットに励み、服や持ち物に凝り、出費も厭(いと)いません。次のデートの下調べも入念です。

ところが、自分のテンションのほうが高く、相手の熱意が足りないと感じると、その度に深く傷つき、なじったり絡んだりします。でも、ちょっと優しい言葉をかけられると、また気を取り直し、感情のアップダウンを繰り返します。傷官の女性は、恋愛相談の長電話で、たぶん女友達を煩わせていることでしょう。

恋愛至上主義者の傷官にとって、向こうから別れを切り出されるのは、この世の終わりと思えるほど辛いことです。相手が逃げ腰になる原因は、嫉妬や独占欲や「愛が足りない」という不満に息苦しくなる場合が多いのは、残念です。

傷官の恋の痛手は、新しい恋でしか癒されません。でも、幸いなことに惚れっぽいので、次の恋を見つけるのに、そんなに時間はかからないでしょう。

多少の不満は目をつぶるのが、結婚です

結婚は、現実的な生活なので、会話は連絡事項だけになり、相手が自分の都合ばかりを優先するなど、イヤなところが見えたりします。それでも、傷官は寂しがり屋なので、結婚することをお薦めします。時々文句は言っても、あまり追い詰めたりしなければ、うまくやっていけるはずです。共働きのほうが、時間が足りないので、もめごとも少ないでしょう。

長続きする相手は、褒め上手で、傷官の気持ちを受け止め、記念日にはプレゼントや豪華なディナーで「大切に思っている」ことをちゃんと表現してくれる人です。傷官の女性は、レディファーストが染みついている国の男性との国際結婚が向いているかもしれません。

中心星が傷官の人が、幸せに暮らすために気をつけたいこと

あなたに必要なのは、鈍感力です

　中心星が傷官の人は、温かくて人情味溢れる心の持ち主なのですが、攻撃的でワガママだと思われ、敬遠されがちになり、「誰も分かってくれない、寂しい、不幸だ」という感情に陥ってしまうことがあります。これが最大の弱点です。

　傷官の人は、敏感で繊細なので、周りの人の心理が手に取るように読めるのですが、たとえ相手を冷たいとか打算的だと感じても、いちいち反応しないクセをつけることが、何よりも大切なポイントです。今の時代、誰もが自分の生活を守り、与えられた仕事をこなし、雑用の山を切り崩していくのに精一杯で、家族や親友でも、あなたの問いかけにいつもしっかり向き合ってくれるとは限りません。「あっ、ちょっと待ってね、明日なら時間があるから、ちゃんと聞くわ」と言いながら、そそくさと去って行くようなことも多々おきます。不実なわけではないのです。緊急事態だったら、きっと手を差し延べてくれるのでしょう。

　でも、それを確かめたい、同情されたいなどと、話を大袈裟にしてはいけません。「この5年間に、10回は死んでる」と噂されている傷官の知人がいます。案外、見抜かれています。

　心が揺らぎやすく、振幅も大きい傷官の人は、ハッピーな気分ならば、イヤな仕事でも何でもドンドンやれますが、気持ちが沈んでいると、何もかも放置してしまいます。しかし、たいていの人は、気分に左右されないように、自分をコントロールしながら目の前の課題に取り組んでいるのです。なるべく合理的に、物事に対処しようと意識しているだけで、みんながみんな、元々、クールでも冷血なわけでもないはずです。

　また、世話好きな傷官は、頼まれた以上のことを、一生懸命やってあげるのですが、感謝が足りないと感じると、自分が否定されたような気がして悲しくなります。そして相手の不義理はしっかりと記憶していて、何かの折に攻撃の対象にしてしまいます。心の秤というものは、どうしても自分の労力を過大評価し、相手の苦労には気づかないものなので、人の面倒を見るときは、「コレは私の趣味なの」と言い聞かせて、不満を溜め込まないようにすることが必要です。

　なぜなら、「唇にナイフ」と形容され

る傷官は、不満が鬱積（うっせき）すると突然ガーッと攻撃的な言葉を吐き出し、せっかく積み上げてきた人間関係も信用も破壊してしまうことがあるからです。言ってしまったほうは、案外ケロッとしていたりもするのですが、言われたほうは後に残り、この人とは距離を置こうと考える可能性も少なくありません。全てを共有していたはずの夫や妻ですら、炸裂した傷官の怒りがキッカケでうまくいかなくなる場合もあるので、気をつけましょう。

寛大な気持ちが、幸せを運んでくる

命式の中に財の星（偏財や正財）がある人は、合理的な思考回路になり、印綬がある人は体裁を気にするので、毒舌によるトラブルはグっと減ります。

　しかし、このような他の星の助けがなくても、幸せに暮らしている傷官の人はたくさんいます。そういう人は、読書や体験を通じて、自分とは違う個性の持ち主に対する想像力や洞察力を磨いてきたのではないでしょうか。トータルとして相手の人間像を捉えられれば、理解が深まり、寛容な気持ちが生まれるからです。

　若いうちは、なかなかそういう域には達しないかもしれませんが、その場合は仕事や趣味で忙しく飛び回りましょう。負のエネルギーも消化されてしまうので、バタンキューと寝てしまえば、翌朝は晴れ晴れとした気分で目覚め、幸せな光がいっぱいに差し込んでくるはずです。

月柱上段の星と中心星傷官の組み合わせ

四柱推命では、一番強く出るのはもちろん中心星ですが、ルックスやフィーリング、行動パターンなどは月柱上段の星に表れているので、職場などの浅い付き合いでは、その星の印象が強いかもしれません。
傷官は、官の星（偏官や正官）を剋しますが、知性の星（印綬や偏印）に剋されるという力関係があります。

相性のいい組み合わせですが、傷官の要素が強く出ます。純粋で自尊心が強く、激しい性格の持ち主です。傷つきやすい一方、気難しく、自分から誤解されるような言動をしやすいので注意。目的意識を持つと、何事もがんばることができます。

傷官に劫財の性質が加わることで傷官の力が強まり、正義感にあふれ、プライドの高い性格になります。ただ、何事にも厳しいため、周囲の人がついていけなくなることが。時流を読む能力に長け、トークも冴えますから、意外な分野で活躍しそう。

食神　傷官

兄弟星の組み合わせですが、性格は神経質で自己中心的な面が強くなります。表面はおっとりとしたムードでも、自分の思い通りに物事を進めますから、周囲にはわがままと評価されそう。能力を仕事に向ければ、社会的に成功する運を持っています。

傷官　傷官

傷官が二つ重なり、性質が強まるために、個性が際立った人物となります。自分に対する関心が高く、かなりの自信家です。根が真面目な上に物事にのめり込む性格ですから、特殊な分野を究めて成功する場合も少なくありません。慢心には注意。

偏財　傷官

傷官に偏財の性質が加わることで精神的に強さを増し、人間関係でも現実的な対応ができるようになります。ただ、お金の出入りは激しく、悪くすると収支が赤字続きとなることも。カード利用やリボ払いなどの借金は全般的に避けたほうが無難。

正財　傷官

傷官のマイナス面が正財にカバーされて、性格にゆとりが生まれます。遊びやいろいろな経験を生かして上手に世渡りするタイプ。ただ、イザとなれば自分のやりたいように行動しますから、運勢は良いときとそうでないときの差が激しいでしょう。

偏官　傷官

傷官が偏官を剋す逆剋で、頭は良いのですが、性格的には粘着性が強くなります。思ったことをストレートに口にしますから、人間関係でトラブルになりやすく、組織では地位が安定しません。実績を積み重ね、個人事業主として成功を狙うこと。

正官　傷官

傷官が正官を剋す逆剋。落ち着いた雰囲気に見えても、内面には激しい情熱を秘めています。上昇志向が強く、自分のポリシーを持ち、ときには体制批判をするほど過激な面も。人の上に立つ出世運がある一方で、トラブルメーカーとなる心配が。

偏印　傷官

偏印が傷官を剋し、強烈な個性が混ざり合って表れます。技術や芸術で才能を伸ばせますが、プライベートには苦労が多くなりそう。また、わがままで気まぐれな面が目立つと評価を下げることに。個性は大切にしつつ、自由奔放な言動はセーブして。

印綬　傷官

印綬が傷官を剋し、鋭い感性を生み出します。人のアドバイスには耳を貸さず、我が道を行く偏屈な性格で、普通の仕事や商売には向きません。学問や芸術方面に進めば才能が花開き、発明や創作活動でも卓越した能力を発揮するでしょう。

偏財

財の星の変化型――勝負勘に恵まれた行動的なキャラクター

偏財というのは、四柱推命が体系を成してきた古代中国では、回転財のことを意味しています。お金は、世の中を回ってこそ、様々な形で人々の生活を潤すというのが経済学の基本ですから、同じ財の星でも、正財より変化型で流動的な偏財の方が、吉星と捉えられています。

副収入を得られる、勘と器用さがあります

中心星が偏財の人は、「回転財」を体現している人です。たとえば、正業に就いたとしても、その仕事だけでは飽き足らず、副業に手を出す人も少なくありません。今の時代なら、さしずめ動画サイトに投稿して広告収入を得るとか、仲間と一緒にアプリを開発するとかが考えられます。また、若いうちからマンションを買って、タイミングを見て転売し、だ

中心星が偏財の人は、天性の商才を駆使する、営業マン

お金という形で自分が評価されれば納得する

「偏財」が中心星にある人は、好奇心が旺盛で、あらゆるジャンルに関心があり、まるでラッコのようにクルクル回ったりシューッと泳いだりして休みなく活動しています。

人間の一生に例えれば、学業はそっちのけで、部活やアルバイトや旅行やデートに忙しい大学生のような時期で、それでいて、ちゃっかり就職活動用の人脈まで開拓しているのに似ています。

地位や名誉よりも、経済力を重視します。自分の能力が、振り込み額や持ち物という形になって報われると納得できるのです。まさに口八丁手八丁で、資本主義社会の真っただ中を渡っていくというのが、この星の人の生き方の基本です。

職業イメージとしては、呉服屋の番頭さんやホテルの支配人、また営業的な仕事なら、どの分野でも適性があるので、トップセールスといったところです。

ひとつのことをじっくり掘り下げるのは苦手です。次から次にいろいろなアイデアが浮かぶので、忘れないうちに実際に試してみたいという衝動にかられるのです。それゆえ、どうしても多動的になり、いつもパタパタしている落ち着きのない人だと思われているかもしれません。

んだんと広いマンションに移り住むなどという芸当は、当たり前のようにやってのけるでしょう。

競馬やパチンコなどのギャンブルは、付き合い程度にはやるかもしれませんが、リスクが大きくて、儲かるのは胴元だけだと知っているので、のめり込んだりはしません。競馬関係なら、むしろ「一口馬主」のような話のほうに、興味を持つタイプなのです。

日本の預金金利は、あまりに低いので、まとまったお金があっても、偏財の人は、定期預金などにはしないで、外国の債権に投資したり、株を買ったりするでしょう。投資をする場合も、熱心に調べたりはしないのですが、嗅覚が鋭いので、少し資料を読むくらいでも、副収入になったりするのです。

偏財の人が、散財する可能性があるとすれば、それは、ブランド物や趣味の物に大枚をはたいてしまう傾向があるからです。5つ星ホテルに一泊6万円払ったり、ホテルのバーで、1杯3000円のブランデーを飲むのを惜しいとは思わないのです。そういう出費は、セレブの間に人脈を作るとか、顧客との話題に使える必要経費だと考えているからです。

実際、気力、体力が充実している、ある程度の年齢までは、偏財は、七転び八起きが可能なので、事業を起こして失敗したとしても、貧乏生活に甘んじる必要はなく、盛り返すことができます。

偏財の人は、目先の利益に走りません

偏財の人は、何かの選択をするとき、必ず得か損かで決定します。しかし、ソフトな人当たりと、ロングスパンで損得を考える賢明さのお陰で、「計算高い人だ」と思われないのは幸いです。目先の利益に左右されず、感情にも流されないのは、優れた大人の判断です。

「士農工商」などと言われたのは江戸の昔、今や医師も弁護士も農業を営むにも、商才がないとサクセスできません。

行動的で嗅覚に恵まれたことを誇りに思い、有意義に生かしてください。

中心星が偏財の人が、やりがいを感じて続けられる仕事は？

中心星を助けてくれる他の星の働きはとても重要

多方面に人脈を持ち、お金を生み出す優れたセンスがある偏財の人に、ズバリ向いているのは、商売全般です。ジャンルは何でもいいのです。メーカーに入社すれば、消費者のニーズに応える物を作り出し、商社に入れば、それぞれの国が必要としている物を見抜いて貿易するでしょう。今は農業でも、新種の野菜を栽培して産地直送するなどの偏財的な臨機応変さが求められている時代なのです。

宣伝、広報活動や、マーケティング、政治家の選挙活動に至るまで、全てのフィールドで偏財的なマメさとコミュニケーション能力は、役に立つのです。

中心星が偏財で、命式の中に表現の星（食神や傷官）がある人は、卓越したアイデア力が加わるので鬼に金棒、文字通り「純金の延べ棒」を手にしているようなものです。

命式の中に、地位の星（偏官や正官）がある人は、高収入に留まらず、起業して組織を大きくしていくようなサクセスの道も開けています。

相性の悪い星がプラスに働くケースは、あまりない

これだけの吉星の偏財ですが、相性の悪い星に出合うと、悪い面が出やすい傾向があります。

自我の星（比肩や劫財）が、命式の中にあると、我が強くなります。偏財は、聞き上手で、会話の中で相手を立てて気持ちよくさせ、いつの間にか信用させるという無意識のテクニックに長けているのですが、自我の星があると自慢話が鼻につくようになり、商談の成功率が下がってしまいます。比肩はピュアな星なので、まだマシなのですが、劫財があると、

見るからに悪徳商人の凄みが出て、相手はいっぺんに警戒してしまいそうです。時代劇に登場する「お主もワルよのう」と言われる越後屋さんは、きっと「偏財&劫財」の組み合わせに違いありません。でも、劫財を抑えてくれる正官も同時にある場合は、バランスが取れます。

知性の星（偏印や印綬）があると、プライドが邪魔して、太鼓持ち的な、今風に言えば、お笑い芸人的なユーモアが発揮できなくなるので、目上の人から可愛がられるのは難しくなりそうです。でも、弁護士や医師や公認会計士など、センセイと呼ばれるような堅い分野の職業ならば、「気さくで、いい先生」として、顧客に恵まれるでしょう。

偏財と正財が同時にあるのは、好ましくない

兄弟星の正財が、命式の中に一緒にあると、お金に細かい面が悪く出てきます。「今回は儲けを譲って、次に繋げよう」というような長期的な視野に立った発想が出来なくなってしまうのです。正財の心配性な性格が「次はないかもしれない」と思わせるからです。

会食をしても、いつも一円単位まで割り勘では、例え同性同士でも、味気ないものです。太っ腹で支払ってこそ「じゃあ、次は私が……」ということになって、付き合いが深まるのですから。

中心星が偏財の場合、命式の中に一つだけあるのがベストです。偏財が多すぎると、うまく立ち回り過ぎて、相手から見ると、かえって信用するのが不安になったりします。また、関心のある事柄が増えすぎて、何事も中途半端になり、一つに集中して仕事をするということが出来なくなる可能性があります。

命式の中に、同じ通変星が複数存在する場合は、兄弟星の性格を帯びるという解釈もあるので、右に書いた「偏財&正財」の組み合わせに似て、短絡的に損得を判断してしまう面も出てきます。

どんな吉星も、「過ぎたるは、及ばざるがごとし」なのは、四柱推命の奥深いところです。

中心星が偏財の人の恋愛や結婚の形は、どうなる？

水商売ならすぐナンバー1になれる恋の達人

中心星が偏財の人は、ちょっとした仕草やファッションにセクシーな雰囲気があるので、美男美女でなくても、モテモテです。

聞き上手な上に、さりげなくヨイショしてくれるので、偏財と会話した相手は、ついつい話が弾み「楽しい時間を過ごせた」という記憶が残ります。つまらないプライドがないので、ハードルが低そうに見えるため、相手は「自分に好意を持っているに違いない」と勝手に解釈し、もっと深入りしたいと、思いをつのらせます。ところが偏財は、絶妙な距離感を保って、なかなか私生活を見せませんし、ホンネも晒しません。異業種間交流会や

勉強会や、宅配便の受け取りのような雑事まで優先して、なかなかデートも実現できないのです。そのくせ久々に会えば、いきなりハグして「すごく会いたかったわ」と耳元で囁いたりタッチしたりもするので、相手は完全に翻弄されてしまいます。ホステス、ホストならば、たちまちナンバー1になれそうな、恋心を操る天性の才があります。

しかも、プレゼントをねだるのも上手なので、恋人の数だけブランド物も増えていくなどという話も少なくありません。

しかし、本人は口ほどには、相手に惹かれていない場合も多いので、深追いされて迷惑を被ったり、ストーカーまがいに悩まされるときもあります。

ところが、もっと百戦錬磨の異性に出合うと、これほどの偏財も、赤子の手を捻るように惑わされて貢いでしまうなどということも起きるので、自分を過信しないように注意しましょう。

結婚後は、多角的な内助の功を発揮します

偏財が、本気で結婚を考えるのは、多少の差はあれ、「玉の輿」の要素がある場合で、男性でも無意識の「逆玉願望」は否めません。

とはいえ、結婚すると、家事にも子育てにも、ベッドでのサービスにもマメさを発揮して「いい奥さん」や「いいダンナさん」と言われるようになります。ホームパーティーを開いて、パートナーの人脈作りに貢献したりもします。

偏財は、自分の豊富なネットワークや雑学から、プラスになるような人物を紹介したり、情報を提供したりして、相手の仕事をサポートするので、「玉の輿」は、ますます燦然（さんぜん）と輝くことになるでしょう。

偏財が中心星の女性は、家庭内にとじこもっているとストレスがたまるので、仕事を続けるのがベターです。たとえ夫が高収入でも、自分の自由になるお金を持っていたい気持ちもあるからです。

さて、偏財の場合、不倫恋愛をする確立は、男女共100％近くあります。結婚したからといって、異性に対する好奇心はなくならないのです。良心の呵責も、ほとんどないので、片目をつぶって見逃すくらいの度量がなければ、偏財の人を配偶者にする資格はありません。まあ、深刻なトラブルは苦手なので、家庭を壊すほどの執着はしないはずです。

中心星が偏財の人が、幸せに暮らすために気をつけたいこと

相手に合わせて、ついウソをつくのは、悪いクセです

偏財は、行動的で柔軟性に富み、今の時代にマッチした素晴しい星なのですが、弱点があるとしたら、調子が良すぎるために、不信感を持たれやすいことです。

ついついサービス精神で、偏財の人は話を合わせます。誰にでも「フムフム」と相槌をうち、「さすがですね」と相手をのせ「まったくおっしゃる通りです」と共感を現わしていると、自分でも何が本心なのか分からなくなってしまうことも、ちょくちょくあります。もし、相手同士が、偏財の言動をすり合わせしたりすれば、辻褄が合わないことが発覚して、いっぺんに信用を失います。これが社内の勢力争いに絡んだりしたら、大事です。

人間誰しも、ノーを言われるよりイエスマンを傍に置きたがるのは現実ですが、調子を合わせるあまり、小さな嘘を重ねるのはNGです。気弱なところもある偏財がノーを言いにくいとき便利なのが、沈黙です。「沈黙は金」というのは、偏財のための格言だったのかもしれません。

面倒見もよく、サクサク仕事を片付ける偏財は、部下や後輩からは、「できる人」として評価されますが、生真面目な同僚からは反感を持たれ、嫉妬されることもあるのです。また、上司からは、「副業のほうが熱心だなあ」などと見抜かれているかもしれません。

上司や周りの人に信用されるためには、結果を出すことです。偏財は闘争心が希薄なので、一旦トラブルが発生すると、面倒は避けて「まっ、こっちはやめといて、他を当たろうか」とサラリとかわす術に長けていますが、いつもそれでは、小さな成果しか望めません。気力が続かないのを粘り腰でカバーして、着手したことは、ちゃんとフィニッシュを決める練習をしましょう。そうしてお世話になった人には、報告やお礼をして義理を欠かないようにすることが大切です。さもないと、人脈も枯れて、「次回」は協力を得られなくなります。

整理整頓を実行することで、偏財の能力はアップします

中心星が偏財の人の、もうひとつの弱点は、事務的な仕事や雑務が嫌いなことです。退屈だから、面倒だからと、放置しておくと、家の中やデスク周りが、グ

チャグチャになり、ダブルブッキングや、請求書の期限切れで支払いが出来ないなどのミスが起きます。探し物も多いはずです。こういうことは、時間の無駄使いなので、意識して整理すれば、頭の中もスッキリします。隙間時間にスマホを使って、スケジュールや情報管理をする習慣をつければ、多動的な偏財の長所が充分に生かされます。

　どうしても、そういうことは苦手だという人は、違うタイプの人と分業体制を作るか、お金を払って家事や事務仕事を外注したほうがよいでしょう。

感情的、情緒的な人を受容する大きさを持ちましょう

　中心星が偏財の人は、自分を不幸だと感じて落ち込むことも、深刻な悩みを抱え込むことも少ないのですが、ふとした瞬間に、何かが足りないと感じることはあるかもしれません。しかし、足りないのはお金ではありません。感じる心や情緒です。世の中の全てが、合理的に運ばれているとは限りません。情や好き嫌いで、潮目が変わることもよくあります。

　財の星（偏財や正財）の人は、情に流されることを、子供じみているとか、恥だと思ってシャットアウトする傾向があるようですが、そういう人間っぽさも包括して受容できれば、一段とスケールが大きくなります。さらに好感度も高くなり、楽しく生きられるでしょう。

月柱上段の星と中心星偏財の組み合わせ

四柱推命では、一番強く出るのはもちろん中心星ですが、ルックスやフィーリング、行動パターンなどは月柱上段の星に表れているので、職場などの浅い付き合いでは、その星の印象が強いかもしれません。
偏財は、知性の星（印綬や偏印）を剋しますが、自我の星（比肩や劫財）に剋される力関係があります。

比肩が偏財を剋すため、比肩の性質が強く出ます。何かにつけて我を通そうとするため、身近な人とトラブルになりやすいのが心配。行動力があり、目標に向かって努力する人ですから、活躍の幅は徐々に広がっていきます。趣味を実益化するのも吉。

劫財が偏財を剋し、劫財の性質が表に出ます。子供っぽいワガママな振る舞いをしたり、金銭感覚がルーズになりやすいのが難点。お金で信用を失わないように、計画性を身につけることが大切です。運勢は晩年に向かって安定してくるでしょう。

食神

偏財

偏財に食神の性質がプラスされて、幸運な要素が増す組み合わせです。それほど器用なタイプではなく、頑固なために苦境に立つこともありますが、それを打ち破っていく強運の持ち主。周囲に引き立てられて地位を築き、財を成すことができます。

傷官

偏財

偏財に傷官の性質が加わることで、目的意識の強い、頭のキレる人物になります。駆け引きも上手ですが、技術や技能の面で秀でることが多く、プロ意識の強い職人気質タイプという表現がピッタリ。生涯を通して仕事をしていくのがよいでしょう。

偏財

偏財

同じ星の偏財が重なり、幅広い適性があり、強い財運を持っています。常識にとらわれず自由に行動するため周囲の評価は分かれますが、自分の信じる道を進むことが開運のカギ。失敗した時の責任は自分で取るという気概があれば問題ありません。

正財

偏財

兄弟星の組み合わせですが、お金の出入りが激しく、収入はあってもやり繰りに苦労しそうです。その結果、妙に計算高くなってしまう傾向も否めません。真面目ですがプレッシャーには弱く、人前では無理してがんばってしまうのが心配。

偏官

偏財

偏財に偏官の性質が加わることで、野心的な性格が強くなり、目標があれば努力を惜しみません。成果を手にしてもそれに飽き足らず、さらに次のステップを狙う貪欲さがあります。あまり強引なやり方をすると、人が離れていきますから気をつけて。

正官

偏財

偏財に正官の要素がプラスされるため、性格に積極性が増します。何事も自分のスタイルにこだわり、物事を思い通りに進めようとしますから、周囲と衝突することもしばしば。功を焦らないこと、目上の人を味方につけることが成功のカギです。

偏印

偏財

偏財が偏印を剋す逆剋ですが、この場合はプラス面が多くなり、粘り強い性格となります。頭の回転が速く、器用さもありますから、いろいろな場面で重宝される人材となるでしょう。アピール力は今イチですが、独自のスタイルで立場をキープします。

印綬

偏財

偏財が印綬を剋す逆剋のため、印綬の良さが少し割り引かれます。人懐っこくて面倒見も良いのですが、相手によって態度を変えたりしないように注意。外聞ばかり気にせず、謙虚な生き方を心がければ、周囲の信用を得て開運できるでしょう。

正財（せいざい）

財の星の正統派——堅実で、信頼度抜群のキャラクター

中心星が正財の人は、課題を誠実にこなす模範的存在

働きぶりを「金額」で評価されたいタイプ

「正財」が中心星にある人は、生真面目な実務派で、どんな場面でも、職務に忠実であろうと努めます。ひと昔前の日本人の典型だった、働きアリのようなキャラクターです。

人間の一生に例えれば、社会人として一歩を踏み出した新入社員の時期に似ています。茶髪を黒髪に戻し、真新しいスーツに身を包み「この会社でがんばろう」とまっすぐな心意気でいるのです。

仕事をサボることなど、まったく考えていないので、面倒に思える小さな仕事でも、とにかく、真剣に一生懸命取り組みます。自分が属する組織の中に、パワハラや派閥、粉飾決算や不当表示などが横行しているなどとは、想像さえしていません。

職業イメージとしては、銀行員や、総務、経理など管理部門の社員、あるいは精密機械の技術者などです。

出世や収入増にはこだわりますが、ちゃんと仕事をしていれば、そういうものは、自然についてくると信じています。抜け駆けや、卑怯な手を使ってまでとは、考えていないのです。逆に言えば、役職や給料が上がっていかないと、自分の働きが正当に評価されていないと感じて、組織のあり方に不満を持ちます。

正財の人は、公明正大で、裏表なく勤めるので、自分の属する組織や社会にも、「不平等はあってはならない」という信念を持っています。ですから、会社の中に悪習がはびこっていて、自分一人の力ではどうにもならないことに気がつくと、大変なストレスを感じます。だからといって、出社拒否をしたり、プイと会社を辞めたりするほど、子供っぽい振舞いには出ませんが、私生活やお酒の席ではついグチっぽくなりそうです。

いつも確率を考えて合理的に行動する

経済的にしっかりと自立して生活すること。そのためには感情に流されず、平常心を保って、仕事や課題を一つずつクリアしていくこと。それが正財の人が貫

いている生き方の基本です。

もちろん人間ですから、好き嫌いや気まぐれな部分はありますが、意識的にそれは出さないように、自分を律しています。感情的になって物事を判断するのは、合理的ではないと考えているのです。この星の人が何かの選択をする場合は、無意識に確率を計算して、それに従って行動します。例えば、正財は週刊誌にリークしたり、不用意に秘密情報をネットに流したりはしません。そういうことをすれば、自分の属する組織がダメージをこうむって、その結果、自分も損をすると分かっているからです。

また、派閥などにどっぷり漬かることもないのは「驕る平家は久しからず」の格言を知っているからなのでしょう。

「財テク」というキーワードには、とても興味はあるのですが、投機的な投資は避けて、安定銘柄を長期に保有して、株主優待制度や配当金で、ちょっとおトク感を味わうくらいが好きなのです。

しっかり者の蓄財型。冒険は、性に合いません

中心星が正財の人にとって、お金は、コツコツと働いて得られた報酬として、辛抱や汗の代償として手元にやってきたものです。そういう意味で、自分の手の中から生まれた「財」なので、しまいこんでおきたいという願望があります。それは、とても大切な気持ちです。

「堅実」「着実」「質素」「節約家」など と言われているとしても、地味だと嘆く必要はありません。将来、年金が支給されるかどうかも不透明な状況では、キリギリスではなく、アリさんを見習うのが賢明というもの。さもないと、高齢貧困にあえぐ可能性があるのです。

正財の人は、節約はしても、「人に迷惑はかけない」という不文律を自分の中にしっかりと持っているので、礼を失したりケチなどと言われる筋合いはありません。親切で世話好きなところもあり、決して冷たくもないのです。ただ、他の人より少しだけ大人びていて、自己コントロールができるので、クールだと誤解されるのかもしれません。

中心星が正財の人が、やりがいを感じて続けられる仕事は？

中心星を助けてくれる他の星の働きはとても重要

どんな課題にも、諦めることなく着実に仕事を遂行していく正財の人に、一番向いているのは、安定した企業に勤めるビジネスマンやキャリアウーマンです。会社のルールに従って、きちんと職務をこなして行きますから、信頼度は抜群です。持久戦にも強いので、ロングスパンで取り組むプロジェクトにはなくてはならない存在です。きっとスカイツリーや黒部ダムを造りあげたチームのエースは、中心星が、正財だったに違いありません。嘘がつけない誠実なキャラクターは、顧客からも信用されるので、営業畑でも、高い評価を得られます。

中心星が正財で、命式の中に表現の星（食神や傷官）がある人は、発想力が豊か。サービス精神も旺盛になるので、意外なネットワークを持ち、商品開発や宣伝などのセクションに配属されても、活躍が期待されます。

本来、正財の人は、リーダーシップを取るのは苦手です。決断を迫られるような立場よりは、実務を担当したり、ナンバー2として補佐役に徹するほうが、精神衛生上はラクなのです。しかし、命式の中に、地位の星（偏官や正官）がある人は、部下をまとめていく感覚が備わるので、大企業で、課長、部長、取締役などのポストにつけるでしょう。女性でもよい上司に出会えれば、管理職になれる可能性大です。

地位の星は、中心星の真上に位置する月柱上段にあるのが、ベストです。

相性の悪い星がプラスに働くケースは、あまりない

自我の星（比肩や劫財）は、正財を剋すので、相性が良いとは言えません。

命式の中に比肩があると、何でも自分一人でやろうとする傾向が強まりますが、純粋ながんばり屋という共通点があるので、マイナスは少ないでしょう。

しかし、劫財があるのは、脅威です。速攻で結果を出したいという気持ちがはやり、計算高くなったり、投機的に動いて穴を開けたり、正財らしからぬ危ない橋を渡って失敗したりします。ただし、命式の中に地位の星（偏官や正官）があれば、バランスが取れます。

命式の中に、知性の星（偏印や印綬）があっても、正財に剋されるので、勉強や研究熱心なところがプラスに働きにくく、知識や経験を金銭に換算したいという気持ちが強くなります。自己評価ばかりが高くなり、実力以上の報酬を要求して顰蹙（ひんしゅく）を買う可能性もありそうです。

偏財と正財が同時にあるのは、好ましくない

兄弟星の偏財が、命式の中に一緒にあると、行動的になるというプラス面もあるのですが、正財の一番の長所である生真面目さに陰りが出てきます。細かい仕事を侮ったり、近道を探すような意識が芽生えてしまうので、自分だけラクな仕事を選ぶ「調子がいい人」というレッテルを貼られそうです。率直な性格も裏目に出て、「すぐにお金の話をしたがる人」として、日本的な感覚からは、浮いてしまうことも起きそうです。

中心星が正財の場合、命式の中に一つだけあるのがベストです。正財が複数あると、「細かすぎる」「バカがつくほど真面目だ」「融通が効かない」「その上ケチだ」などと思われ、なんとなく敬遠されているかもしれません。

古書には正財のことを「裕福なのに、お金の使い方がわからない」とも書かれていますが、正財が二つあると、この傾向が強まります。必要なときも出費を惜しんで「安物買いの銭失い」のように、かえって損をすることになりかねません。「三匹の子豚」の話を思い出してください。一番お金のかかった頑丈なレンガの家が、一番、長持ちしたのですから。

中心星が正財の人の恋愛や結婚の形は、どうなる？

お嫁さんお婿さん候補としては、好感度が高い

中心星が正財の人は、誠実さがにじみ出ていて、穏やかな雰囲気で、出しゃばらないので、「そろそろ結婚を」と考えている異性からは好ましく思われます。しばらく付き合って、相手の両親に会うことになっても、間違いなく及第点を貰えるタイプです。

世話好きの親戚や先輩からは、「安心して紹介ができる人」と評価されているので、出会いの場をアレンジされることも多々あります。高学歴や裕福な家庭の子息など、条件の揃った縁談も、いくつかめぐってくるかもしれません。

未知数だらけの、「恋愛や結婚」というフィールドでも、信頼できるパートナ

ーを選び、計画的に子供を持ち、30代でマンションを購入するといった立派な人生設計を、着々と実行していく正財の人も、たくさん見かけます。

ところが、中心星が正財でも、命式の中の日柱に劫財や傷官や偏印といった濃いキャラクターの通変星を持っていると、事はそんなに順調にはいきません。自分の日柱と同じ星が、月柱か年柱の上段にある異性に惹かれるのですが、この星と正財が合わないと、振り回されたり二股をかけられたり、ギクシャクします。すんなりと結婚という話にはならないのです。それでも、しばらくは「好き」という気持ちが先行するので、恋の成り行きに一喜一憂しながらも、正財の人は仕事や日常生活では、平常心を保つように努めます。

しかし、そのうちに「好きだけど、この人とは安心して生活していけない」という心境に至ります。そして、強い絆を結べるような、信頼できる人を、結婚相手には選ぶでしょう。「恋愛と結婚は違う」ということに、早く気がついたほうが、正財の人は、幸せに暮らせるのです。

結婚しても、子供を持っても、時間管理術に優れた正財の女性は、ちゃんと仕事を続けられます。専業主婦になっても、やりくり上手なので、夫の収入のわりに衣食住を充実させた上に、ちゃっかりヘソクリも持っていたりするでしょう。

浮気はあまりしないが、不倫が本気になることも

結婚後、浮気をする確率は、正財が中心星の人は少ないのですが、命式の中に複数の正財がある女性は、夫に見切りをつけた時には、本気の不倫をして、密かに別れる算段をしていたりします。

また、複数の正財がある男性は、短い浮気では終わらず、経済力があると「愛人を囲う」などというヘビーな関係に陥りがちです。

安心しすぎて、「パパ」「ママ」と相手を呼び合って、「セックスレスで、ぜんぜん平気」などと言っていると、思わぬ落とし穴が待っているかもしれません。

正財が中心星の女性は、人並みにフィジカルな欲望はあるのですが、羞恥心が邪魔をして、なかなか自分を解放できません。他のシーンでは大人っぽいのですから、ベッドでもアダルトに振舞えたら、もっと魅力的です。

中心星が正財の人が、幸せに暮らすために気をつけたいこと

いろんなタイプの人間が存在することを、認めましょう

正財は、真面目で忍耐強く、物事の優先順位をわきまえているので、どんな組織の中でも信頼される素晴しい星なのですが、弱点があるとしたら、柔軟性に欠けるところかもしれません。

何事も合理的に判断して行動しようと自分は努力してきたので、熱血漢や情に流される人を、あさはかだと思う傾向があるのです。そのため、人が悩んでいたり困っていたりしても、心から共感することができず、「怠けてきたから、そんな羽目におちいっているのだ」と、捉えがちです。

もちろん、正財の人の言い分は、たいていの場合は、的を射ているのですが、子育てや、自分の部下を育てるのには、合理的なだけでは限界があります。様々なタイプの人間の思いや考えに対して、洞察力を働かせたり、同じ立ち位置に立ったり、心理を読むというような多角的な対応をしなければ、イザというときに、ひと肌脱いでくれるような人材や友情は創りあげられないのです。

正財の人は、仕事でも家庭でも信頼し合える「強い絆」を求めているのですが、ひとつのプロジェクトが終わると、淡々と離れていくようなチームしか作れないのは、そのためかもしれません。

ときには、甘えたほうが、人間関係が深まります

「人に迷惑をかけてはいけない」というのが、正財の人の座右の銘ですが、それを意識するあまり、甘え下手になりがちです。世の中には、他人の面倒を見るのが好きな人や、頼られることが嬉しいと感じる人も少なくありません。大きな目標がある場合や、困ったときはSOSを出して、素直に感謝したほうが好感度は高いのです。

お世話になったり、贈り物を貰ったからといって、急いでお返しをする姿勢に、「他人行儀だ」と相手は寂しい思いをしている可能性もあります。

正財の人は、「借り」ということに、プレッシャーを感じるのか、何でも自分で完結しようとしますが、せっかく信頼されているのに、そういった人脈を思い切って活用しないのは、もったいないのではないでしょうか。

月柱上段の星と中心星正財の組み合わせ

四柱推命では、一番強く出るのはもちろん中心星ですが、ルックスやフィーリング、行動パターンなどは月柱上段の星に表れているので、職場などの浅い付き合いでは、その星の印象が強いかもしれません。
正財は知性の星（印綬や偏印）を剋しますが、自我の星（比肩や劫財）に剋されるという力関係があります。

比肩　正財

比肩に剋されて正財の力が弱くなります。性格は真面目ですが、やや落ち着きがなく、目的が定まりにくいのが難点。苦労や挫折を乗り越えた後に、ようやく人生が安定してくるでしょう。財運は強く、自分の力、または配偶者の協力で財を築きます。

劫財　正財

劫財が正財を剋すため、穏やかそうに見えても、気分にムラがあり、周りには分かりにくい性格になります。困難を乗り越える根性があり、心に決めたことはやり遂げるでしょう。運勢的には仕事と私生活の両立が難しく、金銭トラブルも心配です。

自分の感受性を解放することを忘れないで

ビジネスシーンや外交でさえも、「魚心あれば水心」や、「あ、うんの呼吸」など、合理性だけでは図れない摩訶不思議な「気」で動く一面があることを知っておきましょう。

正財の人は、何事も合理的な判断が、一番正しいと考えていますが、プラスαの力を信じることも必要です。

仕事でも、私用でも、気持ちの乱高下で能率を悪くしたり、間違った判断をしないようにと、この星の人は、自分を諌めています。でもその結果、自分の心の揺らぎには、蓋をしてしまうクセがついているのです。もし、いまひとつ幸福感を感じることができないとしたら、そこに原因がありそうです。

ニュースや、経済情報ばかり見ていないで、たまには小説や漫画や映画を見て、泣いたり笑ったり、怒ったりしましょう。

明日の朝、寝不足になっても、今夜は恋人や友人の話を、最後まで聞いてあげましょう。

少しぐらい感情に支配されたとしても、正財が中心星のあなたは、大きく踏みはずす心配はありません。時々、羽目をはずして「人間っぽさ」を発揮したほうが、懐が深い人と思われ、人生が豊かになるのではないでしょうか。そして、きっともっとたくさんのお金が……いいえ、もっとたくさんの愛情が降り注がれます。

食神　正財

正財に食神の要素が加わることで、財運は非常に豊かになります。ただ、苦労が少ないために、人間的な深みや気迫に欠けるのが残念。周囲の人への思いやりを忘れず、堅実な生き方を心がければ、順風満帆な人生を送ることができるでしょう。

傷官　正財

正財に傷官の性質がプラスされて、豊かな感受性と自己中心的な性格の二面性がある人物になります。頭が良く努力家ですから、プロ意識を持ち、人から信用を得ることで成功できるでしょう。誰かのピンチヒッターを務めることで世に出る暗示も。

偏財　正財

財の星の兄弟同士の関係。財運に恵まれ、本業以外でも収入を得られます。正義感が強く、人情にも厚い人ですが、頑固なために自ら厳しい道を選択してしまう傾向も。商才があり、真面目なので、仕事では活躍できますが、異性関係は波乱含みです。

正財　正財

正財が二つ重なり、多くの収入を得ても、その分だけ出費があります。マメで真面目で、性格も穏やかで人気がありますが、人の上に立つとワンマンになりそう。目先の結果ばかり追わないように。男女ともモテるためスキャンダルが心配です。

偏官　正財

正財に偏官の要素が加わります。仕事運に恵まれ、財運も安定していますが、地位を得て年を重ねると傲慢になり仕切りたがるタイプ。いくら実績があっても自信過剰な態度では、人望を失いますから注意。頭を柔軟にし、新しい分野へも挑戦しましょう。

正官　正財

正財に正官の性質がプラスされます。温和で責任感の強い性格で、若い時は苦労をしたとしても、目上の引立てで開運できるでしょう。財運も平均以上です。自分の能力を冷静に評価できる人ですから、野心は少なく、無茶をすることもありません。

偏印　正財

正財が偏印を剋す逆剋ですが、偏印の弱点が緩和されます。好奇心が旺盛で流行にも敏感ですから、いろいろなことにチャレンジして博識な人になるでしょう。ただ、好き嫌いは激しいので、組織には所属せず、職人的な仕事をするのがお薦めです。

印綬　正財

正財が印綬を剋す逆剋で、プライドは高いのに、内向的で気難しい性格になります。迷いや悩みをふっきるのが下手ですから、自己実現には時間がかかりそう。人に接する仕事はストレスが溜まるため、専門性の高い製造業や研究職を選ぶのがカギ。

偏官（へんかん）

地位の星の変化型――天性のリーダーシップで実行力抜群

偏官の人は、出世にはこだわりませんが、一目置かれて任せて貰える状況が好きなので、束縛しない上司の下で現場の最前線を張っていくのに、向いています。部下や後輩にご馳走したりするのも、偏官にとっては重要なことなので、金回りがよくないと、とたんに情けない気分になります。

親分肌の偏官は、自分のチームは家族のように大切にして、どんな相談にも親身になります。人を紹介したり、無理をしてでもお金を貸したり、トラブルの収拾にも自分から張り切って出かけて行きます。しかし、アドバイスを聞かなかったり、感謝の表わし方が足りなかったりすると、たちまち不機嫌になります。自分が世話になった場合は、死ぬまで恩を忘れない古風で律儀なところがあるので、ついつい相手にも同じレベルの礼節を求めてしまうのです。

生き方

中心星が偏官の人は、自己実現のためにあらゆる手段を駆使します

自分で描いたビジョンを、チームを率いて実現していくのが、偏官の人の生き方の基本です。そのプロセスの中で燃焼しているときは、他の追従を許さないパワーと実行力があります。

シンボリックな職業としては、戦国の武将や革命家、今の時代なら起業家や、企業戦士と呼ばれる人種です。開拓や改革に寝食を忘れて取り組むので、ゆとり世代からは、やや時代錯誤と見られているかもしれませんが、逆らえない迫力があります。いつの間にか周りも巻き込まれて、何となくついていくうちに、達成感を共有することで、結束の固いチームが出来上がることも少なくありません。

任せられると、張り切ってパワー全開！

「偏官」が中心星にある人は、ワイルドでエネルギッシュ、百獣の王ライオンのように、他の動物たちの活動を睥睨（へいげい）しながら、ノッシノッシと領地を見廻っているイメージです。

人間の一生に例えれば、社会に出て仕事を覚え、実力が発揮できるようになった30代のころ。自分は何でもできるという自信に溢れ、上司のやり方など「かったるい」とスルーして、自分流の方法で仕事をがんがん進めていく、怖いもの知らずの時期に似ています。

自分流を通しますが、めったに裏切りません

四柱推命が体系を成してきた古代中国では、長い間、群雄割拠の戦国時代が続いていました。偏官が中心星の人は、強い武将として味方でいれば百人力ですが、何時なんどきクーデターを起こすか分からないと、君主からは恐れられていました。そのためこの星は、吉星とは見なされなかったのです。

しかし、今は違います。日本でも年功序列より成果主義に変わりつつある時代の中で、「仕事ができる」のは、何よりの強みです。しかも偏官は、決して一匹狼ではなく、チームで大きなプロジェクトをこなせる力を持っているのですから、経営陣から見れば、ありがたい存在です。偏官は上司の意に反して、自分流のやり方を通し、決して「ヨイショ」などしませんが、信用して任せてくれた目上の人を、裏切ったりはしないのです。

偏官

完璧に仕切るのが、最高の生きがいです

偏官は、他の人から細かい指示をされたり、何度も確認をされることは、「自分を信用していない！」と感じて、イラッとします。親切心から「転ばぬ先の杖」を差し出すような人は、親でも友達でも、腹心の部下でも、ウザイと思っているのです。細かい指図は、「取り扱い説明書」に至るまで嫌いです。

また、他の人が仕切っている会合や宴会は、いまひとつ乗り気がしません。義理堅いので、形だけは参加しますが、早々に引き上げて、気の合った仲間と飲み直したりするのです。

社員旅行からＰＴＡ、マンションの自治会に至るまで、仕切りたいタイプの偏官は、様々な雑事を背負い込み、いつも忙しくしています。ときには、本業がおろそかになったりもします。それでも、「○○さんに任せていれば、安心だわ」「今日は、○○さんのお陰で、万事うまく行ったわ」と、褒められると嬉しくなって、疲れも忘れて、意気揚々と引き上げるのです。

中心星が偏官の人が、ヤル気になって実力を発揮できる仕事は？

中心星を助けてくれる他の星の働きはとても重要

偏官の人に向いているのは、自分なりの裁量ができて、結果がハッキリ見えるような仕事です。細かいことまで全部自分でやるのは苦手なので、チームで役割分担をして動く形が向いています。

自分のチームに役割を振るときのために、偏官の人は、日頃からメンバーの性格や得意分野、私生活や精神状態まで、しっかり把握しています。適材適所に人材を充てるときは、一見、乱暴に見えてもとても巧みに配置しているのです。

編集やテレビ番組の制作、設計や建築、政治家や自衛隊、警察や消防、イベントの実行などにも適正があります。スケールの大きな仕事のほうが、やりがいを感じられるので、企業に属しているほうが活躍できます。起業したりフリーランスで仕事をする場合は、後ろ盾になるようなスポンサーがついているのが望ましいでしょう。チマチマした仕事をしていると、気分も運勢も勢いを失ってしまう傾向があるからです。

また、個人相手のセールスは、「頭(ず)が高い」偏官にはとても務まりません。国家や大企業相手の営業ならば、根回しや交渉事は上手いので、成果をあげることができそうです。

中心星が偏官で、命式の中に、表現の星（食神や傷官）がある人は、クリエイティブな感性がプラスされるので、斬新なアイデアをどんどん出します。ただ、表現の星には剋される関係にあるので、スタートダッシュの後に息切れしてしまうかもしれません。特に怠け癖のある食神との組み合わせは、「仕事を人に振って、自分は遊びに行ってしまった」と、バレてしまっている可能性大。そういえば、「ライオンは寝ている」と言いいますが、雄は働かず、狩りは雌ばかりにさ

せていたような気もします。特に食神が月柱の上段にある場合は、要注意です。

財の星（偏財や正財）との組み合わせは、ガキ大将っぽいキャラクターに大人の判断が加わるので、命式の中のどこにあっても、ありがたい存在です。プロジェクトは成功したのに、終わってみれば、なぜか赤字だったというような、まぬけな結末にはならなくて済みそうです。

相性の悪い星が、火事場のバカ力になることもある

偏官の人は、知的好奇心に動かされて勉強するようなタイプではなく、何かの必要に迫られたときにしか、ちゃんと調べ物はしないのです。しかし、命式の中に知性の星（偏印や印綬）があれば、博学や緻密という長所も加わります。特に印綬との組み合わせは抜群で、風格も備わり、リスペクトされるような指導者への道も開けるでしょう。

さて、自我の星（比肩や劫財）は、偏官に剋されるので、命式の中にこれらの星があると、悪い面が出やすくなります。偏官の人は、手柄を一人占めしないフェアなタイプですが、自我の星があると、それが薄れて「オレ様体質」が強化されそうです。もっとも、暴れん坊の劫財は、「剋されて吉」とされているので、偏官のコントロール下にあれば、パワーとスピードが合体した高速戦車と化し、走り去った後にはペンペン草も生えないというような、凄いことをやってのけるかもしれません。

命式の中に、複数の偏官がある場合、それが月柱か年柱の上段に位置していると、先が読めない短絡的な仕切り方になりがちです。

また、地位の星の兄弟星である正官は、上司や目上の人に従おうとする意識の星です。命式の中に、偏官と正官が同居していると、自己矛盾が起きて迷いが出る場合もあります。ただし、年柱ならば、上には忠実で、部下やチームにはリーダーシップを発揮するといった、一貫性のある形に落ち着くので、プラス評価に繋がるでしょう。

中心星が偏官の人の恋愛や結婚の形は、どうなる？

恋は、仕事のようにバリバリ進められません

中心星が偏官の人は、誰かを好きになると、なんだか負けを認めたような気がするので、当の相手にも、自分の気持ちをさとられたくないのです。友人や仲間にからかわれたり、いじられるなんて、カッコ悪いことには、耐えられません。

ですから、密かに思いを寄せている間は、相手に必要以上にそっけなくします。自然な形で親しくなるのは、不得手なので、偏官の告白は、いつも唐突な感じがするでしょう。

それでも、偏官の男性は、統率力があって頼りになるので、成功率は高いかもしれません。偏官の女性は、才能はあるのにクセのある男性に、「私がついてい

れば、もっとうまくいくわ」という面倒をみたい願望から、恋に落ちやすいのです。ところが、姉御肌の偏官の女性に惹かれるのは、年下や気弱な男性なので、すれ違いがおきるケースも多そうです。

命式の中の日柱の星が、年柱か月柱の上段にある異性が、好みのタイプなのですが、これが偏官だと主導権争いになり、傷官や偏印や劫財など個性的な星があると、ギクシャクしそうです。

さて、お目当ての異性との付き合いが始まると、偏官は自分の顔の広さを強調したくて、一流の店や劇場をデートの場所に選びます。また、相手のルックスが良ければ、友人や仲間のところに積極的に連れていきます。もしも偏官が、誰にも紹介してくれなかったら、その相手には、本気度が低いのかもしれません。

もっと付き合いが深まると、家の中で、一緒にまったりしているだけでも、満足してしまうという側面もあります。偏官は、外ではリーダーとしてがんばっているので、気を許した相手には、子供返りして、甘えたいと思っているのでしょう。

ところが、ベッドでは仕切りたがり屋の面が顔を出し、ある種のプロセスにこだわります。趣味が一致してない場合は、相手に不満がたまるかもしれません。

結婚後は、家庭へのビジョンを実現したい

偏官の人は、仕事だけでなく、家庭でも、間取りやインテリアから、食事のメニュー、子供の育て方に至るまで、ビジョンがあります。一番しっくりくる相手は、そのイメージが似ていて、実現のためにパートナーとして協力してくれる人です。賢くて呑み込みが早く、信用して任せられる人ならベストでしょう。

ただ、なかなか落ちなかった相手をゲットした場合、即結婚しようとあせると、とんでもなく家庭像が違っていることもあるので、気をつけましょう。

経済力が許せば、偏官の男性は、専業主婦になってくれる女性とのほうが、納得のいく家庭が作れます。偏官の女性は、家の中にいると細かいことが気になって不満が溜まるので、仕事や趣味やPTAで忙しくしていたほうが、寛大な気持ちでいられるかもしれません。

どちらも気が強くて、自己主張もしっかりあるカップルの場合は、お互いの守備範囲を決めて、リーダーとサポート役を交互にやることをお薦めします。

中心星が偏官の人が、幸せに暮らすために気をつけたいこと

強いリーダーにも、終わりがあるかもしれません

偏官は、仕事でも私生活でも、自分の描いた未来に向かって、着々と自己実現をしていく力のある星です。一人では手に余ることも、部下や異業種間ネットワーク、友達や家族や親戚や、ときにはネットで知り合ったばかりの人まで総動員して、やり遂げてしまう実行型です。

そんな偏官に、弱点があるとしたら、一生懸命育ててきたはずのチームに、なぜかほころびが生じてしまうことです。

面倒見が良く、損得を差し置いてチームのメンバーのためにがんばって来たのに、あまり感謝されていない、恩義を感じて貰っていない、それどころか悪口を言われていた、あるいは裏切られたときのショックは、相当なものです。

燃え尽き症候群を通り越して、何もかも投げ出してしまうか、ウツになってしまうこともありそうです。

でも、一歩引いて考えれば、そんなことは、よくある当たり前のことなのです。大統領も社長も、必ず退任するときが来るのですから。

そして、もうひとつ重要なことは、全ての人間が、自分らしく自由に生きるために、生まれてきたということです。いくら偏官のリーダーが、チームの誰かのために、よかれと思って用意した役割でも、本当にその人にとって嬉しかったかどうかは疑問です。お膳立てや仕切りは、完璧であればあるほど、個人の意志が無視されるという皮肉な結果を呼ぶのです。

そう、偏官がまだ若くて経験が浅かったとき、転ばぬ先の杖を持って面倒を見てくれた親や上司よりも、アバウトで干渉しない、ちょっといいかげんな先輩のほうが、好きだった覚えはありませんか。

ですから、長くリーダーの位置をキープして、本物の人望を得たいと思うのならば、部下や後輩が、ドジなことをしていると感じても、取り上げて自分でやってしまったりしてはダメなのです。きちんと方向性だけ説明して、あとは一人一人を信用して任せるのがベストです。

まして、今の時代は、打たれ弱く、褒められるのが好きな、根性なんて言葉とは無縁の人が多い時代なのですから。

面倒を見過ぎると、愛情も信頼も育ちません

ホンネを言えば、偏官の人には、組織やプロジェクト全体を見渡せているのは

自分だけだから、他の人は歯車の一員となって働けばいいのだ……という潜在意識があります。こういう全体主義的な考えは独裁者の傲りです。

後輩や部下がついて来るように見えたのは、偏官の人望などではなく、実はお金のためかもしれません。ですから、利害関係や遠慮のない、家族や友人間ではたちまち通用しなくなるのです。

会社での肩書がなくなったら、急に無視される「濡れ落ち葉族」にならないためにも、人それぞれの自由や考え方を尊重して、あるがままを受け入れる練習をしましょう。

中心星が偏官でも、命式の中に、自由気ままな、食神や傷官や偏印がある人は、おせっかいされたくない人の気持ちが良く分かります。財の星（偏財や正財）がある人は、合理的なので、ウエットで古風な人間関係に寄り掛かろうとする気持ちが軽く、バランスが取れます。

でも、こういった星が自分の中になくても、幸せに暮らしている偏官の人はたくさんいます。そういう人は、後輩や配偶者や子供が、自分の言うことを聞かず、反抗したとしても、それは愛情がないことの証ではないということを分かっているのです。

支配されていると、愛情は育ちません。それを知るだけで、寂しがり屋の偏官は孤独感にさいなまれてなかなか幸福感を味わえないという、負のスパイラルから解放されるでしょう。

月柱上段の星と中心星偏官の組み合わせ

四柱推命では、一番強く出るのはもちろん中心星ですが、ルックスやフィーリング、行動パターンなどは月柱上段の星が表れるので、職場などの浅い付き合いでは、その星の印象が強いかもしれません。

偏官は自我の星（比肩や劫財）を剋しますが、表現の星（食神や傷官）に剋されるという力関係があります。

偏官が比肩を剋す逆剋で、狙った獲物は逃がさないスナイパーのような凄味のある人物になります。野心家で権力欲が強く、策略をめぐらすため人生は波乱含み。強引なやり方で人を支配しようとすると、力を失ったときに人が離れていくので注意。

偏官が劫財を剋する逆剋ですが、運勢的にはパワーを増します。頭は良いのに説明を省いて独走するので、周りからは恐れられます。人間関係の摩擦も多く、人生そのものも浮沈が激しい暗示。若い頃から高い能力を身につけておくことが成功のカギ。

偏官

食神

偏官

食神が偏官を剋しますが、むしろ偏官の力がプラスに出ます。積極的に自己アピールするタイプではありませんが、ユーモアのある温厚な人です。ただし、本気で怒ったときは大爆発する迫力が。人気運に恵まれ、それが仕事に成功をもたらします。

偏官

偏官

同じ偏官が二つの組み合わせですが、この場合は偏官のマイナス面が出やすくなります。素直に自己表現できないとか、何事もやり過ぎて空回りするなど、自己実現するまでには紆余曲折があるでしょう。女性は恋愛スキャンダルに注意が必要です。

傷官

偏官

傷官が偏官を剋し、頭は良くても頑固で神経質な性格になります。無愛想な態度やストレートな発言で人間関係にヒビを入れやすいのも心配。仕事は人の上に立つと心労が多くなりますから、背伸びせず自分の実力や能力に見合ったポストで努力を。

正官

偏官

偏官と正官は兄弟星の関係ですが、この場合はあまり良い形で表れません。外面はよくても家族に対しては気難しい、といった性格になりがち。研究熱心で人の面倒見も良いのですが、野心家で少しの手柄で思い上がるのが難点。謙虚な姿勢を大切に。

偏財

偏官

偏官に偏財の性質が加わることで通変星のパワーが倍増。勝負師のような集中力と気迫がありますから、得意分野の仕事をすれば大いに成功するでしょう。財運はありますが、人の面倒見が良いので支出も活発。異性関係はトラブルが起きる暗示あり。

偏印

偏官

偏官に偏印の要素がプラスされて、考えるより先に行動してしまうような落ち着きのない人物になります。自分のスタイルにこだわりがあり、ときに偏屈で、世渡りは上手ではありません。無理をするより、自分の生き方を貫いたほうが幸せです。

正財

偏官

偏官に正財の力がプラスされ、表面はソフトムードでも芯はしっかりした人物になります。ときに癖の強いキャラの人もいますが、義理堅いので人望を集めて成功するでしょう。財運を引き寄せる能力もあり、地位と同時に収入を上げていく人です。

印綬

偏官

偏官に印綬の性質が加わることで、多少偏屈なところはあっても知性的な人になります。ただ、何が何でも自分で運命を切り開く、という気概に乏しいため、実質を伴うような成功は難しいかも。しかし、趣味や精神的な楽しみには恵まれるでしょう。

正官（せいかん）

地位の星の正統派――品位と秩序を重んじるキャラクター

中心星が正官の人は、克己心が強く何事にも誠意を尽くすタイプ

自分の役目は心得ているので、冒険はしない

「正官」が中心星にある人は、社会の秩序やルールを重んじ、自分はきちんとそれを守り、誰からも非難されないような生き方をしたいと思っています。

人間の一生に例えれば、不惑の40代。いままで苦労して築いてきた実績や地位を守りたいと考え、後輩にも、序列を乱さない振舞いを期待する、生真面目なキャラクターです。

猿山で、ボス猿の傍にいる補佐官とか党首を補佐する幹事長に似ています。

収入も地位も安定していて、この先もそれを失うことがないようにという意識が強いので、決して冒険はしないし、周りの変化で、流れが変わることも好みません。異分子の登場で、自分の立場や状況が乱されそうだと予感したときは、密かに策略をめぐらせても、阻止しようと図るでしょう。

職業的なイメージとしては、昔ならば公家や貴族、現代ならキャリアの国家公務員や、既得権益を持つ協会の理事などです。下剋上や、革命、新しい制度などは嫌いで、タメ口をきくだけで、「あの人は育ちが悪い」と厳しい評価を下したりもします。

幼いころから、先生に目をかけられ、クラス委員などを務め、宿題や提出物を集めて職員室に持っていくような役目をさせられているうちに、自分は模範となるような生徒でいなければと悟ったのです。自制心や克己心を養っていくうちに、問題児やガキ大将でいるよりも、目上の人のお気に入りでいるほうが、軋轢が少ないので、よほどラクだということにも、気がついてしまったのでしょう。

同じ兄弟の中にあっても、両親の自慢の息子や娘だったので、その期待に背かないように勉強や稽古事に励み、長じては親を大切にし、介護や看病に最後まで責任を持つ、孝行息子、孝行娘です。

弱い者、力のない者に対しては、面倒見がよい優しい性格ですが、快楽主義者や怠け者に対しては、シビアな態度も取ります。それは、自分が努力して「ちゃんと、ちゃんと」生きてきたという自負心の反動、「好きなことを我慢してきた」

という恨み節も、少し含まれているのかもしれません。

平気でルール違反をする人は許せないという気持ちはもっと強く、正義感のスイッチが入ると、日頃の温和さを脱ぎ捨てて気色ばみ、かん高い声で攻め立てるときもあります。乱暴な割り込み運転をした車を追いかけて、東京から新潟まで行ってしまったという、強者（つわもの）の正官の知人もいるので、従順なばかりではない激しさも、秘めています。

思いやりがあるので、自分勝手には生きられません

四柱推命が発達してきた古代の中国では、科挙（かきょ）という役人を採用するための難しい試験がありましたが、こういう制度の中では、正官の人は、合格率も高かったことが推察されます。礼儀正しい態度や、上品な印象もプラスだったに違いありません。

領主を裏切らず、また、直属の上役を飛び越えて直訴したりもしないので、今も昔も、組織の中での正官は、信頼度抜群です。

中心星が正官の人が何かの選択を迫られたときは、即断、即決はできません。目上の人の気持ちを忖度（そんたく）したり、部下や家族を含めて関係者のいろいろな立場を思いやるので、優柔不断と言われるほどなかなか決められないのです。そうして、迷ったあげく、自分の本音とは違うほうを選択してしまうことも少なくありません。「この道が正しかったのだ」と、心の中では苦笑しながら、自分に言い聞かせているようなところがあるのです。

でも、決して「○○さんのために、こちらを選んだ」などとは口にしないので、理解が得られず、がっかりすることも多そうです。思いやりがあって、ええカッコしいなのです。

今の時代、自己主張をしたほうが勝ちという風潮もあるので、自分を殺していると、押し切られて損をすることになりかねません。早い段階で、ポロリと本音を漏らしておくとか、譲るときは交換条件をつけるとか、適当なガス抜きをしたほうが、ストレスを溜めなくて済みます。

中心星が正官の人が、やりがいを感じて続けられる仕事は？

浮き沈みのない、安定した仕事では、能力を発揮できる

組織全体のことを常に意識しながら、自分の役割に忠実な正官の人に向いている仕事は、方向性がハッキリしていて、プロセスやルールが決まっている仕事です。安定した大企業の正社員や、公務員などが向いています。総務、人事、経理、庶務など、営業的な側面のないセクションなら、なおいいでしょう。

スケジュールに従って、予定通りに物事を進行していくときには、正官の人は、リーダーシップも発揮しますが、突発的な出来事は苦手です。この星の人は、常に用意周到に準備をしていますが、想定外のことが起きると、しばし固まってしまいます。酷いときには、パニックに陥ることもあります。正官の辞書には、「臨機応変」という単語は載っていないので、一人で解決しようなどと無謀なことは考えないで、サッサと上の人の指示を仰ぐほうが無難です。みっともないトラブルは、隠蔽（いんぺい）したいという気持ちが働いて、情報開示を遅らせる傾向があるので要注意です。

正官の人は、自分より上の人がいないという状況は不安なので、独立したり起業して最高責任者になることはお薦めしません。金策に駆け回るとか、営業に行って頭を下げるなどというのは、プライドが高い正官には、屈辱的で耐えられないからです。

「武士は喰わねど高楊枝」を地で行く正官は、上等なスーツをビシッと着こなし、いつも涼しい顔をしているのが似合っているのです。

同族会社の二代目社長などで、トップを張らなければならない場合は、苦労人の専務などを重用して、相談に乗って貰える体制を整えることで、乗り切っていけるでしょう。

中心星を助けてくれる他の星の働きはとても重要

中心星が正官で、命式の中に、偏財や正財といった財の星がある場合は、経済観念が発達し、合理的な判断ができるようになるので、ビジネスマンとしての適性が上がります。特に偏財は、腰の重い正官にフットワークの軽さという機動力をプラスしてくれるので、活躍できるフィールドがグンと広がります。

知性の星（偏印や印綬）が命式の中にあると、研究職や団体の名誉職、学校の理事長や家元、宗教家などとしてリスペクトされるので、責任のあるポストも務められます。

自我の星（比肩や劫財）は、元々は地位の星（偏官や正官）に剋されるのですが、正官と一緒にあると、我欲が抑えられて、良いほうに作用します。必要なときには、自己主張をしたり、スピードアップしたり、体力で乗り切るなどの能力が加わるからです。

自由奔放な表現の星（食神や傷官）は、自制心や克己心という正官の長所を空回りさせてしまうことになりがちです。特に傷官の作用は強いので、月柱の上段にあると自己矛盾に悩み、いつもイライラしているような皮肉屋になってしまいそうです。遊びが優先の食神があると、「君臨すれども統治せず」という戦国時代の朝廷のような、妙に浮いた存在になるかもしれません。でも、知性の星（偏印や印綬）が一緒にあると、バランスが取れ、クリエイティブなセンスもある人として、評価されるでしょう。

命式の中に、二つ以上の正官があると、用心深さが極まって、トラブルを恐れるあまり、「結局何もしない人」などと、噂されているかもしれません。

命式の中に偏官があると、迷いが多くなったり、目上の人にも懐疑的になります。同じ地位の星であっても、仕切りたがり屋の偏官と、事なかれ主義で受動的な正官の相性は、あまり良くありません。気まぐれで一貫性がない、扱いにくいなどと思われ、誠実で信頼できるという、正官の一番の長所が、曇りそうです。

中心星が正官の人の恋愛や結婚の形は、どうなる？

緊張体質で、好きになるととても臆病になる

中心星が正官の人は、ロマンチストで思いつめやすいので、恋をすると臆病になり、長年片思いを続けたあげく、とうとう告白もしないままになってしまうこともあります。相手が少しでも冷たい態度をとると、「ああ、やっぱり、私になんか、興味がないのだわ」と気弱になり、小出しに好意を見せるなどという器用なことができないのです。断られるのは、みっともないとか、傷つくのは怖いなどと、マイナスのほうへ考えてしまうのが、恋が発展しない原因でしょう。

四柱推命では、自分の日柱の星と同じ通変星を、月柱上段か年柱の上段に持っている異性に惹かれると読みます。です

から、中心星が同じ正官でも、好みのタイプは違います。例えば、日柱に偏財があれば、行動的で調子のいい異性が好みですが、自分の中にも、偏財的要素が加わるので、恋愛に対する不器用さは軽減します。

ところが、傷官のように中心星を剋する星が日柱にあると、好みのタイプの人が、あなたの本質的なところを傷つけることになるので、交際できたとしても、なかなかつらい展開になりそうです。

中心星以外に、日柱も正官な場合は、自分に似たタイプに惹かれるので、相性は悪くありませんが、相手も慎重なので、誰か仲人体質の人に間に入って貰わないと、いつまでも進展しません。

紹介やお見合い、合コンでの出会いがおススメ

正官は、結婚運は良いのですが、恋愛から結婚に持ち込むのが下手なのです。特に、まだその気のない相手には、「結婚願望が強すぎる」と敬遠されがちです。既に、「結婚に関心のある人」という、スクリーニングにかけられた相手との出会いのほうが、スムーズに事が運びます。紹介やお見合い、結婚紹介所、真面目な出会い系サイトや合コンなども、否定的にならずに利用してみましょう。共通の知り合いがいる職場や取引先の人との恋愛は、うまく行かなかった場合を想定して、さらに臆病になるからです。

遠くの人、ナンパされた相手、ネットで知り合った人などのほうが、心もカラダも解放されて大胆に振舞えるので、正官の人は、より魅力的に見えるのです。

世間に認められるきちんとした家庭を築く

正官の人は、順序や儀式を整えて、親や周りにも祝福される形で結婚しましょう。それが一番、性に合っています。

女性は、上手に夫を立てるので、平和な家庭が築けます。家の中を清潔に整え、親戚や近所付き合いも、無難にこなします。子育てにも手を抜きません。ただ、完全主義なので、ハードなフルタイムの仕事との両立は、難しいでしょう。

男性の場合は、やや自分のルールにこだわる傾向はありますが、話し方も行動も穏やかで、思いやりもあるので、よき夫になります。

開運

中心星が正官の人が、幸せに暮らすために気をつけたいこと

用意周到なので、踏み外すことは少ない

正義、正中、正解など、「正」から始まる言葉は、正しいもの、整っていること、まっすぐである状態を表しています。中心星が正官の人も、品性と徳を備えた真面目で信用できる人です。組織の中でも、友人の輪の中でも、自分の立ち位置をしっかりと見極め、期待された役割をちゃんとこなしていきます。仕事でも私生活でも、きちんとスケジュールを立て、全てのシーンには、TPOにふさわしい服装で登場し、遅刻などしません。

プレゼンはもちろん、簡単なミーティングでも、充分な準備をして臨みます。「備えあれば、憂いなし」のことわざ通り、正官は、失敗したり、トラブルに出合う確率も低いのです。

形から入ると安心するので、デスク周りや家の中を整えているのは立派ですが、鞄の中には、使用頻度の低い物まで持ち歩くクセがあるので、いつも大きな荷物を抱えていることになりそうです。

習いごとや新しいスポーツを始めるときには、必要以上の高価な道具を揃えます。また、高級店に出入りして丁重に扱われるのを好むので、恒常的に支出過多になりがちで、お金は貯まりません。

それでも、本業が順調な場合は、正官はなだらかな右肩上がりの人生を送ることができるでしょう。

そんな正官につまづきがあるとしたら、想定外のアクシデントに見舞われたときです。トラブル処理は苦手科目なので、あたふたしてカッコ悪いところを露呈してしまい、周りの信用を失い、自己嫌悪に陥る可能性があります。そして、キッカケは小さくても、投げやりになって、何もしたくないというウツ状態を長引かせてしまうことになりかねません。

一発逆転など、似合わないことを狙って、それにも失敗すれば、状況はさらに悪化するでしょう。経済面でも、予算オーバーな家計を解消しようと投資やギャンブルに手を出し、さらに穴を大きくする危険もあるでしょう。

もうひとつの罠は、定年退職などで、肩書を失ったときです。長年、その立場で厚遇されていた人は、ポッカリ穴があいたような無力感に襲われがちです。

自分の努力の賜物とはいえ、陽の当たる道を歩いてきた正官の人は、形が崩れると中身まで失ったように感じるのです。

正官

月柱上段の星と中心星正官の組み合わせ

四柱推命では、一番強く出るのはもちろん中心星ですが、ルックスやフィーリング、行動パターンなどは月柱上段の星に表われるので、職場などの浅い付き合いでは、その星の印象が強いかもしれません。
正官は自我の星（比肩や劫財）を剋しますが、表現の星（食神や傷官）に剋されるという力関係があります。

比肩 正官

正官が比肩を剋する逆剋ですが、比肩の強過ぎる自我が抑えられます。向上心が良い形で発揮され、真面目に努力してキャリアを積んでいく人です。頭がよく、堅実な道を選びますから、人生でつまずくことは少ないですが、その分、気迫に欠けます。

劫財 正官

正官が劫財を剋す逆剋ですが、この場合は吉の面が多くなります。自由業には向かないものの、堅実な仕事や立場、良い環境を選べば成功するでしょう。ただ、根が真面目なだけに苦しい状況にも正面から向き合い、自分で自分を追い込みやすいので注意。

凝り固まった価値観をたまには、ほぐしましょう

人間は、裸で生まれてきたわけですし、「起きて半畳、寝て一畳」あれば暮らせるというような、フレキシブルな考え方を日頃から取り入れる練習をしておくことです。物事が順調に進んでいるうちに、頭を柔らかくしておくと、イザという時に強くなれます。

そのためには、被災地でボランティア活動をするとか、誰も知り合いがいない土地でスマホの電源を切って一人旅をするとか、異業種の友人を持つことなどがお薦めです。家庭菜園や渓流釣りなど、素になれる時間を持つこともプラスになるでしょう。

苦手な同僚や部下、あるいは自分の子供の話をじっくり聞き、驚いたりあきれたりしてみるのも、貴重な経験です。自分とは違う人種に出合うことで、目からウロコが落ち、堅い兜を脱ぎ捨てることができるかもしれません。

社内でも、家庭でも、「意外と話せるところもあるんだね」と見直される副産物も期待できるでしょう。

正官の不満や不幸は、「こんなに一生懸命やっているのに、理解されない、感謝されない」というところにあるのですが、ときどき、手を抜いたり、いいかげんになったりしてみると、ストレスも解消され、不思議と誰かが役割分担をしてくれたりするものです。

食神
正官

食神が正官を剋すため、人は良いけれど考えのブレやすいタイプになります。重要な場面では筋を通すことが大切。趣味や好きな分野は熱心に取り組みますし、人気運があるため意外な形で成功のチャンスをつかみそう。経済的にも安定しています。

偏官
正官

正官と偏官は兄弟星の関係ですが、この場合は凶の意味合いが強くなります。一人の中に正反対の性格が同居するため、迷いが多くなり、最初は勢いがあっても終わりがつかない結果になりがち。また、仕事では表現はソフトでもやり方は無慈悲です。

傷官
正官

傷官が正官を剋します。真面目で几帳面な性格の一方で、プライドが高く、ときに子供っぽい自慢をすることも。SNS依存にならないように注意。また、夢や目標を持つのは良いことですが、実行に移す場合は自分の能力や現実を見極めましょう。

正官
正官

同じ正官が二つなので、律儀でしっかりした人ですが、情よりも義を優先し、目的のためなら無理押しも平気です。ただ、調子に乗ってやりたい放題していると、余計な敵を作り、下降運のときにバッシングされることに。日頃の言動が大切です。

偏財
正官

正官に偏財の性質が加わると、いろいろなことに手を出す気の多い人になります。また、この組み合わせは良くも悪くも父親から受ける影響が強く、心理的なプレッシャーになりそう。父親と自分の関係を冷静にとらえて、乗り越えることが課題です。

偏印
正官

正官に偏印の要素がプラスされます。好奇心が旺盛で才能もありますが、やりたいことを見つけるまでに時間がかかりそう。また、プライドが高いので、下積み時代は辛い思いをするかも。人をアテにせず、自分の力で運を切り開いていくことが大切。

正財
正官

正官と正財は理想的な組み合わせ。誠実で温和で品のある人物となり、目上の引立てに恵まれて社会的に成功します。人望も厚く、苦境に立ったときにはどこからか協力者が現れるでしょう。非情な判断をしたり、大胆な改革をするのは苦手です。

印綬
正官

正官に印綬の性質が加わることで、知的レベルが高く、品のある人物になります。感受性が豊かで、エレガントな雰囲気を持っているため、どの分野に進んでも注目度はバツグン。成功を手にした後も謙虚さを忘れなければ、周囲の尊敬を集めます。

偏印（へんいん）

知性の星の変化型—— 知的好奇心のおもむくままに放浪する

中心星が偏印の人は、束縛を嫌い、独特の世界観で生きています

物知りで、ユニークで争いごとは好みません

「偏印」が中心星にある人は、地位や名誉や出世やお金や家族愛といったものには関心が薄く、この星の人独特の知的好奇心に誘われて、気ままに放浪します。たとえ、体はひとつのところに留まっていたとしても、心は常に面白いもの、興味深いものを求めて浮遊しています。

頭脳を普通のことに使うだけでは満たされず、非日常的なこと、非生産的なことと、ユニークなことへと視野を拡げて追求していくプログラムが組み込まれているのです。

人間の一生に例えれば、退職後のご隠居さん。生活のために、会社勤めや仕事に縛られていた状況から解放され、自由に好きなことだけをしている有閑層の感覚です。周りの評判などは気にせず、損得感情からも逸脱しているので、達観した老僧のような風格もあります。とはいえ、常識的な尺度で推し測ることも、束縛することもできないので、チームプレーを求める側からは、どう扱ってよいのか分からない、困った存在です。

しかし、偏印の人は、争いごとを起こすほどのエネルギーはないので、揉めごとを察すると、黙ってその場からいなくなってしまいます。

職業的なイメージとしては、中世ヨーロッパの吟遊詩人、日本ならば、松尾芭蕉のような吟行を好む俳人、学者になったとしても、哲学や考古学や、動植物の研究など、一風変わったテーマを追っていくキャラクターです。

受験勉強に没頭するタイプではないので、エリート街道を行くかどうかは、「時の運」にもよりますが、そういうステイタスに恵まれた場合でも、その環境に興味を失ったときには、平然と投げだす可能性のある人です。

しかし、現世での肩書などに関わりなく、読書家で物知りで、クイズ番組に出れば優勝してしまう雑学の大家もいるほどなので、偏印は周りから一目置かれていることは確かです。「知恵袋」としても貴重な存在なのです。

物事を客観的に分析する能力に長けていて、感情移入することも少ないので、プロフェッショナルな相談相手、カウンセラー、占術家、あるいは精神科医などの道に進む人もいるかもしれません。

美意識が強く、感情的になるのを嫌う

知性の星の兄弟星である「印綬」は、古代中国では、位階勲章を与えられた人を意味していましたが「偏印」はそういう祖先がいたことを暗示し、名誉欲からかえって解放された自由な存在です。

また、四柱推命では知性の星の次に来るのが自我の星（比肩や劫財）なので、我を生み出すという意味合いから、母性を象徴しています。「印綬」が実母を表わすのに対して、「偏印」は、継母、叔母、義母など、ややクールな象意を持っています。なりふり構わぬ溺愛ではなく、距離を置いた執着心のない間柄と捉えています。それだけに、節度のある美しい関係性という見方もできるのです。

中心星が偏印の人は、10種の通変星の中でも一、二を争う美意識の持ち主です。

それゆえ、ファッションやインテリアのセンスもよく、立ち居振る舞いも、どことなく垢抜けています。初めて手掛けた習いごとでもスポーツでも、すぐにマスターしてしまう器用さがあります。

ひとつのことや特定の人に入れ込まないのも、争いごとを好まないのも、涼やかに凛とした姿勢をキープしていたいという意識から来ているのかもしれません。

動物的レベルの不満、つまり「寒い」「暑い」「眠い」「疲れた」「お腹が空いた」といったことは、めったに言いません。女性でも、人の噂話や悪口で盛り上がることが少ないでしょう。

一方、自分のプロポーションには敏感で、おしゃれには熱心です。でも、服のシワは嫌いでも、顔のシワは歴史だと、誇りを持っています。俗っぽさを感じさせない素敵な人です。

ただ、世間には、お人良しでおせっかいで情にもろい、ウエットな人種も多く、そういう集団には、敬遠されているかもしれません。ただ、偏印自身は、気にしてはいないはずです。

偏印

個性的な発想力を生かせる環境づくりが、サクセスの鍵

時代のニーズに合う作品や商品を考えつきます

中心星が偏印の人に一番適した仕事は、画家や作曲家、作詞家、デザイナーなどアーティスト系です。それも基本的に一人で作業するものが合っています。

タレントとしての適性もあるので、落語家や評論家、演技派の俳優としても活躍できる可能性があります。学者、研究者なら、誰も手をつけないマイナーなジャンルを選ぶといいでしょう。

偏印の人は、長期に渡って一つのことに情熱を持ち続け、辛抱強く取り組み、完成させるのが苦手です。伝統を受け継ぐとか、ルーティンワークには、退屈してしまうのです。ひと昔前の社会では、徒弟制度や終身雇用制になじまないこういった資質は、マイナスとみなされ、経済的にも不安定でした。

ところが、ボーダーレスなネット社会で、仮想通貨が流通し、ロボットが活躍する今の時代にあっては、偏印のアイデアや奇抜な発想力には、大きな期待が集まっています。偏印ならではのユニークな視点で、新しいビジネスを創り出したり、売れ筋の商品を考案したりするのは、得意分野です。

ただ、それを実現化しお金を生み出す形に変えるためには、技術や営業を引き受けてくれる相手が不可欠です。そういう役割を担ってくれる人と、チームプレーができるかどうかが、偏印にとってサクセスするための分岐点です。アーティストやタレントになったとしても、売り込みやマネージメント、経理という側面がついて回るので、人間関係は重要です。

偏印は、わがままですが、攻撃的な性格ではないので、組織の中で働くことも可能ですが、「和して同ぜず」というスタンスなので、周りからは、深く関わろうとしないという不満を持たれがちです。

また、ひとつのプロジェクトが軌道に乗ると、急に興味を失って、あとは丸投げしたり、ひどいときには、転職してしまったりするのも難点です。

ですから、中心星が偏印の人にとっては、命式の中にある他の通変星の働きは、とても重要になってきます。

現実に適合するために役立つ星を大切に

命式の中に、自我の星（比肩や劫財）があると、実行力や根性という要素が加わりプラスのエネルギーとして働きます。

また、地位の星（偏官や正官）があると、組織論が分かり、職種や立場の違う人の気持ちも考慮するようになり、自分の役割をこなせるようになるでしょう。ただ、偏印はリーダーシップを取ることには、興味も適性もないので、トップに立つとか起業するところまでは、考えないほうが無難です。

財の星（偏財や正財）は、合理的な判断力や、経済観念を持たせてくれる星ではあるのですが、知性の星（偏印や印綬）を剋する関係にあるので、やや注意が必要です。偏印の達観したピュアな性格が陰り、妙に計算高く出ることもあります。特に月柱の上段にある場合は、功利的で意地悪な人と思われがちです。でも、命式の中に、自我の星が同時にあれば、バランスが取れます。

表現の星（食神や傷官）は、偏印に剋される星なので、サービス精神やポジティブな長所が少なくなり、わがままで怠け者なところが増長されそうです。特に食神の幸運体質は陰りがちです。

傷官の場合は、偏印とは似通った性質もあるので、稀に研ぎ澄まされた感性の持ち主になります。命式の中に財の星があれば、バランスが取れます。

兄弟星の印綬があると、正当な勉強家の色合いを帯びますが、重々しく気難しい性格に傾きます。

偏印が複数ある人はシニカルな面が強く出て、なにごとにも懐疑的になりそうです。自分を客観視する視点を育てることで、社会的適合性が磨かれるでしょう。

魅力的なので、恋多きタイプだが結婚生活には向かない

新しい相手に限って、熱心になってしまう

中心星が偏印の人は、美男美女でなくても、上品なフェロモンを感じさせるので、とてもモテます。自分のことをあまり語らないところも、ミステリアスに見えるので、熱心にアプローチしてくれる異性は、次々に現れるでしょう。

ところが、それが仇となり、偏印はなかなかちゃんと恋愛をして結婚するというプロセスに至りません。

相手が好奇心を刺激してくれる間は、情熱的にもなりますが、恋人になって、フィジカルな関係もルーティンワーク化すると、とたんに他の異性が視野に入ってきてしまうのです。偏印の男性のなかには、女を口説くことが、もっとも知的好奇心を刺激するテーマだと思っている稀代のプレイボーイも見かけるので、女性にとっては大変な相手です。たいていの女性は、深いコミュニケーションを持つことが難しいと悟ると、自分から去っていきます。ところが、偏印は、「去るものを追い、来るものから逃げる」傾向があるため、この繰り返しで一生振り回される人もいるので、要注意です。

偏印を相手に、真剣になって、彼や彼女の不実をなじったり泣いたりしても、偏印が情にほだされて改心するなどということは望めません。

結婚して子供を育てるような、普通の家庭を思い描いている人は、最初から近づかないほうが、いいかもしれません。

結婚の形にはこだわらないが家事は苦手

こういうタイプの偏印が、結婚するのは、偶然の結果です。転勤になったとか、40歳になったからとか、怪我をして入院したとかで、たまたまそのときに付き合っていた都合のいい相手と結婚するケースが多いのです。「結婚」というものに、重きを置いていないので、「まあ、誰と結婚しても大差ないでしょう」と、玉の輿や逆玉の話に乗ってしまう場合も、少なくありません。結婚しても、「家庭のにおいがしない人」と言われ、それを喜んでいたりします。

こんなキャラクターの偏印の男性が、家事に協力的なはずもなく、やっと大掃除を手伝っても、網戸についたシミだけを取ることにこだわって、一日が暮れたというような笑えない結果になります。

偏印の女性も、料理か掃除のどちらかしかしないで、「総菜は買ってくるもの」または「掃除は家事代行サービスに頼む」と割り切っていたりします。

偏印は、子供を意味する「食神」を剋してしまう星なので、子供ができないことや、生まれても縁の薄い親子になりがちです。夫婦どちらかの中心星が偏印だと、一人親風の家庭になりそうです。

それでも、配偶者が「まあ、変則的な結婚生活も悪くない」という心境に達してくれれば、偏印はあまり離婚はしません。浮気はしても、すぐに飽きるし、離婚するには、かなりのエネルギーが必要だからです。

共通の趣味や、シニカルな会話を楽しむことで夫婦仲は改善します。

中心星が偏印の人が、幸せに暮らすために気をつけたいこと

興味や関心が持続できない悩みを解消するには……

　中心星が偏印の人は、知識もアイデアも豊富で、テーマを見つけたときには努力もするのですが、弱点があるとしたら、仕事でも恋愛でも、「実り」を実感した経験が少ないことです。そんな状況を繰り返していると、無気力になり虚無的な思考回路に陥ります。体力の低下を感じる中高年になると、人とあまり関わらなくなったり、趣味にも読書にも喜びを感じられなくなってしまいます。

　傍から見ると、「飽きっぽい人」と評価されていますが、自分の中では、興味やヤル気が続かないことに、むしろ深い哀しみを抱えているのです。

　こういう生きグセに、変化をもたらすには、「やり遂げた」という経験を積んで、充実感を味わい、自信を持つことが一番です。そんなことで変わるのかと、懐疑的になるかもしれません。でも、地位や名誉や財産よりも、何かを完遂したという手応えは、持続する幸福感です。偏印は、物事を途中で投げ出してしまいがちなので、好奇心を満たすだけの喜びしか味わえず、もうひとつ奥の扉の向こう側にある幸福の醍醐味を知らずに過ごしている可能性が高いのです。ひとつの課題に興味が薄れてきたときには、無理をしないで一旦横に置き、少し他のことをしてから、戻ってみるというテクニックを使いましょう。

人との関係は、もう少しソフトに寛大に

　人間関係において、関わりが深くなると、相手の欠点が鼻について、嫌気がさすものですが、少し距離を置いたり、第三者を交えて付き合ったりすると、別の面が見えて気持ちが変わります。

　ただ、価値観の違う相手や、ウエットな人を、初めから切り捨てるのは偏印の悪いクセです。不遜な人と思われて、いたずらに敵を増やし、必要な時にも協力を得られないことが、多くなりがちです。いろいろな人が存在する地球上に生きているのですから、もう少し温かい目で他人を受け入れる姿勢を持ちましょう。

　また、揉めごとやトラブルが起きると、その場から逃げ出すのが、偏印的な解決策ですが、誰かの力を借りたり、しばし凍結しておいてまた向き合うと、新たな

視点が見えてくることもあります。せっかく発想力は豊かなのですから、いろいろな手を使ってみることをお薦めします。

日常の中に、刺激を取り入れて気分転換しましょう

偏印は、アーティストや企画に向いていますが、誰もが適職につけるわけではありません。退屈の塊のような会社勤めを続けている場合は、日常の中にうまく気分転換を挟み込むことで、収入源を手放さなくて済むようにできます。趣味で始めた演劇にのめり込み、会社を辞めてしまった偏印の知り合いがいますが、30代になってからの選択としては、かなりのリスクを伴うと思います。

趣味の一つとして、ぜひ取り入れて欲しいのは、ゴルフやテニス、卓球のようなスポーツです。元来、偏印は体を動かすのを好みませんが、脳の血流がよくなりネガティブ思考に陥るのを防いでくれます。仕事以外のことに時間を使える体力もつくので、一石二鳥です。

また旅行は偏印にとって最高の癒しになり、素晴らしい刺激を与えてくれます。日帰りでも何でも、どんどん足を運びましょう。

変わったところでは、一度見た映画や芝居をもう一度鑑賞すること。筋書きを追わないことで、ディテールやせりふの面白さが伝わってきて、偏印にとっては楽しい経験になるでしょう。

月柱上段の星と中心星偏印の組み合わせ

四柱推命では、一番強く出るのはもちろん中心星ですが、ルックスやフィーリング、行動パターンなどは月柱上段の星に表れているので、職場などの浅い付き合いでは、その星の印象が強いかもしれません。
偏印は、表現の星（食神や傷官）を剋しますが、財の星（偏財や正財）に剋されるという力関係があります。

偏印に比肩の要素がプラスされて、自分のスタイルを頑固に押し通すマイペース人間になります。プライドが高い上に不器用な性格ですから、組織や一般社会では生きにくいかも。芸術方面の才能を磨くか特殊技術を身につけるのが開運のカギです。

劫財 偏印

偏印に劫財の性質が加わるために、思い込みが激しく、ときには常識外の行動をするような人物となります。趣味や技芸で才能を開花させる人もいますが、運勢は波乱含み。好きなことに財産をつぎ込み、金銭的に破綻する暗示もありますから注意。

偏印が食神を剋する逆剋となり、偏印のパワーが強く働きます。気まぐれで、脈絡がなく、多弁なわりに、何が言いたいのか分かりづらいので、人間関係は不安定になりがち。仕事は、好きだからがんばれるという、特殊な分野を選ぶことが必要です。

傷官 偏印

偏印が傷官を剋す逆剋で、偏印の性格が強く出ます。才能は豊かですが、感情の起伏が激しく、言葉にトゲがあるので、自己コントロールに苦労しそうです。また、芸術や技術で能力があっても、それを収入という形で回収するのは、なかなか大変です。

偏財 偏印

偏財が偏印を剋すことで父親との縁は薄くなりますが、運勢的には安定した要素が増えます。器用で機転がきく上に行動力もあるので、自力で人生をのし上がっていけるでしょう。ただ、自分の意思を曲げずまっすぐ進むため、波紋を広げることが。

正財 偏印

正財が偏印を剋しますが、この組み合わせは偏印のマイナス面を抑えきれません。気が多くて人づきあいは上手ですが、考え方に偏ったところがある性格になりがち。サービス関係の仕事や芸能関係に向きますが、人生に計画性がないのが心配です。

偏官 偏印

偏印に偏官の要素が加わると、仕事や境遇が変わりやすくなります。とくに若い時は目的意識がなく、周囲に流されがち。仕事は出張や外回りの多い、自由裁量が可能な職種を選ぶのがポイント。目標が見つかると、性格や生き方が大きく変わりそう。

正官 偏印

偏印に正官の性質がプラスされることで、性格にやや保守的な面が出てきます。しかし、一風変わった分野に興味が向かい、考え方も偏りがち。組織や集団生活ではわがままに注意。自分のこだわりを生かせる仕事を選べば成功するでしょう。

偏印 偏印

同じ偏印が二つ重なり、強烈な個性とパワーを生み出します。ユニークな発想で、成功を収める可能性が高い人です。しかし、気分のムラや人の好き嫌いが激しいため、つい自分勝手なやり方になってしまうので、ついて来られる人は少ないでしょう。

印綬 偏印

兄弟星の関係ですが、安定した運勢とは言えません。この組み合わせは意図せずとも、本業以外に副業を持つ暗示があります。どちらもきちんとこなしていくためには、強い意志と才能を磨く努力が大切です。成功すればマルチに活躍する多忙な人生に。

印綬（いんじゅ）

知性の星の正統派――アカデミックで、名誉を重んじるキャラクター

生き方

中心星が印綬の人は、勉強家で知的好奇心が旺盛な人

お金では買えない「名誉」を大切にします

「印綬」が中心星にある人は、知性派で、勉強や研究をすることに熱心な、落ち着きのあるキャラクターです。人間の一生に例えれば、熟年期。活動エネルギーには、やや陰りが見えますが、知識と経験が豊富なので、それをカバーして余りあるものを持っています。

出世やお金よりも、名誉を重んじています。他の人の模範となるような人物でありたいというのが、この星の人の生き方の基本です。職業イメージとしては、先生タイプで、後進を指導することには熱心ですが、そのためにはリスペクトされていることが絶対条件なので、寸暇を惜しんで知識を蓄えます。

この星の人は、理性的で研究熱心な勉強家です。興味を持ったテーマについては、かなり熱を入れて探求するので、専門分野以外のことにも、プロが驚くほど精通しています。読書好きなのも、この星の特徴。本を読むことは、おおいに知的好奇心を満たしてくれるので、自然に本の世界にはまってしまいます。本を読んでいるうちに夢中になって鍋の一つや二つ焦がしてしまった経験の持ち主に違いありません。家中に本が積み上がって、床の上にやっとけもの道が作られているという話も、珍しくないでしょう。あまり行動的ではない印綬が引っ越しをするのは、たいてい蔵書の置き場が限界に達したときです。

ちょっと調べ物をしようとしてネットサーフィンに熱中して、すっかり夜更かしクセがついてしまった印綬の話も、よく耳にします。

印綬の心の中を占めているのは、物質的なことよりも精神的な資産形成です。知識や学問だけではなく、誰からも品性や徳が高いと認められることが、この星の人の求めている、自己実現のイメージです。そして、まっとうな道を辿って、そのステージに達することが、プライドに叶った重要な要素なのです。

ただ、せっかくチャンスを与えられても、完璧にできる自信がないからと、みすみす固辞をして、アピール不足になりがちなのは、ちょっともったいない気がします。

プロセスよりも結果重視型の人や、サクセスの意味を年収で測るタイプの人にとっては、印綬は付き合い辛い相手だと思われているかもしれません。功を焦り、なりふり構わず、曲がったことまでしている相手には、冷めた視線を送ってしまうからです。しかし、軽蔑されたと思った相手が攻撃をしかけてきても同じ土俵には乗らないだけの賢明さが、印綬には備わっています。

印綬は、母性を象徴する星です

印綬とは、もともと「身分や位階を表す官印を身につけるための組紐」という意味でしたが、それが転じて、広く位階勲章などを意味するようになりました。

古代中国には、日本の国家公務員上級職採用試験に当たる「科挙」という試験がありました。競争率が高く、どんなに勉強しても、パスするのはわずか一握りという難関で、合格者には、名誉ある印が与えられました。それが印綬星のルーツです。

また、印綬の次に来る星は比肩なので、「自分を生む」という流れから、母性の星という、もうひとつの意味を持っています。それゆえ印綬には慈愛や、包容力、忍耐力といった、素晴らしいキャラクターも備わっているのです。

若い頃は、キラキラ輝くような華やかさや、誰とでもすぐ仲良くできるフレンドリーな人が、羨ましく思えることがあるでしょう。特に今の時代は、トークがうまかったり、ファッションや芸能界や、レストランの情報に精通した人がカッコよくて、異性からモテる価値がある人のように評価されたりしているからです。

印綬の人は、自分の堅苦しさや、重厚さが不器用に思え、邪魔になると感じるときもあるかもしれません。

でも、地に足をつけた的確な一歩一歩は、一生の宝となる知識や実力です。むしろ、不器用な自分に誇りを持ってください。無理をして自分の個性を放棄するのは、運を停滞させることになります。

中心星が印綬の人が、やりがいを感じて続けられる仕事は？

生まれながらの先生気質。広い選択肢があります

勉強熱心なゆえに、豊富な知識を蓄えていて、しかも正当な生き方を貫きたいと思っている印綬の人にとって、一番の適職は、「先生」と呼ばれる立場の職業です。母性的な面もあるので、忍耐強く、慈悲深く、じっくりと腰を据えて教え導くことができます。

幼稚園の先生から、小学校、中学校、高校の教諭、大学の講師や教授、予備校や専門学校の講師、部活のコーチに至るまで、幅広い選択肢があります。

冷静な判断力と明晰な分析力、情報収集力などを生かして、コンサルタント業務に就くのも良いでしょう。いわゆる士業と呼ばれる、国家資格が必要な、弁護士、弁理士、公認会計士、税理士、また、医師や薬剤師にも適性があります。なにしろ勉強が好きなので、試験を突破する力は、抜群なのですから。

会社勤めを選ぶ場合も、教育関係の仕事や、堅いジャンルのメーカーなどのほうが向いているでしょう。

中心星を助けてくれる他の星の働きは、とても重要

中心星が印綬で、命式の中に、自我の星（比肩や劫財）がある人は、アクティブなエネルギーが加わってくるので、プロのスポーツ選手になれる可能性があります。日々の厳しい自己管理や、練習というルーティンワークに耐えてこそ、結果に結びつくということを、よく分かっているからです。勝者となることで得られる名誉も、大きなモチベーションになるかもしれません。

命式の中に、地位の星（偏官や正官）がある人は、「教える」という世界の中でも、リーダー的な立場になれる適正を

備えています。学長や院長、あるいは館長や研究所長として、組織を率いて、外部と関わっていくようなポジションに就く可能性があります。しかし、いろいろなキャラクターの人が錯綜しているような政治やマスコミの世界と関わると、疲れてしまうか、自分の純粋さが汚されるようなシーンに遭遇してしまいそうです。

ただし、地位の星の他に、劫財や、偏財といった、臨機応変な星も持っている場合は、したたかに世間を渡っていけるバランス感覚が加わるので、どんな世界でもビクともしなくなります。特に地位の星が偏官の場合は、ゴリ押しも辞さない強力なドンと言われそうです。

相性の悪い星をプラスに働かせるには

印綬は、金銭との関わりが難しい星です。それは、星の心臓部にあるのが名誉とプライドであり、最もお金から遠い位置にある価値観だからです。本来、金銭的な誘惑を封印しなければならない立場の印綬ですが、命式の中に偏財が入ってくると、お金に対する嗅覚が妙に鋭くなり、お金が集まる環境へと足が向く傾向が強くなって、損得勘定で行動を決定するような面も出てきそうです。これがエスカレートするとスキャンダラスな事件に巻き込まれる暗示もあります。くれぐれも裏口入学などに加担しないように。

とはいえ、偏財が命式の中にあることによって、フットワークが軽くなり、対人関係の苦手意識が薄れ、人脈作りが上手になるという側面もあります。

偏財が月柱の上段にある場合は、中心星の印綬が剋されるので、かなりつらいでしょうが、年柱にあるくらいなら、まだ味方につけることもできそうです。

同じ財の星でも、正財が命式の中にあると、金銭に関することには、とことんシビアになるので自分の世界を狭めてしまいます。義理人情に厚い長屋体質の人からは、敬遠されそうです。

中心星以外の星を意識すれば、上手に利用できる

さて、表現の星（食神と傷官）が命式の中にあると、印綬に剋されるので、本来の自由な価値観や奔放なキャラクターが悪い方向へと転換しがちです。

傷官があると、教育精神が高じて説教魔になり、自分の子供や部下からは反抗される結果を招きそうです。その代わり、コンビニの店員さんに向かって敬語の指導をしたり、近隣住民に「正しい日本のしきたり」を説いて、憂さ晴らしをすることになるかもしれません。

食神の場合、印綬に剋されると、おおらかさや明るさよりも、わがままや、怠惰な部分が強調されて、印綬の最大の長所である勤勉さや、包容力に影を落とすことになります。研究にムラが出たり、気難しい人と言われがちです。

しかも、表現の星（食神や傷官）は自分の子供や部下を意味する場合もあるので、相手の個性を伸ばして育てるどころか、印綬の価値観で縛ろうとしたり、人によって差別する傾向が出てきます。

とはいえ、自分の研究や学説を、世間に発表するという意味では、表現の星（食神や傷官）の働きは、欲しい要素でもあります。表現の星の味方になってくれる自我の星（比肩や劫財）があれば、バランスが取れ、コメンテーターなどとして、活躍できる可能性も出てくるでしょう。

印綬

中心星が印綬の人の、恋愛や結婚の形はどうなる？

情熱的な恋より信頼関係を大切にする

印綬の人の恋愛から結婚へのプロセスは、感情だけに走って、道を誤るようなことはしません。駆け落ちに憧れる面はあっても、自分に当てはめて考えると、「やっぱりありえないことだなあ」という、ブレーキがかかってしまうのです。

情熱、熱烈、激情などのキーワードには、一時的だというニュアンスが込められているので、どうしても懐疑的になります。ときには熱心な相手にほだされて恋に落ちることもありますが「お金にルーズだ」「転職願望がある」「家のローンが組めない」「親が反対している」というような負の要素が出てくる度に、徐々に恋の熱量が下がってしまうのです。

印綬が恋から結婚へと踏み切るパスワードは「情熱より信頼」と言えるでしょう。恋と結婚を切り離し、じっくりと適正を見極めているので、すぐに離婚したりすることはありません。

では、印綬は恋に無機質で、「品定め」を優先させるかと言えば、そうではありません。いくらルックスや経済力に優れた相手でも、そんなことでは決めない潔癖なところがあります。

尊敬できる異性とめぐり会い、お互いに高め合うことができると確信できれば、ゴーサインです。ですから、一目惚れよりも、長い間同僚として接していた相手や、幼なじみなど、よく知っている人を選ぶ場合も少なくありません。また、親や紹介者のおメガネに叶った人だという理由で信用し、お見合いで良縁をつかむときもあります。

印綬の人は、男女ともに精神的な繋がりを重視し、フィジカルには重きを置かないので、表現は淡泊です。また、理性とプライドが邪魔をしてしまうので、夫婦になってからも、遠慮してセックスレスになりがちです。本当は甘えたい気持ちもあるのですが、素直になれないようです。

家族間でも、ついつい教育的指導が出てしまう

中心星が印綬の男性は、洗濯物はキチンと畳んでくれますが、妻の行動には厳しくチェックを入れてきます。家庭の理想像を妻に押しつける傾向があるので、モラハラ夫予備軍と言えそうです。子育てには協力しますが、教育的指導が多くて子供に息苦しい思いをさせている可能性大。でも、お願いして教えを乞えば、無料の家庭教師に変身してくれます。

中心星が印綬の女性は、良妻賢母になる可能性が高いのですが、反面、セクシーさを期待しても、なかなか応えてくれそうもありません。

四柱推命では、自分の命式の日柱にある通変星が、月柱か年柱の上段にある異性に魅かれます。容姿やフィーリングは、命式の上段の星に現れるからです。一目惚れの時には殆どと言っていいくらいこの法則が働きます。ところが好みのタイ

プと相性の良さは別物なので、ここに片思いやすれ違いが起きやすいのです。

ただ、印綬が中心星の人は、じっくり付き合い、相手の本質が分かってからでないと、本気にならない賢明さがあるので、いつまでも、第一印象に振り回される心配は少なそうです。

日柱の星が、中心星を剋する財の星（偏財や正財）だと、恋愛中や結婚してから、金銭問題でトラブルが起きやすく、逆に日柱の星が、印綬に剋される表現の星（食神や傷官）だと、なかなか子供が出来にくいとか、生まれても、親とは縁の薄い親子になるという暗示もあるので、気をつける必要があります。

さて、気になっている相手の日柱の星を見れば、その人の好みが分かるので、それ風のキャラクターを演じてみるのも、キッカケ作りには、効果があるかもしれません。ただ、印綬は余り器用ではないので、無理は禁物です。ほどほどに……ですね。

中心星が印綬の人が、幸せに暮らすために気をつけたいこと

人間関係が面倒だと、知識の殻に閉じこもる

さて、印綬は真面目な学究肌で、名誉を尊ぶ立派な星なのですが、弱点があるとしたら保守的になりがちなことです。保身に走るあまり「人の数ほど災いあり」と人の輪から遠ざかり、殻に閉じこもる傾向があるのです。その結果、自分の知識や価値観のみで判断することになるので、世間を狭めてしまいそうです。

また、自分は正しいと信じているので、なかなか他人の助言など受け付けません。

とくに命式の中に印綬が複数あると、自己肯定感が強くなり、つい慇懃無礼な態度が出て、社会から受けている評価との間に、温度差ができてしまいます。

同じ知性の星でも、命式の中に偏印が

加わった場合は、奇人、変人という印象が出ますが、やや軽さも加わるので、一部のファンの間では人気がありそうです。

いろいろな体験をしてみるのも重要

さて、印綬のプライドはどこから来るかと言えば、「自分は勉強家で頭が良い」というのが、水源地です。脳のデータバンクの膨大な知識が、いつの間にか自意識に変換されてしまうのです。しかし、机上の空論ばかりでは、中途半端な知識の披露宴に終わってしまうばかりです。人生は「当たって砕けろ！」があるからこそ面白いのです。砕け散るエネルギーの中で、知識が知恵へと昇華されていくのではないでしょうか。

四柱推命で人生を判断するポイントには、様々な要素がありますが、心の部屋を分析するのに一番重要なのは、中心星と他の三つの柱（年柱の上下段、月柱の上段、日柱）にある通変星の種類と配置です。このバランスが悪いと、なかなか自己コントロールが難しいという面は確かにあります。

でも、星のバランスが悪くても、人から尊敬と信頼を集め、心豊かな人生を送っている印綬の方は、たくさんいます。そういう方は、「頭が良い人は人格も優れている」などという思い込みにとらわれず、他人の個性を、母性と包容力で受けとめているからではないでしょうか。

月柱上段の星と中心星印綬の組み合わせ

四柱推命では、一番強く出るのはもちろん中心星ですが、ルックスやフィーリング、行動パターンなどは月柱上段の星に表れているので、職場などの浅い付き合いでは、その星の印象が強いかもしれません。
印綬は、表現の星（食神や傷官）を剋しますが、財の星（偏財や正財）に剋されるという力関係があります。

比肩 印綬

印綬に比肩の性質が加わり、独立心と利益を追い求めるパワーが強まります。確実なやり方で物事を進めていく性格で、人の面倒見も良いため徐々に地位を固めていくでしょう。ただ、自分の名誉や金銭欲を満たすことに執着すると孤立する暗示。

劫財 印綬

印綬に劫財の性質がプラスされて野心の強い、利益追求型の人物になります。臨機応変に対処する能力があり、如才なく振る舞いますから、仕事では順調に昇格しそう。ただ、人の上に立つと傲慢になり、強引に物事を進めて人心離反の恐れが。

食神
印綬

印綬が食神を剋す逆剋。印綬の性質が強く出て、プライドの高い、エネルギッシュな人物になります。才能にも恵まれ、アイデアやアピール力を生かして、自己実現していくでしょう。自分の欲望に忠実で、ときにエゴ丸出しの言動をするのが難点。

傷官
印綬

印綬が傷官を剋す逆剋。傷官のマイナス面は緩和されても印綬の力をうまくコントロールできません。働き者で人気運もありますが、独善的になりやすく、結果的に運が伸び悩みそう。自分の言動がどういう結果につながるか、想像力を働かせること。

偏財
印綬

偏財が印綬を剋しますが、この場合は幸運が多くなります。トップに立つほどの強さはないものの、好きなことをして生きていける人です。ただ、目的達成のために人を踏み台にするようなやり方は感心できません。家庭生活は波乱含みになりがち。

正財
印綬

正財が印綬を剋し、お互いの性質のよさを生かしきれなくなります。頭は良いのですが、理屈よりも気分で行動するところがあり、周囲の人を振り回してしまうことが。また、見た目以上に神経質な性格ですから、ストレスマネジメントが大切です。

偏官
印綬

印綬に偏官の性質が加わることにより、強運となります。話し上手というわけではないのですが、人気運に恵まれ、仕事で地位や名誉を得るでしょう。しかし、必要以上に欲を出し始めると、ゴリ押し的性格が強くなり、だんだん孤立していきます。

正官
印綬

印綬に正官は大吉の組み合わせ。才能があり、それを開花させる環境やチャンスにも恵まれる幸運な人です。明るく寛大な性格で周囲の人望も厚く、社会的に成功を収めます。若いときはできるだけ下積みの苦労をしたほうが、人間的な魅力が増します。

偏印
印綬

兄弟星の関係ですが、難しい組み合わせです。気が多くていろいろなことに手を出すものの、冷めて投げ出してしまうパターンが心配。まず実力に見合った目標を見つけることが大切です。自分の性格を自覚して、何か技術を身につけましょう。

印綬
印綬

同じ印綬が二つ重なりますが、この組み合わせはあまりよいほうに働きません。知識欲は旺盛ですが、こだわりが強く、空想癖があるため、現実社会では生きにくくなるのです。組織には向かないタイプですから、個人でできる仕事を選びましょう。

人生は春夏秋冬 なくて七癖心癖

占いの中で人間はそれぞれの星の下に生まれると言いますが、「星」の字を上と下に分解してみると「日に生まれる」となります。その日に生まれる宇宙からの意思あってこその誕生で、生年月日は隠された運命の語り部ということになるのです。四柱推命では、誕生した瞬間の「年」「月」「日」「時間」の四つの柱それぞれに運命を支配する星が隠れていると考えています。この神秘のプログラムを紐解くことで自分を知り、相手を理解すると同時に、人生の流れが見えてきます。

さらに安全確実に目的地に到着するためのナビゲーターとして、人生における萌芽・活躍・刈り入れ・休止のバイオリズムが、予見できるのです。あなたも一度くらい「どんなにがんばってもダメだった」という経験がありませんか？　また、その逆のことも……。環境が味方をしてくれる時期かそうでないかでは、同じ努力をしても結果的に雲泥の差が出てしまいます。そのために運の流れを知ることはとても重要なのです。

さて、なくて七癖といいますが、心にも癖のようなものがあります。何故か失敗するときのパターンが同じというのはそのためです。人の心の中には無意識のうちに判断して、それがなかば癖のようになっている不思議な領域があります。四柱推命では、一人一人が持つ７つの通変星はお互いにジャンケンポンをしながら、個性を強めたり弱めたり、ときには癖を越えてアクの強さになっていることもあります。星同士の相関関係や補運の強弱を学ぶことで心の癖を客観的に捉え、失敗を成功に変えることができます。

第三章

持って生まれた運命を知る

運が良いこととは環境が味方をしてくれる状態です。環境の整え方には様々な考え方がありますが、この章では先祖から受け継いできた運の生かし方から始まり、運気が活性化する時期、休息の時を知り、人生の後半の過ごし方へと進みます。

年柱で見る祖先から受け継いだもの

有形無形の恩恵を必ず相続しています

年の柱が示すものは両親を含めた先祖からの運の蓄えです。器や性質が現れます。

四柱推命は、文字通り四本の柱で構成されています。一本目の柱は生まれた年の柱です。二本目の柱は生まれ月。三本目は生まれ日で、四本目の柱が生まれた時間。

この四本のうち一番最初に現れる年の柱は、あなたが先祖から受け継いだ恩恵や、相続する遺産を示しています。金銭的な相続がない場合でも社会に出たときに金銭を生み出す芸術や技術的能力の高さとして受け継ぐこともあるので、引き継ぐものが金銭・物資的なことばかりとは限りません。なんらかの形で先祖からの徳が得られるパターンもあるのです。

また、年柱は一生の運気の傾向を暗示する柱でもあります。その人がどんな生き方を求め、どんな方向を目指すかのおおよそのあらすじは、年柱の上に出てくる星に現れているのです。兄弟との関係や生家にとどまるのか、よその土地で生きるほうが開運するのか。家からの援助は期待できるかどうか、なども年柱を見ればあらすじが書き込まれています。

さらに年柱には、先祖からの相続に加えて、もう一つの要素があります。目上の人や会社の上司、さらには先生との関係や親戚との関わり合いです。

この柱がしっかりしていて他の星に傷つけられていない場合は、目上からの引き立て運が強く、早いうちから頭角を現し社会での活躍が期待できます。上司や先生からの応援で本来なら風当りが強いところを、カバーしてもらうことも可能でしょう。親族からの援助にも恵まれ、場合によっては親戚の家の跡取りになるケースも考えられます。年柱の星はあなたの人生のフラッグです。

比肩

生家を離れて独立する運命です。両親から受け継ぐものは財産よりも、自らの運を切り拓く力です。女性の場合は婿養子の縁組になるケースもあります。意地の強さが社会に出たときにプラスとなれば引き立て運を掴むことができますが、その逆はみじめな敗退になることも。

劫財

先祖から闘争心を相続しています。強運ではありますが実家には縁が薄い傾向があります。身内に迷惑をかけられることもあるでしょう。他家の養子や養女になった後の相続で開運することもあります。生家から離れた土地で後天的な運を開花させるのもこの星の特徴です。

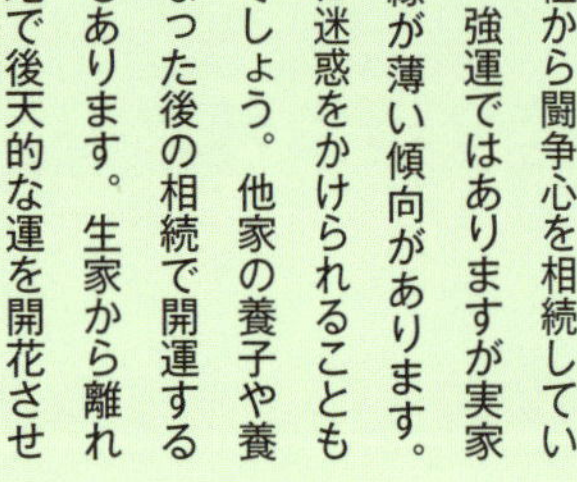

食神

財産・才能を親から引き継ぐことができる恵まれた生まれです。先祖の蓄えを貰えるので10代の後半までは苦労せずにすみそうです。社会に出てからは可愛がられ運に支えられて出世することもありますが、ねたみややっかみには気をつけないと窮地に陥ってしまいます。

傷官

実家にはとどまらず自分自身で運を切り拓きます。両親や先祖からは思わぬ資産を得ることもありますが、守っていくことは困難な模様です。芸術方面に惹かれるのはこの星の人に組み込まれている〝星の遺伝子〟とも言えるでしょう。直感力を引き継ぐケースもあるようです。

偏財

養子縁組で家系を繋ぐ環境に生まれ合わせ、父や祖父あるいは自身にもその傾向がある人です。先代が施した陰徳の恩恵を受けることもあるでしょう。社会に出てからは、先見の明で財を取得する力を発揮できます。ただし、目先の利益にとらわれると失財する場合も。

正財

誕生したときの環境が生涯を暗示します。裕福な生まれであればそのまま恵まれ、そうでない場合は、自分自身で生家を盛り立てる力を発揮することになりそうです。ただし、後者のほうが社会に出てからは出世運があります。それは金銭の扱いに対して慎重になるからです。

偏官

第一子で生まれても、相続をするのは他の兄弟姉妹です。元々が地位や権力を示す星の下に生まれているので、親から相続するものは環境を統治する雰囲気や言動になって現われます。社会に出てからは、一心不乱に頑張る姿勢が評価されますが威張ると運気が落ちてしまいます。

正官

一番目の子として誕生することが多いでしょう。もし、二番目に生まれても生家を引き継ぐことになりそうです。貧富にかかわらずどこかに育ちの良さそうな雰囲気があるのは、この星が年柱にある人の特長です。社会に出てからは引き立てられて上に立つことになるでしょう。

偏印

土地などの資産よりも技能的な才能が相続の因子として出ることが多い星です。父方より母方のほうから受け継ぐものが多く、男性は女性度が高くなる傾向です。この傾向が現代社会では強みとなるので大きな飛躍も期待できます。ただし、飽きっぽさには気をつけたいところ。

印綬

現実的な財産よりも学問の道を歩く星の遺伝子があります。父方よりも母方との縁が強く、相続をする場合は母系からのリレーになりそうです。学問・宗教・芸術方面への進出は出世の階段を上がることになります。数字に細かすぎると下り階段になる懸念が出てしまうでしょう。

空亡（天中殺）の影響

四柱推命では10種の通変星の意味とバランスを読み解いていくのがメインですが、他の要素の中では、空亡は重要視されているのでその働きを理解しておきましょう。

誰でも、12年に2年間、1年間に2カ月は空亡する

空亡は、天中殺または、大殺界とも言われ、これだけでも運命の傾向がある程度掴めるので、単独で占いに用いられることもあります。四柱推命だけでなく、六星占星術や、奇門遁甲などでも、空亡の影響は大きいとされています。

天干と地支（干支、または十二支）の組み合わせは、有名な丙午（火の兄の午）など、60通りあります。

10種類ある天干と、十二支の組み合わせを作るとき、二支が余りますが、これを空亡と言います。十二支が一巡する間に二支ずつ、計6回現れることになり、この余る二支の名前で、それぞれ、**戌亥空亡**、**申酉空亡**、**午未空亡**、**辰巳空亡**、**寅卯空亡**、**子丑空亡**と呼ばれています。

あなたの空亡が、右記のどれに当たるかは、誕生日の六十甲子（生まれた日の天干地支の表＝本書の9ページまたは、付録の5ページ）を見れば、分かります。

空亡は、12年間に2年間、1年間に2カ月、そして12日間に2日間、1日に4時間、規則的に回ってきます。決して稀に見る恐ろしい現象や、とんでもない珍事ではないのです。なにしろ6分の1の期間は、誰でも空亡しているのですから。

新しいこと、重要なことのスタートには適さない

空亡は時間が存在するのに空間が存在しない状態であり、天の法則からはみ出して、その恩恵を受けることができず、本来の力を十分に発揮できない期間と考えられています。運に乱れが生じる時期とも解釈できます。ですから、空亡している年や月、日、時刻は能動的に行動するとトラブルを招きやすいのです。

空亡の時期に、新しい事業を始めても失敗するとか、就職しても転職する可能性が高いなどと言われています。また、結婚が長続きしないとか、引っ越しをしても、その家に永く住むことはないなどという例もあります。

空亡に当たる時を、休息の時期と考えて、自分の身に起きることを冷静に受け止め、受け身で過ごせば凶の作用は少なくなります。また、空亡期は神仏との縁を深めるのに良い時期ともされています。その他にも普段の生活からは考えられないような人と出会ったり、想定外のシチュエーションに遭遇するなど、不思議な体験をしやすい期間なのです。

空亡は一定のサイクルでめぐってきますから、自分の空亡期と特徴を知っておくことで、その期間を無事に乗り切る助けとなるでしょう。

なお、空亡が強く作用するのは、年と月だけで、日の空亡や、時刻の空亡はそれほど影響が出ません。でも、苦手な人に会うとか、重要な交渉事は、空亡している日や時間を避けたほうが無難です。

空亡する二つの干支の、一方は作用が強い

ところで、空亡している二つの干支（地支）のうち、一方の干支では空亡の作用が強く出て、もう一方では、影響が弱まるという説があります。

木の兄（甲）、火の兄（丙）、土の兄（戊）金の兄（庚）、水の兄（壬）の陽のグループの人は、空亡する二つの干支の前者が真空と言って、強い空亡になります。そして、後者の干支は、半空といって、作用が半減します。例えば、申酉空亡なら、申の時期は空亡が強く出て、酉の時期は弱まるのです。木の弟など陰のグループの人はその逆で、空亡する干支の前者のほうが弱く出ます。つまり申の時期は弱く、酉の時期に影響が強まるのです。

空亡には、戌亥空亡、申酉空亡など、6つの種類がありますが、それぞれの空亡にも特徴があるので、105ページのご自分の項目を参考にしてください。

なお、年、月などは、いずれも旧暦を使用しています。年は節分の次の日から始まり、月は節替わりから新しい月に入るので、注意してください。

命式の中に、空亡している柱がある場合

月柱、年柱、時柱が空亡している場合の影響

さて空亡は、年、月、日、時刻などの運の流れだけに作用しているわけではありません。運命のカルテとも言うべき命式の中にも、空亡がある場合があります。

つまり、空亡している干支が、自分の生まれた年の干支の場合は、年柱空亡です。生まれ月が空亡している干支なら、月柱空亡になります。日柱空亡の人は、存在しません。それは、日柱の天干地支（日主）で、空亡を決めているからです。

そして、生まれた時刻が空亡している干支に当たれば、時柱空亡です。

●年柱空亡の象意

昔の書物では、若年において両親、または片親と生き別れになったり、死別すると記されています。両親が離婚したり、父親が単身赴任したり、本人が進学などの事情で早く家を出るなど、今日ではもう少し広く解釈されています。両親と意思の疎通がうまくいかない、考え方が合わずに反目する、家督や遺産を相続できない、といったケースも含まれます。

また、社会的な引き立て運がないという意味合いもあります。上司と性格が合わなかったり、気の合う上司に出会っても、二人セットで、もっと上から疎まれるようなこともあるかもしれません。

●月柱空亡の象意

自分の仕事、あるいは自分で築いた家庭に、ポッカリと空虚な部分があることを暗示しています。好きではない分野の

仕事をすることになるとか、実力が認められないといったことがあるかもしれません。

あるいは、配偶者が留守がちで、マイホームがつまらないなどという状況も考えられます。出張が多いとか、単身赴任などのケースも含まれます。

普通の形の家庭にこだわらず、遠距離婚や週末婚など、自由な発想を取り入れることで、凶意は少なくなります。

仕事では、出世や社会的成功に執着せず、好きな分野に自然体で取り組むことがよい結果に繋がります。

●時柱空亡の象意

人生の最終ステージになって、目的や希望が思うように叶わない傾向があります。また、後継者が育たないとか、子供がいない可能性も大きく、いても縁が薄いようです。子供に対しては、成長したら、相手の意志を尊重し、距離を置くことで状況は好転します。

「かくあるべし」というこだわりを捨て、趣味などで気分転換を図るほうが、心身共に健康で過ごせます。

凶意は、半減するというプラスの作用も働く

命式の中に空亡している柱があると、その柱のエネルギーがダウンします。

ただ、これにも法則があり、その柱にある通変星の吉意は半減し、凶意は減って吉に転じるのです。例えば、中心星の偏財が、年柱の比肩に剋されているような場合、年柱が空亡して力が弱まれば、偏財の吉意は少し復活しますが、比肩の良さは半減します。

ところで、年柱空亡の人は、12年に2年間周ってくる空亡は消滅するという説があります。同様に、月柱空亡の人は、1年に2カ月間ある空亡月はなくなると言われています。時期を考えずに、何時でもチャレンジできるメリットと思って有効活用することをお薦めします。

相性の良し悪しを、凌駕する空亡の作用

ここまでは、自分の命式の中の空亡について触れてきましたが、恋人や配偶者や仕事のパートナーの月柱や年柱や日柱の干支を、あなたが空亡させてしまうケースもあります。逆に、相手に空亡させられる場合もあります。通変星の相性が良くても、空亡が作用してくると、関わり合うのが、とても難しくなります。

年柱が空亡させられると、その人との関係が、スキャンダルになって、あなたの評価を下げることになりがちです。

また、月柱が空亡させられると、結婚や共同の事業はまとまりにくく、スタートしても長続きしにくい可能性大です。

日柱が空亡させられると、精神的に傷つけられてストレスが溜まります。

しかし、空亡の害を半減させる干支が、自分の命式か、相手の命式の中に存在するかもしれません。「冲」という作用をする干支で、空亡している干支の対角線上に位置しています。ぜひ、１１３ページのグラフで探してください。

【空亡の割り出し方】

別冊付録4～5ページを見て、日柱早見表で割り出した数字の縦列、一番下の段に書かれているのが、あなたの空亡です。

例えば、日の六十甲子が19「水の兄午（みずのえうま）」であれば「申酉空亡」となるわけです。

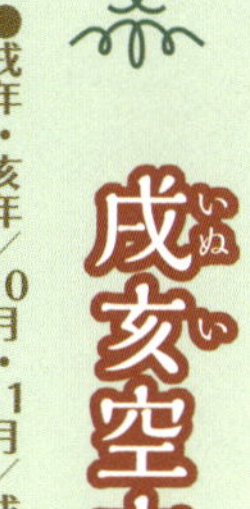

戌亥空亡

●戌年・亥年／10月・11月／戌の日・亥の日

空亡期になると些細なミスをきっかけにネガ思考にはまります。被害妄想に陥り、不必要な敵を作ったり、人間関係を悪化させる心配もありそう。気分転換を心がけ、心のバランスを取りましょう。日頃は努力家ですが、何となくヤル気が起きなくて、思うような成果を出せない可能性も。約束事は、信頼を失う結果になるので、最優先で。

辰巳空亡

●辰年・巳年／4月・5月／辰の日・巳の日

辰巳空亡は6つの空亡の中でも最も運が荒れやすいと言われます。新年度だからと、気負い過ぎれば空回りし、計画は頓挫して自信喪失する結果に。環境が変わった場合は慣れることを最優先にし、状況を見極め、じっくりと今後の方針を考えましょう。人間関係は自己アピールが過剰にならないように、少し控えめなくらいを心がけて。

申酉空亡

●申年・酉年／8月・9月／申の日・酉の日

日頃忙しさにかまけて放置していたことが、空亡期には厳しい現実となってつきつけられます。空亡期は積極的に動くのが難しい期間ですが、逃げ続けるのは凶。状況を直視して、緊急性の高い問題から対処し、余裕のあるものは、今後の対策を練りましょう。この時期は、物事が期待通りには進みませんが、達観する心の余裕を。

寅卯空亡

●寅年・卯年／2月・3月／寅の日・卯の日

この人は普段はスキがないように見えても、空亡期は魔がさして判断ミスをしやすいのです。例えば何かの事情で、環境の変化があって周囲がざわつき始めると、焦ってアクションを起こしてしまい、用意周到に進めてきた計画でさえ、白紙撤回される事態になりがち。冷静さと周囲のアドバイスに耳を傾ける心がけが大切。

午未空亡

●午年・未年／6月・7月／午の日・未の日

午未空亡の人は自分の世界やこだわりを持っていますが、周囲がそれを理解してくれる人ばかりとは限りません。空亡期には自分の主張が受け入れられずに摩擦が生じる可能性大。この時期は自分だけが正しいと思わず、他人の考え方を尊重するゆとりを持つことが大切です。目の前の課題に集中すれば難が減り、得るものがあるでしょう。

子丑空亡

●子年・丑年／12月・1月／子の日・丑の日

子丑空亡の人は、自分の能力や体力を過信して一人で抱え込み、結局、キャパオーバーとなって周囲に迷惑をかける可能性大。また、頼まれ事を安請け合いしたり、うまい話に乗ったりすると後々トラブルに発展しやすいので注意してください。空亡期は予定を必要最低限にして、心静かに過ごすと無事にやりすごすことができます。

身旺身弱の意味

四柱推命における鑑定要素の中に、身旺、身弱というキーワードが出てきます。身旺、身弱の判定とその解釈について、ここでは触れていきます。

自我や積極性の数値を測定する

身旺・身弱の判定は、あなたの命式の中のいくつかの要素を数値化して測るのが一般的です。

まず、あなたの日柱の天干（日主）が、あなたの生まれ月の干支（十二支）から、応援されているか否かを調べます。

107ページの表を見てください。例えば日柱の天干が木の兄か木の弟の人は、木のグループなので、季節としては春を象徴しています。月柱の干支が、寅や卯の場合、これも春の季節なので相性が良くエネルギーをチャージしてくれるので、高得点の3ポイントになります。逆に秋の季節の申、酉だと、応援は望めないので0ポイントです。季節の変わり目を意味する辰・未・戌・丑の月生まれの人は、ポイントが少なくなります。

身旺、身弱は、それぞれの個性と捉えましょう

身旺・身弱は旺盛と弱という字を見れば強いほうが良さそうで、身弱は良くないという印象ですが、それほど単純ではありません。ダイナミックな彫刻刀で、どんどん粗削りしていく身旺、繊細なラインを丁寧に刻み込んでいく身弱というような、個性の違いです。

身旺の人は、強気に押していくことに生きがいを感じ、多少のリスクがあってもチャレンジしていく道を選びます。積極的に手を拡げるので、身旺の人の人生は、結果的に浮き沈みが激しくなる可能性もあります。イメージ的にはディーゼルエンジンを積んだダンプカーでしょうか。一方、身弱の人は、燃費がよく、狭い路地でもスイスイ走る、最近の軽自動車に例えられます。

身旺の人は、生まれながらにして重い荷物を引き受けるような運命のプロットがあるので、無理をしがちです。自分の体力を過信して、がんばったあげく、病気になった場合は、重症化していたりもします。その点、身弱の人は、体調が悪いとすぐ安静にしたり、薬を飲んだりするので、軽症で済むこともあります。とはいえ、身弱の人は受け身なので、人間関係でのストレスは多そうです。

身旺・身弱は、自分自身を意味する日柱上段の天干（日主）の強弱を示しているのであり、身体面の強弱の意味ではないので混同しないようにしましょう。むしろ自我の強弱ともいえます。そのため、身弱の人のほうがチームプレーに向くとか、身弱の女性のほうが結婚生活は上手くいくなどと言われています。身旺も、身弱も一長一短ということを、理解した上で、あなたの命式を調べてみましょう。

■自我や積極性の数値

日主＼季節（月支）	春		夏		秋		冬	
	寅卯	辰	巳午	未	申酉	戌	亥子	丑
木（木の兄・甲／木の弟・乙）	3	2	1	1	0	0	1	1
火（火の兄・丙／火の弟・丁）	1	1	3	2	0	1	0	0
土（土の兄・戊／土の弟・己）	0	2	3	2	0	2	0	2
金（金の兄・庚／金の弟・辛）	0	0	0	1	3	2	1	1
水（水の兄・壬／水の弟・癸）	1	1	0	0	1	1	3	2

①上の表の左端の欄で、ご自分の日柱の天干を選び、生まれ月の地支（干支）と交差する欄の数値を探してください。

②次にあなたの命式の中の補運（十二運）も、身旺、身弱を測る要素になります。補運の強さは3段階になるので、左のリストに従って計算してください。

◆冠帯・建禄・帝旺は、+1
◆長生・沐浴・胎・養・衰は、±0
◆病・死・墓・絶は、-1

③通変星それ自体に潜む個性も、身旺、身弱を測る要素になります。命式の中にある7つの通変星（生まれた時間の分からない方は5つの通変星）の点数を足して、合計を出してください。

◆比肩・劫財・印綬・偏印は、+1
◆食神・傷官・偏財・正財・偏官・正官 -1

①、②、③の合計の数値が、あなたの持って生まれた自我や積極性を表わしているのです。プラスは身旺、マイナスは身弱です。

人生の分岐点で、ヒントになります

あなたの命式が導く方向は、身旺でしたか、それとも身弱だったでしょうか。きっと、意外な結果に驚いた人もいるかも知れません。見た感じがソフトでも案外数値化してみると強い自我を秘めているパターンや、その逆に屈強な外見とは裏腹に身弱のグループに入る人もいるのです。外見で判断できないところが身旺と身弱の面白さとも言えるでしょう。

本書では、0点を基準にしてプラスポイントとマイナスポイントとして計算しました。

命式から導き出した数値が高得点になればなるほど身旺の傾向が強くなります。身弱の場合はマイナス点が増えれば増えるほど身弱色が濃くなるのです。

身旺色が強まればそれだけ現実的なフィールドでがんばることになり、身弱色が濃くなればなるほど精神的な分野へと人生の舵取りをする可能性が高くなります。超身旺の方や、超身弱の方の中には、世界的に活躍したり、大富豪になったり、神秘的な力を持つ人もいるので、興味のある方は、詳しく調べてみてください。

自分を客観的に把握できれば、人生の分岐点に立ったときに、未来にプラスとなる舵取りができるようになるでしょう。

通変星に付く補運の意味

補運は通変星に次いで重要な意味を持ちます。命式の中の補運とその時々の運勢を判断する場合の補運があるので、混同しないように気をつけましょう。ここでは、通変星の補足的意味です。

人の一生に見立て運の強弱を表現する

四柱推命の命式において核となっているのは、言うまでもなく10種類の通変星であり、本人のキャラクターは主に通変星の組み合わせによって読み取っていきます。しかし、運勢を読んでいく上で欠かせない要素となるのが補運です。ここでは通変星と補運との違いや補運の意味するものを学んでいきましょう。

通変星は十干同士の関係から導き出されますので10種類、補運は十干と十二支の関係から導かれますので、掛け合わせて12種類になります。

補運とは十二運とも言われ、運勢の強弱を人間の一生になぞらえて表しているものです。

それは母親の「胎」内に命を宿し、「養」い育てられ、成長（長生）して、裸になって身を清め「沐浴」し、成人となり「冠帯（成人の儀式）」、社会人として働き盛りの「建禄」から、人生の頂点に達して（帝旺）、少しずつ「衰」えていき、「病」の床につき、「死」を迎え、「墓」に入り、土に還って「絶」する、という生から死への輪廻思想です。人が生を受けるところから命脈が尽きるまでの様を人生の四季に見立てているわけですから、当然のことながら、勢いがあるのは成長期から完成期の「長生」「冠帯」「建禄」「帝旺」となります。

女性は弱い補運が吉となる場合も

それぞれの運の意味については後述しますが、補運の特徴と性格は通変星ほど顕著なものではなく、大まかな傾向と考えてください。10種類の通変星がそれぞれの個性を持った樹木とすると、補運はその樹木を育てる大地や環境に相当します。補運が通変星の働きを下支えしているようなイメージで、命式の中でどの柱に、どんな補運があるかによって、通変星の力がどのように発揮されるかを判断していくのです。補運のポイントとなるのはその性質よりも、パワーの強弱であると覚えておいてください。また、補運は男性の命式にある場合と、女性の命式にある場合では、結婚運や家庭運については逆の意味になることがあります。こういった点にも注意して、補運の性質を学ぶことが大切です。

通変星の力のバランスに変化を起こす

通変星と補運は命式の中だけでなく、

■12運早見表

日主	長生	沐浴	冠帯	建禄	帝旺	衰	病	死	墓	絶	胎	養
木の兄	亥	子	丑	寅	卯	辰	巳	午	未	申	酉	戌
木の弟	午	巳	辰	卯	寅	丑	子	亥	戌	酉	申	未
火の兄	寅	卯	辰	巳	午	未	申	酉	戌	亥	子	丑
火の弟	酉	申	未	午	巳	辰	卯	寅	丑	子	亥	戌
土の兄	寅	卯	辰	巳	午	未	申	酉	戌	亥	子	丑
土の弟	酉	申	未	午	巳	辰	卯	寅	丑	子	亥	戌
金の兄	巳	午	未	申	酉	戌	亥	子	丑	寅	卯	辰
金の弟	子	亥	戌	酉	申	未	午	巳	辰	卯	寅	丑
水の兄	申	酉	戌	亥	子	丑	寅	卯	辰	巳	午	未
水の弟	卯	寅	丑	子	亥	戌	酉	申	未	午	巳	辰

月運、年運（歳運）、大運（十年運）を見る際にも組み合わされて出てきます。12の運勢が月運の場合は12カ月、年運（歳運）の場合は12年、大運（十年運）の場合は１２０年でひとめぐりすることになり、運勢の強弱がそのままバイオリズムのように示されます。日本人の平均寿命がだいたい80歳くらいと考えると、大運では生きている間に7～8つの補運は体験することができますが、めぐってこない補運も3～4種類はあることになります（１４８～１４９ページを参照）。

年運（歳運）は通変星と補運の組み合わせで判断し、この場合は通変星をメインにして補運をサブ的な要素として読みます。一方、大運（十年運）の場合は補運のほうに重きを置き、通変星を補助的に読みます。ですから、一生の運勢の流れを大まかに知りたいときには、大運（十年運）に注目し、いつの世代にどの補運がめぐってくるかをチェックすればよいのです。

ここでは命式にある補運の性質と働きを学んでいきましょう。

命式の中の年柱、月柱、日柱、時柱それぞれに、補運は入っています。どの柱にどういった補運が付いているか、どの通変星と組み合わされているか、相互の関係を見て、生まれ持った運を推命していきます。

四つの柱の中で最初にチェックしなければならないのは、日柱にある補運（別冊付録4～5ページを参照）です。日柱は本人の人生の姿を表している部分で、そこにある補運はその人の運勢のベースとなっており、人生に大きく作用してきます。ですから、日柱にある補運が強く、通変星との関係が良ければ、発展的な運勢の持ち主ということになります。仮に、日柱の状況があまり良くない場合には、社会的な成功を示す月柱をみる、あるいは目上運を示す年柱をみる、あるいは晩年を示す時柱をみるなどして、どの運勢が補ってくれるかを推命していきます。

補運については次のページで簡単に紹介しますが、もっと詳しく知りたい方は補運を掘り下げて学ぶと、命式をより正確に深く読み取ることができるようになります。

補運それぞれの働き

胎（たい）

センスはあるが パワー不足

母体に受胎した状態で、植物なら発芽前の土の中の種に相当します。

夢と希望は大きいのですが、パワーや実行力に欠けます。ユニークな発想力がある一方、積極性や持続力が不足しているので、せっかくの才能を生かしきれない傾向があるようです。

養（よう）

自立願望はあるが 環境に流されがち

保護者に守られた赤ん坊の状態。植物であれば、水と養分を求めて種から根が伸び始めている時期。穏やかでまっすぐな気質で、将来への展望は開けています。自立心は旺盛ですが、パワーはまだ微弱なので環境の良し悪しに左右されやすいでしょう。

長生（ちょうせい）

スクスク伸びる 素直な気質

長生は成長期。植物なら芽がどんどん伸び、葉が出てきた状態。

成長し発展していく機運に満ちていて、周りからの引き立て運に恵まれ、学問や芸術、技術の能力を伸ばすことができます。ただし、未完成な部分が多いので、補佐役でいくのが無難です。

沐浴（もくよく）

挑戦的な気質だが 迷いも多く無防備

沐浴は、ここでは成人の儀式の前に裸になって身を清めている状態。

強い自我が目覚め、異性にも関心を持ち始めていますが、思春期特有の不安や迷いが多く出ます。勢いはあっても裸で無防備であり、物事が中途半端になりやすい傾向があります。

冠帯（かんたい）

パワー全開の強運。謙虚さを保って吉

冠帯は今で言う、成人の儀式。一人前になり、新しい世界に飛び出していく時期。エネルギーに溢れ、時代の先端を行き成功する運気を持っています。ただし、プライドが高く、傲慢になりやすいのが難点。わがままが過ぎれば、せっかくの強運から踏み外します。

建禄（けんろく）

運と実力が両立。ベストな補運

建禄は社会人となり、目覚ましい活躍をする時期。樹木であれば力強く生い茂った大樹で、運と実力の両方を備えた発展運です。意志が強く、計画性と実行力がありますから、社会的な成功を収める可能性は高いと言えます。権力の乱用には、要注意。

目的の達成、収穫などが期待できる

帝旺は貫禄が出てきた壮年期の人を意味します。実力を存分に発揮し、目的を達成していく強い運です。ただ、樹木で言えば成長しきった大樹で、これ以上大きくはなりません。プライドが高く悠然としている半面、権力を手にした孤独や衰えへの恐怖を抱えて保守的になっていきます。また、女性には強過ぎる運が、逆効果の場合も。

衰（すい）

頂点は過ぎても経験値で補える

衰は運勢のピークを過ぎ、落ち着きを取り戻した状態です。活動力は下降傾向ですが、まだ充分な力を蓄えており、これまでに積み上げた実績を生かして粘り強く取り組めば、成果を得られるでしょう。穏やかな運ですから、女性にとってはプラス面が多くなります。安定を求めるあまり、気持ちが保守的、内向的になりやすいので注意。

行動力は落ちるが感性は鋭くなる

病は運勢が衰えてきた状態です。文字通り病気を意味するわけではありませんが、気力や体力が落ち、静かな環境で夢想する生活を好む傾向が出ます。あれこれ考える割に実行力は伴いません。感受性が強いため、芸術方面では独特な才能を発揮できるかもしれません。「病」は通変星が吉星であればマイナスに、凶星ならプラスに働きます。

停滞運ではあるが思慮深さが加わる

死というと不吉なイメージですが、通変星に付く補運の死は、生き死にとは関係なく、その通変星の働きを弱めます。気力と体力が不足しているため、何事も停滞している状況ですが、平凡で静かな生活を暗示しています。

ただ、観察力が鋭く、努力型ですから、学問や研究の分野で才能を伸ばせる可能性があります。

財運、相続運があり保守的に傾く

墓は墓の中に入っている状態で、植物であれば枯れて土に還っています。墓には土中の財と言う意味もあり、これがあると金銭面で恵まれる暗示です。ただ、せっかくの財や才能を貯め込んで生かしきれない傾向があるので、持っているものを出し惜しみしないようにしましょう。性格的には世間一般の常識を重んずる配慮型です。

絶（ぜつ）

没して再生する逆転の出発点

絶は肉体を失い魂となった状態、植物であれば唯一、種が残っています。絶すれば蘇る輪廻の思想から、吉凶混合運です。絶は女性よりも男性に強く作用します。職業や住居が安定しなかったり、社会から孤立する暗示がありますが、自由な立場と鋭い感覚を武器に才能を開花させていけば、大逆転も可能なエネルギーを秘めています。

支合・三合・刑冲破害

四柱推命は、天干と地支の組み合わせの占術ですが、地支（十二支）同士の相性にも様々な象意があります。ただ、その影響は弱い時が多いので、あまり心配はしないで。

干支は、他の干支と出会うことで本来持っている性質や勢いを変えてしまうことがあります。例えて言えば化学変化を起こした時のようなイメージです。元素が他の元素と結びつくことで、全く違う性格を帯びて単体の元素とは別物になるようなことです。

例を挙げると、合は2つ以上組み合わさることで吉や凶へと変化し、通変星が元々持っている性格の良いほうを引き出したり、悪い面を表面化させるなどケミカルな力を働かせます。冲は向かい合わせになっている十二支同士の一騎打ちです。十二支の五行がどの行に属しているかによって勝敗が決まります。「剋すほう」と「剋される側」の五行のぶつかり合いで、剋すほうに軍配があがります。命式の中に合と冲のパターンがあるかどうか確認するレベルならまだしも、刑や破・害の組合せもあるのでときにはブレーキとアクセルを同時に踏み込むようなことも発生します。このように約束事が多岐にわたることから、矛盾と混乱に満ちてしまうので、初心者の人は藪の中に迷い込み四柱推命への壁を高くしているようです。文章で読んでもなかなかイメージがつかめないと思いますから、図を参考に理解を進めてください。

この章における学びのポイントは、一つ一つの通変星の意味や性格にとらわれず、十二支の角度によってでき上がるパターン同士が混ざり合うとどうなるかを考えてみることです。酸性とアルカリ性をブレンドすると中和されてバランスがとれるように、刑や害による負の要素があっても、合が救いになって負の要素が解ける場合もあるのです。より総合的に命式を推命する練習です。

天干（十干） 兄の木・弟の木・兄の火・弟の火・兄の土・弟の土・兄の金・弟の金・兄の水・弟の水

十二支 子・丑・寅・卯・辰・巳・午・未・申・酉・戌・亥

九星 一白・二黒・三碧・四緑・五黄・六白・七赤・八白・九紫

二十四節季

寅	卯	辰	巳	午	未	申	酉	戌	亥	子	丑
立春	啓蟄	清明	立夏	芒種	小暑	立秋	白露	寒露	立冬	大雪	小寒
雨水	春分	穀雨	小満	夏至	大暑	処暑	秋分	霜降	小雪	冬至	大寒
二月	三月	四月	五月	六月	七月	八月	九月	十月	十一月	十二月	正月

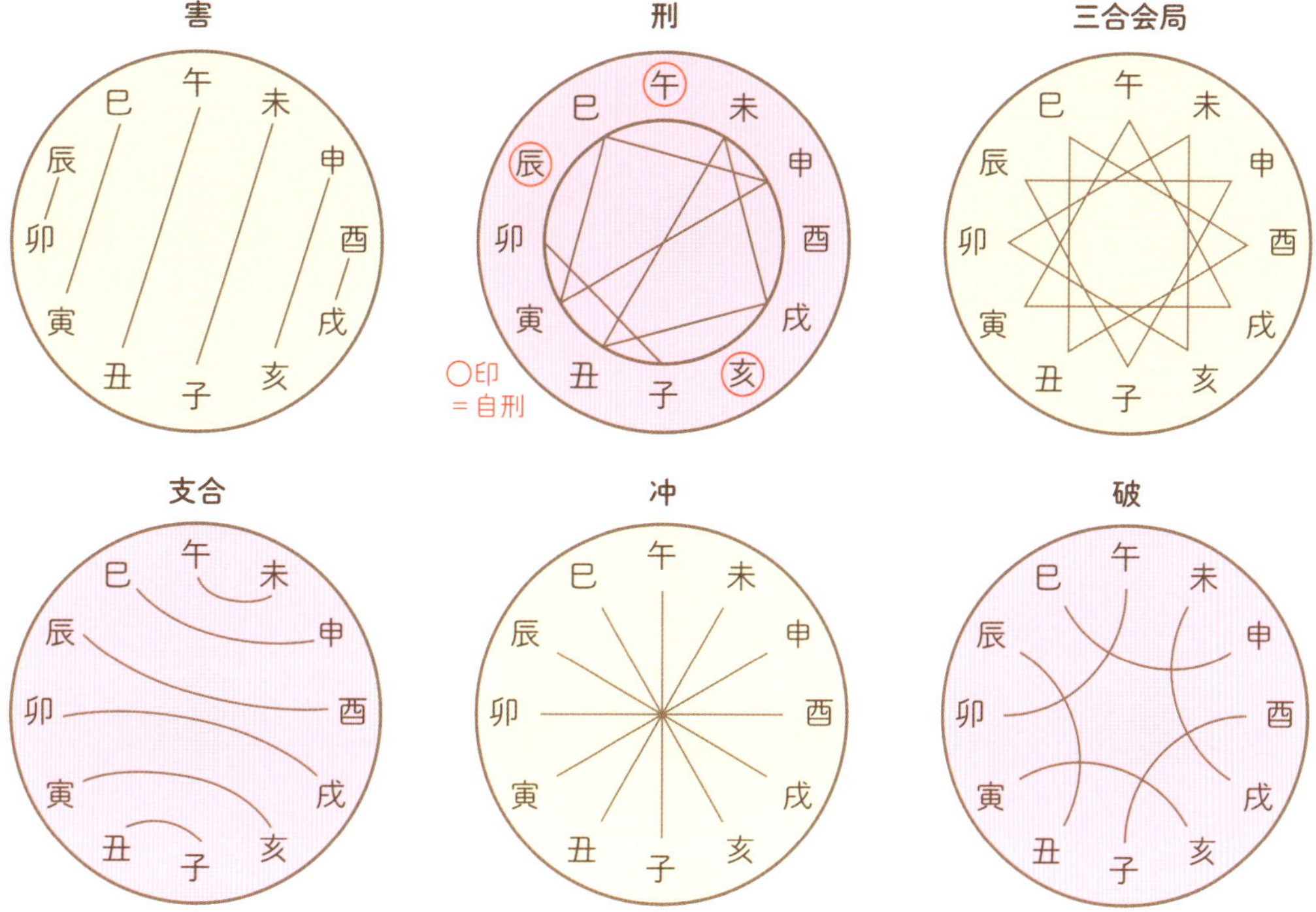

■「支合、三合、刑、冲、破、害」表

種別＼十二支	子	丑	寅	卯	辰	巳	午	未	申	酉	戌	亥
合	丑	子	亥	戌	酉	申	未	午	巳	辰	卯	寅
三合	辰申	酉巳	戌午	未亥	子申	丑酉	戌寅	卯亥	辰子	丑巳	午寅	未卯
冲	午	未	申	酉	戌	亥	子	丑	寅	卯	辰	巳
害	未	午	巳	辰	卯	寅	丑	子	亥	戌	酉	申
破	酉	辰	亥	午	丑	申	卯	戌	巳	子	未	寅
無礼刑	卯			子								
勢刑			申巳			申寅			寅巳			
恩刑		未戌						戌丑			未丑	
自刑					辰		午			酉		亥

■「干合、支合」表

干合	中正ノ合	威制ノ合	無常ノ合	仁義ノ合	隠匿ノ合
	木の兄 合化土（己） 土の弟	火の兄 合化水（癸） 金の弟	土の兄 合化火（丁） 水の弟	金の兄 合化金（辛） 木の弟	水の兄 合化木（乙） 火の弟

自化支合						
	水の兄―午	火の弟―亥	土の兄―午	水の兄―午	木の兄―午	水の弟―午
	火の弟	水の兄	水の弟	火の兄	土の弟	土の兄

支合						
	合	合	合	合	合	合
	子　丑	亥　寅	戌　卯	辰　酉	午　未	巳　申

三合会局	三合水局	三合木局	三合火局	三合金局
	合　完	合　完	合　完	合　完
	辰　子　申	未　卯　亥	戌　午　寅	丑　酉　巳
	合　半	合　半	合　半	合　半

支合・三合・刑冲破害早見表と意味

十二支と十二支が交差する箇所に書きこまれた要素には、三合・合（113ページは支合で表記）刑・冲・破・害の6通りあります。まず、四柱を見渡して刑・冲・破・害がなければ、シンプルで澄んだ命式とみなします。命式に恵まれた部分が少なくて、弱い式でもどこかスッキリした感じがするのです。反対に複数の刑・冲・破・害が混ぜ合わさってごちゃごちゃしているパターンは性格が複雑になります。アクセサリーもシンプルに一つ、二つつけている分には美しいものですが、たくさんつけるにしたがって野暮ったくなるのと同じ理屈です。

■「支合、三合、刑冲破害」早見表

	子	丑	寅	卯	辰	巳	午	未	申	酉	戌	亥
子 水		合		刑	三合		冲	害	三合	破		
丑	合				破	三合	害	刑・冲		三合 金	刑	
寅						刑・害	三合 火		刑・冲		三合	合・破
卯 木	刑				害		破	三合		冲	合	三合
辰	三合 水	破		害	刑				三合	合	冲	
巳		三合	刑・害						合・刑・破	三合 金		冲
午 火	冲	害	三合	破			刑	合			三合	
未	害	刑・冲		三合 木			合				刑・破	三合
申	三合 水		刑・冲		三合	合・刑・破						害
酉 金	破	三合		冲	合	三合				刑	害	
戌		刑	三合	合	冲		三合 火	刑・破		害		
亥			合・破	三合 木		冲		三合	害			刑

ただ、審美的なことはさておいても、独特の存在感が出てくるのは間違いありません。アクが強く押しの強さを感じさせる人物には、複数の組み合わせが同居しているものです。

さて、上の表を見ると子の下に水と書き込まれていますね。同じく卯の下には木、午の下は火で酉の下には金。これは、この十二支が属している五行のエレメントを指します。書き込まれていない干支にも属するエレメントはあるのですが、ここでは五行を使った判断までは広げずに進めていきますので、頭から外しておいてください。同様に三合の下に書き込まれている木火土金水も五行論のおさらい、くらいに考えておきましょう。

（著者は四柱推命を習い始めた頃に、この表でつまずいてしまったことがあります。そのときに何故つまずいたのかと考えた上での注釈です）

113ページの図はこの表を分かりやすく図解したものです。

支合（しごう）

強調関係が生まれ力を強める

二つの支の組み合わせで生まれる形。セットになることで支同士の力が調和して、協調関係が生まれるので力を強める作用が出ます。子と丑。亥と寅。戌と卯。酉と辰。申と巳。未と午。6種類の組み合わせでの構成です。支が和合することで凶星からの救いの神の役割を果たし、冲や空亡の災いを解いてくれます。三合より弱い働き。

三合（さんごう）

三支揃うと骨格が強くなる

その支から数えて前後5番目にある支の組み合わせで、三支揃うことで骨格が強くなります。時計に例えると12時（午）と4時（戌）8時（寅）の三つ。同じく1時（未）5時（亥）9時（卯）、2時（申）6時（子）10時（辰）、3時（酉）7時（丑）11時（巳）の4種類。支合よりも作用は強く、支どうしがイキイキしてきます。

刑（けい）

三刑と自刑で要素は分かれる

三刑と自刑に分かれます。自刑は辰・午・酉・亥がぶつかり合う場合で内心に毒素を抱えやすく自他を傷つけます。無礼の刑は子と卯の関係で自我の強さ。勢刑は、寅と巳、巳と申、申と寅の関係で無理押しをしがち。恩刑は、丑と戌、戌と未、未と丑。恩や忠義心に薄く自己的。ただし、大きな作用はなく棘ほどのレベルの働きです。

冲（ちゅう）

衝突や極端な臆病の意

7つ離れた位置にある十二支との関係を示し、七冲とも呼ばれます。対面する支同士をセットにした形です。時計の6時と12時の反対同士の組み合わせをイメージしてください。西洋占星術ではオポジション、衝突というワードで出てきます。分裂、破壊、あるいは極端な臆病という形に出てきます。この6つの中では最も働きが顕著です。

破（は）

破壊に導く導火線役

刑や害との組み合わせによって、破壊力を強めトラブルを招き、物事を破壊に導く導火線役になります。子と酉、丑と辰、寅と亥、卯と午、巳と申、未と戌、6通りの組み合わせがあります。日柱にあると配偶者、年の柱は親、月の柱はわが身、時柱は子供や晩年でも苦労があると言われています。ただし、導火線レベルなので大過はありません。

害（がい）

停滞の暗示で裏切りの現象も

冲に次ぐ強さを持ちます。害は、6つ離れたところにある十二支との組み合わせで別名六害。西洋占星術ではインコンジャンクトと呼ばれ停滞の暗示があります。六害イコール六親ではないかというくらい身内の病気、裏切りにあう現象も出がちです。破・刑との組み合わせによって悪く出ますが、あまり神経質になることはありません。

キャラを表す特殊星

四柱推命の中で特殊星はそれほど重要な位置を占めるものではありませんが、本人の個性や才能に影響を及ぼすときもあるので、ポイントを押さえておきましょう。

別名、神殺・吉凶星と呼ばれる星

特殊星は神殺、または吉凶星とも言われます。命式を作成した後に、調べたい方は捜してください。求め方によってだいたい3つの系統に分かれ、日柱上段(日主)から四柱の地支をみて出すもの(**表A**)、月柱上段(月支)から四柱の干支をみて出すもの(**表B**)、年柱上段・日柱上段(年支・日主)から他柱の地支をみて出すもの(**表C**)になります。

特殊星は正式には120以上の種類がありますが、一般的な四柱推命では、その中から、有用性があると認められ、よく使われるものだけが残った形になっています。用いる星や名前は流派によって多少異なるものの、吉星であればよい作用が出て、凶星はよくない作用が出ることを示しています。人生の一時期に起きる出来事を暗示している場合もありますし、その人のキャラクター形成に影響する場合もあります。

キャラクターを彩る特殊星の役割

四柱推命において重要なのは、通変星と補運、刑冲合、空亡であり、それ以外の項目はおまけ、あるいはキャラクターに個性を付け加えるアクセサリーのようなものです。

いくつかは重要な特殊星もありますが、それ以外のものは吉作用と言っても参考程度の働きであり、凶作用も、それほど深刻に考える必要はありません。

また、特殊星は通変星や十二運と同じく、他の星との組み合わせにより、その影響力が変化しますし、どの柱にあるかで働きも変わってきます。

例えば、天乙貴人のある柱に食神・正財・正官・印綬のいずれかがあれば、働きが強まり、通変星のプラス面を引き出してくれます。しかし、天乙貴人の入っている柱に、劫財・傷官・偏官・偏印のいずれかがあると、天乙貴人が吉星ではなくなり、通変星のマイナス面を強調してしまいます。

さらに、天乙貴人のある柱に刑・冲・空亡があると、吉神としての役割を果たしてくれません。十二運の沐浴・衰・病・死・絶が同じ柱にある場合も同様です。つまり、天乙貴人があっても、様々な条件を満たさなければ本来のパワーを発揮してくれないのです。

本書では次の21種類についての基本的な性質とキャラクターに与える影響を簡単に紹介するにとどめます。漢字から受けるイメージに惑わされずに、星の性質を覚えましょう。

■吉凶早見表 A

日柱	天乙貴人	文昌貴人	羊刃	飛刃	暗禄	金輿禄	紅艶
木の兄	未　丑	巳	卯	酉	亥	辰	午
木の弟	子　申	午	辰	戌	戌	巳	申
火の兄	亥　酉	申	午	子	申	未	寅
火の弟	酉　亥	酉	未	丑	未	申	未
土の兄	未　丑	申	午	子	申	未	辰
土の弟	申　子	酉	未	丑	未	申	辰
金の兄	未　丑	亥	酉	卯	巳	戌	戌
金の弟	午　寅	子	戌	辰	辰	亥	酉
水の兄	卯　巳	寅	子	午	寅	丑	子
水の弟	巳　卯	卯	丑	未	丑	寅	申

■吉凶早見表 B

月柱	天徳貴人	月徳貴人	華蓋
寅	火の弟	火の兄	戌
卯	申	木の兄	亥
辰	水の兄	水の兄	子
巳	金の弟	金の兄	丑
午	亥	火の兄	寅
未	木の兄	木の兄	卯
申	水の弟	水の兄	辰
酉	寅	金の兄	未
戌	火の兄	火の兄	午
亥	木の弟	木の兄	未
子	巳	水の兄	申
丑	金の兄	金の兄	酉

■吉凶早見表 C

年柱・日柱	咸池	隔角	血刃	囚獄	白虎殺	孤辰	寡宿	劫殺	亡神	駅馬
子	酉	卯	戌	午	申	寅	戌	巳	亥	寅
丑	午	卯	酉	卯	酉	寅	戌	寅	申	亥
寅	卯	午	申	子	戌	巳	丑	亥	巳	申
卯	子	午	未	酉	亥	巳	丑	申	寅	巳
辰	酉	午	午	午	子	巳	丑	巳	亥	寅
巳	午	酉	巳	卯	丑	申	辰	寅	申	亥
午	卯	酉	辰	子	寅	申	辰	亥	巳	申
未	子	酉	卯	酉	卯	申	辰	申	寅	巳
申	酉	子	寅	午	辰	亥	未	巳	亥	寅
酉	午	子	丑	卯	巳	亥	未	寅	申	亥
戌	卯	子	子	子	午	亥	未	亥	巳	申
亥	子	卯	亥	酉	未	寅	戌	申	寅	巳

魁罡	四柱のどれかに下の干支があるとき		
金の兄 ／ 辰	水の兄 ／ 辰	土の兄 ／ 戌	金の兄 ／ 戌

吉凶星それぞれの意味

紅艶

多情多感な性質が加わるため、この星があると男女を問わず非常にモテます。また、その情熱とロマンチストの性格を、タレント業やもの書きなど表現することに向ければ人気を集めるでしょう。

天乙貴人

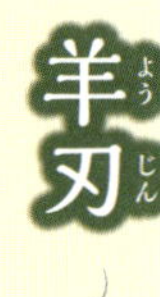

災いを転じて福となす吉星で、この星があれば凶運を避けることができます。また、思いがけない援助を得られたり、学問や技芸の分野でプラスに働くため、性格に明るく知的なムードが加わります。

羊刃

この星には破壊性があるため、怒りっぽく、乱暴な性格を形成します。トゲのある物言いをしやすく、そのため作らなくていい敵を作ることになり、結果的に波瀾万丈の人生となりがちです。

暗禄

文字から受けるイメージはマイナスですが、この星があると引き立て運に恵まれ、困難に遭っても救いの手が差し伸べられます。また、異なる分野で能力を発揮できる器用な人でもあります。

天徳貴人

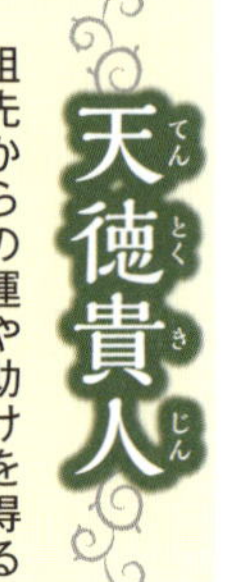

祖先からの運や助けを得ることができ、不慮の事故に遭遇しても九死に一生を得ると言われます。運を味方にして困難を乗り越えることで自信がつき、明るく前向きな性格が形成されます。

文昌貴人

才徳兼備の星であり、この星があれば才知と徳が備わり、芸術的才能に恵まれます。また、義理人情に厚い人となりますから、自然と周囲の信頼を集め、後輩などからは尊敬されるでしょう。

飛刃

羊刃と意味や働きが似ていますが、影響力は半分くらいです。この星があると向こう見ずな人間になりやすく、何かと無茶をします。また、投機的なことを好み、ギャンブルに夢中になります。

金輿禄

この星があると柔和でソフトな物腰の人になり、そこにいるだけで場がなごやかなムードになります。また、女性でこの星が日柱にあれば、玉の輿に乗ることができると言われます。

月徳貴人

強運の星であり、この星があれば何かと幸運に恵まれます。目に見えない助けで災難を乗り越え、病気に強く、長寿になると言われ、精神的に安定感があり、性格には気品が備わります。

華蓋（かがい）

孤独を表す星であり、この星があると家庭運にマイナスとして働き、夫婦の縁が薄くなりがちです。苦手な人に合わせたり、無意味な付き合いをするくらいなら一人で過ごすことを好みます。

威池（かんち）

道楽の星で、お酒やギャンブル、異性交遊に走りがち。とくに色情の問題を起こしやすく、恋愛トラブルで身を滅ぼす心配があります。男性は色好み、女性はセクシーなムードが特徴です。

隔角（かっかく）

人から誤解を受けやすいタイプです。周囲の空気を読んで行動しないと、変な人だとか浮いていると言われてしまうかもしれません。でしゃばりなイメージを与えないように気をつけましょう。

血刃（けつじん）

血刃とは文字通り、出血につながる凶器を表します。手術をすることになったり、交通事故などのアクシデントがあるかもしれません。また、役所に関したトラブルの暗示もあります。

囚獄（しゅうごく）

刑事事件に巻き込まれやすく、場合によっては投獄されます。そこまで深刻でなくても、人生の一時期に、例えば入院生活を送ったり、何か事情があって隠れ住むことがありそうです。

白虎殺（びゃっこさつ）

災殺とも言い、事故を意味する星です。この星があるとアクシデント運がつきまといますから、リスクマネジメントをしっかりして、少しでも危険を遠ざける心がけが大切です。

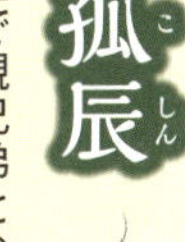

孤辰（こしん）

孤独な星で親兄弟との縁が薄く、幼少期に肉親と生別・死別する可能性があります。あるいは近くにいても、うまくコミュニケーションが取れないでしょう。逆に自分が親不孝をするケースも。

寡宿（かしゅく）

女性に適用されることが多く、未亡人の星です。この星がある女性は配偶者に早く先立たれるか、配偶者が病弱であまり頼りにならない暗示があります。自立できる能力を磨いておきましょう。

劫殺（ごうさつ）

押しが強く、酒豪であるなど、個性的な人物になります。吉星があれば頭が切れて実行力のある人、凶星があると冷酷な自信家となるでしょう。劫殺が多くある場合はアクシデントにも注意。

亡神（ぼうじん）

他に吉星があれば聡明で駆け引き上手、名プランナーになりますが、命式が良くない場合にはマイナスに働き、精神的にバランスを欠き、自堕落な生活を送ったり、問題を起こしがちになります。

駅馬（えきば）

変化や移動、動揺を表す星です。この星が吉に働けば動くことで成功しますが、凶に働く場合は精神的に落ち着かず、引っ越しや転職を繰り返したり、忙しいばかりで実益がありません。

魁罡（かいごう）

吉凶いずれに傾いても、常識外れのパワーが発揮されます。この星があれば頭脳明晰で文才に恵まれ、思い切りの良い性格となりますが、暴力沙汰や事件に巻き込まれやすいのが心配です。

四柱推命のディープな予言

四柱推命で多くの人の鑑定を経験すると、特徴的な傾向を示す通変星や補運の組み合わせが見られます。ここではそういう特別な例を紹介します。

1 イケメン

命式に食神と偏財の組み合わせがある男性は、周囲の女性が放っておかないほどの魅力を持っています。俳優やタレントであれば人気に結びついてよいのですが、こんな男性を恋人にしたら、次々に女性が言い寄ってきますから、とても心穏やかではいられないでしょう。

また、命式の中に食神と比肩の組み合わせがある男性は、ロマンチストで女心をくすぐるような言葉を口にしますから、非常にモテるタイプになります。加えて年柱に長生や帝旺があれば、親譲りの美形となるかも。

2 運を下げるカレ

命式で日柱の十二運に死が入っている男性は、パートナーとなった女性の運を削ぐ傾向があります。結婚を迷っていて相手がこのような命式なら考え直したほうが良いかもしれません。

3 味覚

食神は食べることに福運をもたらす星ですから、味覚の発達した人になります。有名レストランのシェフの命式には必ずと言っていいほど食神があります。

4 名声

食神のある柱の特殊星に天乙貴人があれば、いずれ名声を博す人です。結婚相手に選んだ男性がこの命式の持ち主なら、あなたが内助の功を発揮して、支えるという生き方もありそう。

5 妻で苦労する

命式の中に食神と傷官の組み合わせがある男性は、妻のことで面倒な問題が起こりやすくなります。愛する人と一緒になりたければ覚悟が必要です。

6 年上女性が好き

男性の命式で日柱に偏官がある人は、年上の女性に惹かれる傾向があります。好きな人がこうした命式の持ち主なら、大人の女性の魅力をアピールすれば、ハートを射止められるかも。

7 容姿端麗

女性の命式で正財、正官、印綬が四柱に一つずつあれば才色兼備となります。また、中心星が印綬の女性は美しいだけでなく、優しくて賢いと言われます。

8 不思議キャラ

命式の中に偏印が三つ以上ある人は夢の世界で生きているようなところがあります。人と話をしていても、突然、心が別世界にトリップしてしまうなど不思議なキャラクターになりがち。中には他の人には見えないものが見えるとか、霊感が強いなど、特殊な能力を持つ人もいます。

9 子供の出世

女性の命式で時柱に食神があり、偏官や正官がなければ、3人の子供に恵まれると言います。さらに、時柱の十二運に建禄または帝旺がついていれば、子供が出世する可能性が。このような命式の女性は子供が生まれたら、その子の才能を生かす育て方を心がけると良いでしょう。

10 好きな人に貢ぐ

好きな異性に貢いでしまうタイプは、命式に比肩と偏財の組み合わせがある人、劫財と偏財の組み合わせがある人です。

好きな人のためなら何とかしてあげたいという気持ちは分かりますが、交際中に相手の口からお金の話が出たら、少し冷静になったほうが良いでしょう。

11 夫の浮気

命式に正財が二つある女性は、結婚すると夫の浮気に悩まされそうです。夫に経済力がある場合は、マンションを買い与えるなど本格的に愛人を囲いますから、妻の心労は相当なものに。

また、命式に劫財と比肩の組み合わせがある女性も、夫の浮気に苦労する暗示です。

12 プレイボーイ

命式の中心星が劫財で、他に傷官がある男性は相当なプレイボーイ。あちこちで女性に手を出して、悪評が立ちそうです。正財と偏印の組み合わせがある男性は、酒好き、女好きで浮名を流します。命式に劫財と偏財の組み合わせがある男性は、妻以外の女性と深い関係になりそう。また、傷官と偏財の組み合わせがある男性は愛情問題がこじれてスキャンダルに発展しやすく、このような人と恋愛をすると巻き込まれて傷つくことになるでしょう。

また、命式の中に偏印と偏財がある男性は、結婚しても妻以外の女性と関係を持ちます。

日柱に養がある男性は精力旺盛ですから、必然的にプレイボーイに。日柱に胎がある男性も次々に女性を乗り換えて異性問題が生じやすいため要注意です。

13 ナルシシスト

傷官には自己陶酔する性質がありますが、とりわけ、命式の月柱上下段が傷官の人はナルシシスト中のナルシシストと言えます。この性格が強く表れると、異性より同性に興味を持ってしまう可能性が。好きな人の命式にこの組み合わせがある場合は、恋のハードルが高くなりそう。

14 金運

四柱の中に食神が一つだけあり、さらに、偏財か正財が一つだけあれば裕福になれるでしょう。中心星が偏財で、月柱の上段が正官なら、貯蓄に励んで財産を築くことができます。中心星が正財で、月柱の上段が傷官または偏官なら、若くして成功し、巨万の富を手にします。

15 放浪癖

偏官と偏印が同じ柱にあると、出張や遠征などで家を空けることが多くなります。そうでなければ時間の拘束や規則に縛られない自由業につくでしょう。中には放浪の旅に出てしまう人も。印綬と傷官が同じ柱にあると、家運が傾いたことが原因で流浪することになりがちです。

16 DV被害に注意

命式の中に劫財と正官の組み合わせがある女性は、夫に精神的または肉体的に傷つけられる暗示があります。結婚前に相手の性格に二面性がないか、酒癖などチェックしておきましょう。

特に月柱上下段が偏印の女性は男性で苦労し、事件に巻き込まれる暗示があるので注意。

17 スキャンダル

命式に傷官と偏官の組み合わせがある女性は、異性のことでスキャンダルを流される心配があります。社会的地位が高い人は、噂で失脚させられないように日頃から用心してください。

女性の命式に正官と偏官があると、夫と夫以外の男性との三角関係が起きる心配があります。

18 博識

偏官と正官が同じ柱にあり、その柱の特殊星に天乙貴人があれば博識な人物となります。

また、命式の中に傷官と印綬があると、学問や芸術の世界で名声を博すると言われます。

命式の中に正官がなく、偏官が一つだけある人は聡明で、頭脳で勝負する仕事に向きます。

19 内助の功で成功

命式に傷官と正財の組み合わせがある男性は、結婚すると妻の助力を得て仕事で活躍することができます。また、命式の中に正財があり、その柱に駅馬がある男性は良くできた妻に恵まれます。日柱に正官がある男性も妻の内助の功で仕事が安定し、成功を収めるでしょう。

再婚の暗示

日柱に劫財があり、他に偏財か正財があると、だんだん夫婦仲が険悪になり、別居や離婚に至る心配が出てきます。命式の中に劫財があり、その柱の十二運が帝旺の人は配偶者が何度も変わると言われます。また、命式の中に劫財があり、その柱の十二運に建禄がある女性も再婚する可能性が大です。

偏官と正官が四柱に多くあるか、同じ柱にあるときは異性関係が華やかなため、離婚して別の人と結婚することになりがちです。命式の中に偏財と劫財の組み合わせがある女性も、再婚運があります。

傷官が年柱、月柱のどちらにもある女性は夫との縁が定まらず、結婚が一度ではすまないかもしれません。

傷官のある柱の十二運に帝旺がある女性は、夫や子供を傷つけるような行動をしやすく、結果的に結婚生活が破綻して、別の異性との縁を求める傾向があります。

命式の中に劫財と食神の組み合わせがある女性は、最初の結婚がうまくいかなかったとしても、別の異性と再婚することによって幸せになれるでしょう。

どんな妻になるか

命式の中に食神があり、その柱の十二運に冠帯がある女性は、結婚すれば良妻賢母になります。

命式の中に食神が二つある女性は結婚すると自分本位で気が強い妻となり、夫を尻に敷いて鬼嫁と言われてしまうかも。

また、命式の中に正官と傷官があるか、正官のある柱の十二運に沐浴があるか、偏印と傷官がある女性は、夫の運を傷つけるような行動をしがちです。

幸せな結婚

命式に正官と比肩の組み合わせがある女性、また、偏官が中心星で、その柱（月柱）の十二運が長生の女性は、由緒ある家柄の男性と結婚する可能性があります。命式に正官があり、その柱の十二運に冠帯がある女性は、心優しい男性と結婚できるでしょう。命式の中に食神と正官の組み合わせがある女性は配偶者運に恵まれ、結婚後は幸せな家庭を築くことができます。

命式の中に偏財があり、その柱の十二運に長生があり、なおかつ四柱のどこにも正官・偏官がなければ、人もうらやむような男性と結婚できる玉の輿運の持ち主です。

命式の中に偏財があり、その柱の十二運に冠帯があり、なおかつ四柱のどこにも比肩がない女性は、パーフェクトに近い男性をパートナーにできます。

性的トラブル

命式の中に食神があり、その柱の十二運に沐浴がある人はセックスに溺れて、人生が翻弄される心配があります。また、傷官のある柱に特殊星の咸池がある人は、色情の因縁のような恋愛トラブルが多くなりがちです。

また、女性の命式に正官と偏官の組み合わせがあると、いわゆる肉食系女子で、一人の男性だけでは満足できず、奔放な恋愛遍歴となります。結婚しても不倫の恋に走り、家庭を壊してしまう心配が。

時柱で見る終活のすすめ

四柱推命は、本人が生まれてから生命が尽きるまでの運勢を、年代によって細密に占うことができるのが特徴です。時柱の通変星に注目して、人生の最終ステージを占います。

時柱で子孫との関係性を考える

四柱推命とは本来、年柱、月柱、日柱、時柱の四つの柱を推命していく占いです。生まれた時間が分からない場合には、やむをえず三柱で推命しますが、やはり四柱のデータが揃っているほうが占いの精度が高まります。出生時間が分かっていて命式に時柱が出せる方は、時柱の示す運勢も調べてみましょう（付録の28ページ参照）。

命式の中の時柱は誕生から15歳くらいまでの幼年期、晩年期、子孫、部下や後輩との関係、金銭運、本人の健康運、女性にとっての子宮を表します。

例えば、時柱に比肩や傷官、偏官、偏印があると子縁が薄い（子縁が薄い＝子供を授からないということではありません）と言われます。時柱に劫財があれば子供のことで苦労が多くなります。食神があれば子供に恵まれ、正財があれば子供によって自分の人生が発展します。正官や印綬があれば子供により幸福な出来事に恵まれます。これに補運の要素も加味して推命すれば、自分の子供との関係が見えてくるのです。

あなたに合ったライフスタイルは？

このページでは、時柱が示す運勢の中でも人生の最終ステージ、晩年期の状態を鑑定します。昔は「死」にまつわる話は縁起でもないと忌み嫌われ、タブーとされていましたが、時代は移り、現代では積極的に終活について考えたり、エンディングノートを記す方も多くなってきました。人生いろいろあっても終わり良ければすべて良しです。リタイヤ後の理想的なライフスタイルと、その先にある人生の幕引きまでにしておきたいことを推命してみましょう。

なお、人生50年と言われていた時代に比べ、現代の日本人は平均寿命が大幅に伸びており、ここで言う晩年とは65歳以降を指します。時柱の上段は理想、下段が現実を表していますので、時柱下段にある通変星の欄を見てください。

ここでは時柱下段のみの予言を取りあげますが、時柱上下段の通変星との組み合わせや、補運にも注目してください。上段と下段の通変星が助け合う関係で、補運のパワーも強ければ、充実した老後を送ることができるのは言うまでもありません。ここに大運（十年運）で晩年期にめぐってくる十二運を併せみれば、さらに詳しく占うことができます。

比肩

時柱下段に比肩があるあなたは、仕事以外の新たなネットワークを作ることが、リタイヤ後の人生を充実して過ごすポイントです。趣味やスポーツのサークル、地域のイベントやボランティア活動に参加する、といった身近なところからで構いません。世代を越えた友人とのコミュニケーションがよい刺激になり、いつまでも若々しく過ごすことができます。頼れる家族がいない場合はシェアハウスに暮らすとか、お墓を探すのと同時に墓友を作るのもお薦め。遠方にいるなどでなかなか会えない友人とは、メールやSNSを活用して細く長く交流を続けましょう。折にふれて、お互いの様子を知り、エールを送れば互いに活性化します。

劫財

劫財が時柱下段にあるあなたは、自分が旅立った後、残された家族に迷惑をかけないように、しっかりと終活をしておく必要があります。と言うのも、この星は財産や相続関係でトラブルになりやすい傾向があるからです。自分の遺産はプラスのものもマイナスのものも含めて列記して、法律的にきちんとした遺言という形で意思表示をしておいてください。特に残す財産はないという場合も、不用品を溜め込まないように日頃から断捨離を心がけ、気力と体力のあるうちに生前整理を済ませましょう。リタイヤ後はお金の使い方を良く考えて、使うべき部分、そうでない部分のメリハリをつけること。精神的に安定して過ごせます。

食神

この星が時柱下段にある人は、リタイヤ後は時間があるからこそできるスローライフを実践するのが一番です。自然環境に恵まれた地方に移住して、家庭菜園で新鮮な野菜を作り、晴耕雨読でのんびり暮らすのが理想的。都会で暮らす場合はロハスな生活を意識してみましょう。ただ、豊かな食生活は食べ過ぎになりやすいので、要注意。健康維持の運動はウォーキングやヨガのようにマイペースでゆったりと行えるものがお薦め。また、体力に余裕があるうちはペットを飼うと日々の充実感が増します。終活として意識しておきたいのは生活を広げ過ぎないようにすること、要介護となった場合の対策を講じておくことが大切です。

傷官

傷官が時柱下段にある人は、リタイヤ後は学ぶことに力を入れてアカデミックに過ごしましょう。カルチャースクールに通って新たに勉強を始める、今まで仕事や趣味として取り組んできた分野をさらに探究するなど、いくつになっても進歩を感じられることが歓びとなり、忙しく充実した老後になるはずです。知識が深まると、つい批判的なことを言ってみたくなりますが、煙たがられますから、その点には気をつけてください。自由に論じ合える仲間を作っておく、投稿欄などを活用するのが正解。研究やコレクションは体系的にまとめたり、レポートにして残しておけば、思いがけない形で後世に伝わっていく可能性があります。

偏財

偏財が時柱下段にある場合は、リタイヤして自由な時間ができたからと言って、自分のことだけ考えているような人間にはなりません。誰かの役に立ちたいという気持ちが強くなり、人の世話を焼く老後になるでしょう。複数のサークルに参加して人間関係も広がりそうですが、あれこれ手出しをすると収拾がつかなくなりますから、お付き合いはメリハリをつけて。また、ボランティアではない、少額でも対価が得られる活動が一つでもあると長続きします。偏財は旅行にも縁が深い星ですから、その資金を貯めるのにも仕事を持つことは大切。終活は残された人たちの心に残る、自分らしい葬儀の演出を考えておきましょう。

正財

時柱下段が正財の人は積極的に何かをするというより、まずは規則正しく生活し、自分のペースを作ることが大切です。リタイヤ後は生活パターンや人間関係が変わり、心身が不安定になりやすいものです。短時間勤務の仕事をするのが一番ですが、難しい場合は家事、趣味やカルチャーの予定でタイムスケジュールを作ること。たまに羽目を外すくらいは問題ありませんが、基本の生活はルーティン化しておくと、健康維持にも役立ちます。終活は日々の生活の中で断捨離を心がけると、生前整理につながり一石二鳥。身体が元気に動く間にしかできないこと、不義理をしたくないテーマについては、早めに実行してください。

偏官

この星が時柱下段にある人は、一芸に秀でて蘊蓄（うんちく）を傾ける老後となります。例えば、シルバー人材センターに登録するなどして、自分の得意分野で能力を発揮してください。フルタイムの仕事でなくても、自分を必要としてくれる場がある、ということがやりがいとなり、いつまでも若々しい気持ちで過ごすことができます。その他ではファッションに気を遣い「いくつになってもステキですね」と言われるような、おしゃれシニアを目指しましょう。終活については例えば葬儀の仕方やお墓について、こだわりがあれば、エンディングノートを活用しましょう。書くことで頭の中が整理されて、やっておくべきことがはっきりします。

正官

正官が時柱下段にある人は、リタイヤ後は自分の知識や経験を生かして若い人を指導する立場になるでしょう。伝える力を磨き、高いレベルに導くことによって尊敬されるシニアとなるはずです。ただ、相手のためと思っても、あれこれ口を出し過ぎると反感を買うことになり逆効果。自分のほうが上の立場だと思わないで、若い人から学ぶ気持ちで対等に意見を交わし合うと、さらに人間性が高まっていきます。正官という星は真面目なため、家事もできる限り自分でこなそうとしますが、家族に対して、管理しようとするのが難点。終活は相続や終末期医療など細かな点までシュミレーションして、意思表示しておくと安心です。

偏印

この星は自由人を表しますから、偏印が時柱下段にある人は、例えばキャンピングカーで日本中を旅して周るなど、住所不定の生活をしやすくなります。そこまで極端でない場合は、好きな時間に起き、好きな時間に食事を食べ、気が向くままに散策し、趣味を楽しみ、といったフリースタイルの日々を送るでしょう。リタイヤして仕事関係のしがらみがなくなったら何をしようと自由ですが、いつ何が起きても家族に迷惑をかけないように遺言作成など終活を済ませておいてください。また、旅先で何かあったときのために個人ＩＤや保険証、緊急連絡先を所持しておくことも大切です。家族や親しい友人にはメールで近況報告を。

印綬

印綬が時柱下段にあるあなたは、リタイヤ後は芸術鑑賞や茶の湯など高尚な趣味を楽しみ、アカデミックに過ごすのがお薦めです。プロ級の知識や腕があるのであれば、指導的立場で活躍するのも張合いがあります。また、自分より先に泉下の客となった親族、友人のお墓参りをしましょう。これは人間にしかできない崇高な行為であり、あなたの人間性が完成されていくことにつながります。同時に寺院や墓地に足を運ぶことは、精神的な安定につながり、いつか自分が旅立つ際の不安や迷いを軽減してくれるはずです。また、人の弔いが自分の終活の参考にもなり、自分の場合はこうしたいという具体的な姿が見えてきます。

健康運を知る

四柱推命では命式から健康運を知る方法がいくつかありますが、今回は一番やさしい方法を紹介します。東洋医学の基本的な考え方ですから、覚えておくと便利です。

五行が表す体の部位に注目する

命式の中の六十甲子の部分の五行を調べます。命式の中にすべての要素が揃っていればバランスがよくて健康に恵まれるとみますが、偏って多過ぎる五行があったり、まったくないものがあると、その五行の示す部位やその五行に関した体の部分がウイークポイントになります。また、命式の中に冲害を受けている五行がある場合は、その五行は弱くなります。

さらに、命式から本質的には健康なタイプと診断されても、大運や年運で五行のバランスが崩れたり、五行が剋されるときには病気やケガをする可能性が高まりますので、日頃から健康管理には留意しましょう。

命式の六十甲子の天干と地支、それぞれの五行を調べ、天干と地支の隣に記入します。木火土金水がそれぞれいくつあるか数えましょう。また、地支に干合(支合)がある場合は、干合一つにつき、その要素(木火土金水)が1個増えます。冲がある場合も記入しておきます(干合、冲については112ページ参照)。

下表のA子さんの場合は五行の要素がすべて揃っており、基本的には健康に恵まれていると言えます。木が多めで、やや落ち着きがなく、イライラしやすいところがあるようです。ストレスを溜めないように、意識して発散することが大切。

また、水と火が冲で、火が水に剋されるので、年を重ねるにつれ、心臓や眼の病気に注意する必要があります。

肝(肝臓、胆のう、眼)
肝臓病、胆石、眼病、神経の病気

心(心臓、小腸、舌)
心臓病、動脈硬化、循環器の病気

脾(脾臓、胃、唇)
むくみ、便秘、消化器の病気

肺(肺、大腸、鼻)
呼吸器の病気、免疫系、歯、骨や脊柱、うつや精神的疾患

腎(腎臓、膀胱、耳)
冷え症、腎臓病、下半身や生殖器の病気、糖尿病、血液の病気

【例題】A子さんの場合

	日干	地支	
年柱	木の弟	卯(木)	
月柱	土の兄	子(水)	冲
日柱	木の兄	午(火)	
時柱	水の弟	酉(金)	

※木(3個)、火(1個)、土(1個)、金(1個)、水(2個)、干合はなく、月柱の「子」と日柱の「午」が冲。

■十干十二支の五行分類

木	木の兄・木の弟
	寅・卯
火	火の兄・火の弟
	巳・午
土	土の兄・土の弟
	丑・辰・未・戌
金	金の兄・金の弟
	申・酉
水	水の兄・水の弟
	亥・子

日干による体質診断

命式の中の日主（日柱の上段）は自分の身体を表しますから、日主の性質に注目することで、先天的な体質や罹りやすい病気を知ることができます。また、日主に対応した体の部位のトラブルにも気をつけるようにしましょう。

木の兄

疲労やストレスが溜まると頭痛を引き起こすなど、メンタルに出やすいタイプです。限界までがんばらず、休養して気分転換をはかることが大切。脳疾患や頭部のケガにも用心して。

木の弟

首や咽喉が弱いので、この部分のトラブルに注意しましょう。扁桃腺炎や誤嚥など、最初は軽い症状でもこじらせると思わぬ病気に進行することがあります。違和感があったら早めに対応を。

火の兄

胃腸が弱く、ストレスが続くと過敏性腸症候群などになりやすいので気をつけましょう。また、目の疲れから肩こりが慢性化しがち。パソコンやスマホで目を酷使しないように注意して。

火の弟

自分の体力を過信して無理をしやすく、その結果、体調を崩す心配があります。狭心症の他、心臓の病気全般に気をつけてください。定期的にヘルスチェックを受けることも大切です。

土の兄

胃がウイークポイントで、疲れやストレスが胃のトラブルとなって出やすい人です。日頃から暴飲暴食をしないように心がけ、気になる症状があるときは早めに医療機関を受診すること。

土の弟

消化器系の中でも腸が弱いタイプです。腸内環境の乱れは、様々な病気の要因となります。日頃から栄養バランスの良い食事を心がけるとともに、お腹を冷やさないようにしてください。

金の兄

体質が酸性に傾きやすいために高血圧や生活習慣病を招く心配があります。好きなものばかりに偏らないように、いろいろな品目をバランス良く食べましょう。定期的な健康診断も大切。

金の弟

皮膚が敏感なタイプですから、肌が乾燥しないように保湿を心がけて。ぜんそくなどの呼吸器疾患、神経の病気にも注意しましょう。軽めの運動で体力をつけることが健康維持のポイント。

水の兄

体内の水分や血液に関する病気、糖尿病に気をつけましょう。また、冷えからひざ痛や腰痛になる心配もありますから下半身を冷やさないこと。女性は婦人科系のトラブルに用心を。

水の弟

冷えやすい体質で膀胱炎、腎臓や生殖器の病気を招く心配があります。冷え対策と疲れを溜めない心がけが大切。他には足のトラブルに悩まされそう。正しい靴選びとフットケアがカギ。

例題診断

あの人はこんな人

人より抜きんでた人生を生きた松下幸之助とマリリン・モンロー。その人生を四柱推命でひも解くと？ そこには持って生まれた星の相互作用が、はっきりと示されていました。

松下幸之助

一代で大企業のトップに君臨した「経営の神様」

日柱	月柱	年柱
	食神	傷官
偏印	劫財	偏官

1894年11月27日生まれ

中心星とその他の星との関係から見る松下幸之助

中心星に現れる星は、その人のエンジン部にあたる重要な役割を果たします。松下幸之助氏は「劫財」に導かれた生涯でした。

「劫財」といえば強い自我と行動力。四輪駆動車で道なき道をどんどん走っていくような、バイタリティあふれる星の代表格です。逆に平凡で安定した人生に甘んじるとマイナスに働いてしまう、とさえ言われる星でもあります。

若い頃、過労によって肺炎を患い、医師から「これ以上無理をしたら命の保証はない」と言われ半年の完全療養を薦められた頃、松下氏は日給による生活をしていました。

会社を休めば収入が断たれ、働けば死んでしまう。この進退窮まった状況下で松下氏は「死ぬことに変わりがないのであれば、働いて死んでも悔いなしとしよう」と働き続けます。まさに「劫財」的なイチかバチかのギャンブラーのような判断と思い切りのよい行動です。

そして結果はと言えば、ゼロからスタートするときにこそ大きな力を発揮するという「劫財」の導きどおりになったのです。

後の人生でも絶好のタイミングで決断を下し続けられたのは、他の星とのバランスもありますが、やはり「劫財」の働きがあってのことなのです。

中心星「劫財」は周りの星のサポートを受けている

松下氏の中心星「劫財」を取り囲む星は上の段には「食神」が、右の年柱には「偏官」、「偏官」の上の星は「傷官」、日柱は「偏印」、という構成です。

「劫財」と「食神」は、二つがセットになるとパワーが倍増されるので、上下の連携関係からプラスの力を増幅させています。

ともすればワンマンになりがちな自我の角を取って、丸みを帯びた行いができたのは「食神」の名プロデュースあってのこと。さらに「食神」と兄弟星の「傷官」が年柱に現れ、ダブルスで「劫財」の力を発揮させます。

朗らかさの中に隠れている反骨精神がときに見え隠れするのも、陰陽の表現力が味方となり、その力に奥行きが生まれたがゆえ。例えばお汁粉にほんの少し塩を効かせるのが美味しさのコツということに似ているでしょうか。

ところで地位の星「偏官」は「食神」と「傷官」におさえられて、「偏印」が救いにはなるものの、経営者にとってのモチベーションの一つである、権力と支配力への思いを弱めています。

組織に人を合わせるより、組織を変えてでも人に合わせるという松下氏の基本的な発想は、力を弱められた「偏官」のケガの功名とでもいえるような働きによります。それがやがて、自分の哲学を固める大きな要素にもなったのです。また「劫財」には上下関係よりも、同志的な関係に重きをおく性格があります。

中心星が全ての星に号令をかける四柱推命の法則では、松下氏への「劫財」の影響はとても大きいと言えるでしょう。

「偏印」の生むアイデアを実体化する底力

基本性格と星の働きにおいて「偏印」は、時代の先端を読む発想豊かなキャラクターとして登場してきます。

日柱下段にあるこの星の影響は、他の経営者とは違うアングルで物事をとらえられるレンズをもたらし、自らも職人だという感覚を鋭敏にします。だから現場の気持ちが良くわかるのです。

豊かな発想の源泉でもある「偏印」が、奇想天外なアイデアを生み出し、数々のヒット商品を世に送り出す原動力となりました。

松下氏の命式はものごとを夢だけで終らせず形にするだけの底力に恵まれていました。星同士の触媒によって、ときにはものごとがオーロラのように幻のごとく消えてしまう作用をする「偏印」の個性を抑えたのでしょう。

「人」と「発想」「やる気」こそ財産であると考えた理由

ところで日本屈指の大企業を創業し育て上げたにもかかわらず、松下氏の命式には「財星」がありません。では財の星が日柱までの三柱に皆無だと、どんなことが起こってくるのでしょうか。

まず計画と計算が苦手中の苦手になります。例えばある会社と取引した場合、10年経つと資産はどの位増える？　といった数字を根拠にして仕事の方針を決めることや、物質面での、まず担保ありきという発想が希薄になります。

財の星がない分、財を他のことや人間

関係などに変換し、「発想」「やる気」といった心身の健康こそ財産だととらえているのです。また、後進や跡継を育てるのも財産だと考えます。

一方、「財星」がない人は、数値化してものごとを計る能力が欠落する分、感覚的に状況をつかみ取る直感力が冴えるのが特徴です。

松下氏の場合、財を引き寄せるファクターとして、交渉力は「傷官」と「食神」、誰にも負けないがんばりは「劫財」、ユニークな発想は「偏印」がそれぞれ担い、それらが大会社への発展の原動力となったのです。

命の扉は強く叩いた者に開き、ときの流れをつかんだものに勝利を与えるといいます。生まれながらに順風満帆な道を歩くことを生涯保証されている人など、どこにもいません。四柱推命による星のバランスが完全無欠な人の命式など、めったにないのです。

「天がカードを配り、運命がカードを混ぜ、我々が勝負する」とは哲学者ショーペンハウアーの言葉ですが、松下幸之助氏の命運を眺めるにつけ、四柱推命にもまさにそのような妙味があると思えるのです。

マリリン・モンロー

ハリウッドに輝きをもたらした「永遠のスター」

日柱	月柱	年柱
	食神	正官
比肩	正官	正財

1926年6月1日
生まれ

中心星とその他の星との関係から見るマリリン・モンロー

決して恵まれた環境で生まれ育ったとはいえないマリリン・モンローは、ハリウッドの大スターとして美しい輝きを放ちますが、わずか36歳でその生涯を閉じてしまいます。

眩いばかりの栄光ゆえに際立つ、濃い影の部分。その人生に何が見えるのか？四柱推命を用いて数奇な運命を覗いてみましょう。

中心にある星は生まれた人の生涯を暗示します。マリリン・モンローの星は正統中の正統星「正官」です。

「正官」は、地位の星とも表現されているほど真面目で誠実、堅苦しいまでに礼儀正しい優等生の星です。エリートの星ともいえるのですが、反面、神経質で逆境にも弱く、木枯らしの中を一人で歩くことができない部分もあります。マリリン・モンローの運命式を導くと、地位を表すこの星が二つ現われます。これが、後の人生を暗示しているのです。

「正官」があるので、仕事を通して世に名を馳せる可能性は大いにありました。しかも、人の印象を表すポジションである月柱の上段には「食神」が微笑み、それが彼女にチャーミングな笑顔と美しい肢体を与えています。可愛い女性を演じてスターへの道を歩むという点では、天が味方をしたと言えるでしょう。

しかし正官は命式の中に一つだけ現れることをもって真官として尊ばれるため、二つ以上星があると純粋な働きが鈍り、屈折した働きに出ます。さらに地位の星「正官」は女性にとっては夫星を表すために、複数あると生涯男性の影が絶えず交際関係に乱れが生じ、災いのある結婚を暗示します。

彼女の命式中にある「正官」は、中心星、年柱ともに「正財」からのエネルギーを貰っていますが、力を蓄えるどころか、そのエネルギーが大きすぎて決壊寸前の堤防のようになっています。ここで「傷官」がどこかに現れ「正官」を剋してくれると、力の暴走を防ぐことができるのですが、命式の中にブレーキ役の星が見当たりません。

月柱の上の段にある「食神」は「傷官」と兄弟星にあたり、剋す側にまわっても良さそうなものですが、「食神」は吉星ですから、「正官」にとってはあまり大きな痛手はないと判断します。とはいえ、金である「正官」が火である「食神」に剋されることは間違いないので、「正官」のプラスの働きは若干鈍り、道徳観や礼儀正しさといった徳が薄れて、生き方に詰めの甘さが出てきます。

さらに他の星同士の攻防戦を整理すると、日柱には「比肩」が登場して「正財」を剋しています。剋された財の星は地道にお金を得ることを忘れ、「食神」的な派手な方法で財を得る方向へ傾きました。

強すぎる「正官」がもたらした人生の混乱と矛盾

マリリン・モンローは世の中の期待に応えるために、かなり努力をしたと言われています。往時のハリウッドを代表するセックスシンボルとされましたが、それは中心星「正官」が真面目に仕事に取り組んだあかつきに生まれたイメージであって、実像とはかなりのギャップがあったはずです。

仕事星である正官は、職業を全うするためのエネルギーを彼女に提供し続け、上手に息抜きをするという感覚を取り上げてしまったのです。人生や職業に対して正攻法で対処し、求められるがままに演じた「尻軽でセクシーな女」は、彼女に二つの結果を与えました。

一つ目は、歴史に残る大スターとしての輝き。そのチャーミングな笑顔は行く先々で人を魅了し、彼女は天使のようであったとさえ言われています。

二つ目は、仕事の顔と本当の自分自身の使い分けが上手くいかずにしばしば発生した、人生上の混乱と矛盾でした。手抜きができず、演技に没頭すればするほど周囲との軋轢や無理解に苦しみ、華やかさとは裏腹の孤独に襲われました。気分転換や切り換えが下手なのは、「正官」がうまく機能しないときの典型例と言えます。

持てる星ゆえ恋の迷子となった不幸

生涯に3回結婚し、いずれも失敗。くり返された離婚は、夫に父性を求めたものの、その夢が叶わずに起きた悲劇とも言われています。

たしかに父親の顔を知らない生い立ちから、一般的にはそのような見方をされるかもしれません。

しかし四柱推命的にみると、パートナーを表す日柱下段は「比肩」。自我の強い男性を好ましく思い、ともに高め合いながら生きることを理想とする部分を持っているのです。

決して、庇護され甘やかされるだけの結婚生活を、望んでいたわけではなかったのです。

一人目の近所の少年、ジムとの結婚は16歳のとき。離婚に至ったプロセスも若さゆえのことと考えられます。

二人目は野球のスター選手だったジョー・ディマジオ。日柱の下段にある、理想のパートナー像「比肩」が導く通りの人物でした。ただすでに現役を引退していた彼と、大スターとして絶頂期にあった彼女との結婚生活はどこかに違和感があり、お互いに少しずつ心が離れていってしまったのではないでしょうか。離婚はしましたが、ディマジオは彼女の死後、生涯にわたりその墓前に花を供え続けたといいます。

アメリカを代表する劇作家、アーサー・ミラーが三人目の結婚相手でした。「知性と肉体の結婚」と話題を呼んだ、この結婚生活も破れてしまいます。知の星「偏印」、「印綬」が命式の中にない彼女にとり、文筆家という違うカルチャーの中にいる相手とでは、通訳なしで生活しているような日々だったでしょう。少しずつ噛み合わなくなり、やがて彼女は夫を失いたくないという焦燥感から、心の安定を失っていったのです。

比肩や正官は遊びの恋には目もくれず、愛する人を直視する傾向があるので、全ての結婚はいずれも真剣そのもの。真面目な星、正官の働きも、ここでは一生懸命になればなるほど、不器用な動きに転じるばかり。恋の迷子になった彼女は、相手を理解することに疲れてしまったかも知れません。

最後に登場する恋の相手は、当時のアメリカ大統領ケネディとその弟の司法長官ロバートでした。国のトップに君臨する強い男は、心のよりどころになったに違いありません。しかしまるで運命の女神に嫉妬されたかのように、マリリンの幸せには突然ピリオドが打たれてしまうのです。

ほとんどが正統派の星だからこその不器用さ

36年という短い人生……。正義感あふれる「正官」のエネルギーに支えられたからこそ、誰とも異なる美しく燃え上がるような生き様だったのかもしれません。

でもなぜ、正官、食神、正財と正統派の星に囲まれながら、彼女は幸せな人生を全うできなかったのでしょうか。

四柱推命では、世の中そのものが濁っている場所であると考えます。彼女のように命式構成のほとんどが正統派の星である場合は、世の中に対応する力が上手く働かないと判断します。

幸せと不幸の両極に大きく振れるような生き方が、まさにその命式構成に表れているのではないでしょうか？

第四章

対人関係のクセ

言葉ではうまく言い表すことができないものの、心地良い、妙に圧迫感がある、共鳴感があるなど、心の琴線に触れる様々な感じを“相性”といいます。この章では星のバランスシートを基に、100通りの相性を解説していきます。

中心星で見る相性100通り

関係が長く深くなれば、中心星の個性が出るので、中心星同士の相性は重要です。恋愛だけでなく、仕事でも相性は影響します。

比肩×比肩

価値観を共にする同志のよう

性格タイプが似ているため価値観は合うが、似たもの同士なので意地の張り合いも。譲り合って。

劫財×劫財

金銭トラブルと嫉妬に注意を

感性は合うものの、金銭トラブルが起きやすい組み合わせ。恋愛の場合干渉しすぎると混乱も。

食神×食神

楽しい関係だが流されやすい

趣味も価値観も合うけれど、肝心なときに行動力や決断力がなく、流されやすい組み合わせ。

傷官×傷官

口が悪く衝突しやすい関係

お互い言葉にトゲがあり、感情の起伏も激しいためケンカになると大変です。異性問題も心配。

偏財×偏財

金銭的苦労と浮気心に注意

刺激し合って成長していけますが、お互い浮気心が起きやすい。経済的困難にも弱い組み合わせ。

正財×正財

真面目が度を越すと窮屈に

どちらも真面目なだけに、価値観の一致度が裏目に出てしまいそう。金銭感覚が重要なポイント。

偏官×偏官

ぶつからずに譲歩の気持ちで

燃え上がるのが早いわりに自我がぶつかり合うと持続は困難。主導権争いになりやすいので注意。

正官×正官

意地を張らずに認め合うこと

堅実なところは好印象ですが、お互いにプライドが高く、意地の張り合いになると膠着状態に。

偏印×偏印

地に足をつける意識を持って

お互い芸術家肌のため、感動やひらめきにウェイトを置き、現実を置き去りにする傾向が心配材料。

印綬×印綬

相手を敬う気持ちを忘れずに

知的会話で盛り上がりますが、口論も理論武装になりがち。相手をリスペクトする気持ちが大切。

比肩×劫財

劫財の良さを認めつつ比肩が主導

性格的に理解しやすい相手ですが、比肩がイニシアチブを取ったほうが関係はスムーズにいきます。とくに恋愛や結婚の場合は、比肩が経済観念をしっかり持っていないと現実面に問題が出てきそう。その他の面では比肩が自己主張、こだわり、わがままをセーブし、ある程度は劫財のペースに合わせることが大切です。

仕事の場合は年齢差があるか、どちらかが上司という関係であれば、お互いの長所を認め合い、良いビジネスパートナーとなれるでしょう。同世代の場合は利益の分配を始めから納得づくでスタートするのが鉄則です。

比肩×食神

互いの長所を生かし分担を明らかに

しっかり者の比肩とのんびりマイペースの食神の組み合わせは相性的に良好。何事においても比肩がリードし、食神がそのアドバイスに従う、という形になりそうです。

とはいえ、比肩が相手のすべてを管理するような状態になると、不満や歪みが生まれますから、相手のペースは尊重すべきでしょう。仕事ではスピード感の違いから比肩がイラ立つことがありそうですが、役割分担をすることで問題を解決することができます。食神の豊かな感性やサービス精神が仕事にプラスとなる場面は多く、比肩は学ぶことも多いはずです。

比肩×傷官

距離感を持ってつき合うことを意識

お互いに刺激し合うことができて有意義な関係と言えますが、傷官の口の悪さが比肩のプライドを傷つけることもありそうです。また、比肩の勝ち負けに対するこだわりも傷官にとっては目障りで火種の一因に。友人からスタートした場合には男女のムードが盛り上がりにくく、なかなか恋愛に進展しないかもしれません。仕事では方針が食い違うと、お互いに遠慮のない物言いで衝突することになりそう。傷官が上司で比肩が従う形であれば、タッグを組むことは可能です。同僚なら同じ分野で競わないほうが賢明。

比肩×偏財

衝突が多く金銭トラブルにも要注意

相性的に難しい組み合わせです。人気者の偏財を比肩が一途に追いかけると偏財は引き気味に。交際が始まったとしても恋愛のスタンスが異なるため、ボタンの掛け違いが起きやすいのです。また、金銭トラブルが心配ですから、どんなに好きでもお金の貸し借りはしないほうがいいでしょう。

仕事では双方とも自分のやり方が一番効率が良いと思っているため。ぶつかりあい、非常にやりにくくなります。とくにフリーランスの場合はギャラの支払いなどでもめごとになりやすいので、最初に条件をきちんと詰めておくことが大切です。

比肩×正財

経済面、精神面共に正財が貢ぐ関係

比肩の押しの強さに正財が負けるか、正財の堅実さに比肩が惹かれる形で交際がスタートしそうです。ただ、比肩がわがままを通すため、経済的にも精神的にも徐々に正財が支配される形になり、すれ違いが発生しそう。

また思考回路がスッキリしている比肩にとっては、やや過剰なまでに心配性な正財はもの足りない相手になりがち。仕事では比肩のペースに正財が巻き込まれてストレスが溜まりがちです。期間限定の仕事はともかく、長期でコンビを組む場合は相手の行動パターンを把握し、妥協点を見つける、など努力が必要。

比肩×偏官

交際が進むと食い違いも。対話が重要

エネルギッシュで気が強いという面では似ていますが、性格のタイプが違う二人。最初は意気投合しても、交際が進むにつれて方向性の違いが目立ってくるでしょう。何か問題が起きたときに冷静に話し合うことができれば良いのですが、感情的に対立してしまうと関係改善に苦労しそうです。また、他の異性が絡んで恋愛トラブルになった場合には修復が難しいかもしれません。仕事面では双方とも〝がんばっている自分〟が大好きですが、ともするとそのベクトルが正反対になっていることも。意思の疎通を図ることが大切。

比肩×正官

正官が比肩の信頼を得れば関係良好

正官のことを誠実で信頼できると比肩が感じて、従う形であればうまくいくでしょう。ただ、交際が進む中で比肩の自己主張が強く出ると、正官が不満や不安を感じてギクシャクし始めます。比肩は何かリクエストがある場合は言い方が命令形にならないように注意し、相手を上手にコントロールする方法を考えてください。仕事の場合は、相手に尊敬できる人柄や能力があるかどうかがポイントになります。それがないと本来の仕事そっちのけで主導権争いになり、不毛な結果に。同僚ならばお互い相手に花を持たせる気持ちが大切です。

比肩×偏印

柔軟な対応で意外とうまくいくペア

一事が万事ストレートな表現の比肩にとって、心模様が万華鏡のように変わる偏印はミステリアスな相手です。ただ、比肩は相手に振り回されることや愛情を押し付けられるのは嫌がりますから、偏印はその点に気をつけて。お互いの価値観や行動ペースを理解した上で交際すれば、意外とうまくいくペアです。仕事では基本的には良き理解者ですが、それぞれにこだわりがある上に、意見が合わないと双方の頑固さが表面化しそう。自分の考えが一番だと思っても、仕事として全体のバランスを考え、大人の対応をすることが大切です。

比肩×印綬

不足を補い相乗効果を生む好相性

お互い自分にない部分をカバーし、助け合っていける好相性。情熱的な恋愛というよりは、相手に対する信頼がベースになっている人間的な結びつきの強い関係です。共通の目標や趣味があればさらにうまくいくでしょう。仕事の場合は独立心旺盛で行動派の比肩を、知識が豊富な印綬がさりげなく支える形になれば理想的。また、グループの中に比肩と印綬がいると、仕事のクオリティーがアップします。ノルマを達成することばかり考えていると、だんだん意欲が萎えてしまいますから、情報収集やトレーニングの時間を確保して。

劫財×食神

食神の穏やかさが劫財の安定剤に

自我が強く無茶をしがちな劫財ですが、穏やかな性格の食神と一緒にいることで精神的に安定し、落ち着いて行動できるようになります。ただ、結婚するのであれば、双方の価値観や金銭感覚に大きな隔たりがないか、よく話し合っておいてください。ビジネスパートナーとしても共感できる部分が多くてやりやすい相手。ただ、行動ペースや仕事に対するスピード感が違いますから、日頃からコミュニケーションを密にしておくことが大切です。機動力が求められる場面では、劫財がリーダーシップを発揮したほうがうまくいきます。

劫財×傷官

似た者同士の激しく情熱的な関係

波長がピッタリで、出会ってすぐ意気投合する組み合わせです。男女の場合は鍵と鍵穴がぴったり一致するベスト相性。ただ、どちらもわがままで感情的になりやすいところがあるため、ささいなことで言い争いになりがちです。どちらかの移り気で関心が自分以外の人に向けられると、プライドの高さから激しいケンカになりそう。仕事の場合はお互いの才能を認め合い、より高いレベルを目指していくことができます。それぞれ自分の得意分野を分担することで仕事の効率もアップ。ライバル関係の場合は闘争心むき出しになりそう。

劫財×偏財

価値観の違いを埋める趣味や対話を

行動派で強引な劫財に偏財が惹かれる形で交際がスタートしますが、実際にお付き合いしてみると金銭感覚の違いがクローズアップ。デートの支払い、お互いのお金の使い方で考えが合わず、心が離れていきそうです。共通の趣味を持つなど、お互いの理解を深めないと長続きさせるのは難しいかも。仕事では劫財のごり押しに偏財が耐えられなくなるケースが心配です。劫財が上司の場合は指導や指示がパワハラにならないように配慮を。同僚の場合はオイシイ仕事や手柄の奪い合いになりやすく、お互いに反目し合う関係になりそう。

劫財×正財

劫財の思いやりが欠かせない関係

性格的には相容れない組み合わせですが、それゆえ自分にない魅力に惹かれ合うことがあります。劫財は正財の優しさに物足りなさを感じると、都合のいい恋人や友達にしてしまい、正財が貢がされる形に。金銭トラブルは悲しい結末を迎えますから避けたいところです。結婚生活は普通以上に忍耐と努力が必要になるでしょう。仕事では正財が上司であればまだバランスが取れますが、劫財が上司の場合は正財を公私の区別なく使用人扱いするため、やがて耐えられなくなり離れていくことに。チームでする仕事は劫財側の気配りが大切。

劫財×偏官

主導権を譲り合うことが調和の鍵

お互いにエネルギッシュな性格で恋は情熱的に燃え上がるでしょう。ただ、主導権を握りたい偏官は強行策に出やすく、疲れ切った劫財が策を弄して自分のペースに引き込む流れになりそうです。小さなスレ違いが大きな溝に発展しないように、譲り合いの気持ちを大切にしてください。また、劫財は趣味や遊びに散財しますから、結婚するのであれば偏官がうまく金銭管理をすることがポイントです。仕事は表面的なテーマでは協調できても、利害関係がからむとお互い一歩も譲らず膠着状態に。二人の間に緩衝剤となる人が必要です。

劫財×正官

時間をかけて相手を知る覚悟が必要

正官にとっては劫財の気性の激しさが魅力でもあり、ときについていけなくなる部分でもあります。意見の食い違いが気にならないうちは良いのですが、正官の不満が募ってくると爆発してしまうかも。焦らず、時間をかけて相手への理解を深めることが恋愛成就の秘訣です。仕事ではリスクが高レベルでも目標を達成しようとする劫財と堅実な正官とでは価値観が合わず、ことあるごとに衝突する暗示。とくに同僚の場合は最初からウマが合わない相手と認識して、近づきがたい存在でしょう。社内行事などで話すきっかけ作りが大切。

華やかで楽しい関係。散財に注意

流行やおしゃれに敏感な二人ですから、出会ってすぐに意気投合するでしょう。劫財の強引さも恋愛感情がある間は魅力に感じるはず。知的な分野で共通の趣味があると、交際が長続きしやすくなります。ただ、この組み合わせは結婚や起業など実生活にはあまり向いておらず、経済的にうまくいかなくなる心配が。マネープランを立てて、堅実に将来の生活設計をすることが大切です。仕事はクリエイティブな分野では二人の才能と強みを発揮できます。しかし、正確さと継続性を求められる仕事では気分のムラがミスを招きがち。

管理上手とアイデアマンの名コンビ

一緒にいると自分の素の部分を出しやすく安心できる相手です。お互いに理解し合える好相性ですが、劫財がわがまま放題していると印綬の不満が鬱積していきます。3回のうち1回くらいは劫財が印綬に譲るように心がけましょう。結婚する場合は劫財の金銭感覚がネックになりそうですから、印綬がしっかりと財布の紐を絞めること。仕事の場面では印綬がアイデアやアドバイスを出し、劫財が実務面を担当する形がスムーズです。同僚の場合はこまめに情報交換をして、苦手部分をカバーし合うことができれば盟友となれるでしょう。

助け合って人生を豊かに楽しむペア

タイプが違うように見えて意外と話が合い、恋愛感情や友情が芽生えやすい組み合わせです。ズバズバと本音を言う傷官に対して、おっとりと受け流す心のゆとりが食神にあればステキなカップルになれそう。二人とも人生は楽しく、しかもドラマのようでありたいと思っているので、ダブルスでおもしろい人脈を開拓することも可能です。仕事では相手の長所も欠点も知った上で、助け合える関係です。同僚の場合は親しくなるにつれて言いたい放題、公私混同になりがちですから、〝親しき仲にも礼儀あり〟を心がけてください。

精神面が充実し可能性が広がる相性

ドラマチックな恋愛ではありませんが、食神の良い面が偏財によって引き出されます。共通の話題や趣味が多いため、二人でいると精神的に充実しますし、いろいろな意味で可能性が広がる発展的相性です。結婚すれば力を合わせて財産を築くことができるでしょう。ただし、あまり欲張って生活を広げ過ぎると、赤字家計に転落しますから気をつけて。仕事で組めばコンスタントに結果を出して、周囲からの信頼の厚いコンビになります。偏財が上司であれば、食神は信頼してついていくことができ、仕事で大きく成長が望めます。

円満で安定感のある理想的なペア

食神が正財を支え、正財はそれに感謝して努力するという理想的な関係です。争いごとが苦手な二人ですから、穏やかで円満な時間を共有できるでしょう。ただ、贅沢な悩みですが、それをマンネリと感じるようになると不満が出てくることも。新しい趣味にチャレンジしたり、旅行に出かけるなどして活性化を図ることが大切です。仕事のシーンでは気心が知れて、もっとも信頼できるパートナーとなるでしょう。とくに楽しいことが大好きな食神は、衣食住を扱う分野でおもしろい提案が豊富です。実務面では正財が頼りになります。

食神×偏官

大人の対応が必要な難しい相性

価値観が合いにくく難しい相性。食神は偏官のわがままな振る舞いが目に余り、偏官は食神の考えの甘さに嫌気が差しそうです。うまくやっていくには食神が偏官を上手にヨイショするか、面倒な話を避けずにきちんと話し合うこと。相手のこだわりポイントを理解することも大切です。仕事では偏官が暴走しがちなときに食神がブレーキをかけてくれることがあり、マイナスばかりではありません。しかし、そんな相手のことを煙たい存在としか思えなくなると冷戦状態に。上司と部下の場合は反りが合わずにストレスが溜まりそう。

食神×正官

信頼し合い着実な道を歩む同志

精神的な充足感を大切にする正官と物質的満足感にウェイトを置く食神。遊び、仕事、恋愛結婚と、生活に関わるさまざまなシーンでスタンスの違いが見え隠れしそうです。結婚や人生を左右するような大きな決断をする際は、どちらかがイニシアチブを取らないと話が進まない可能性が。仕事では突破力は期待できないものの、スケジュールに従って確実に仕上げていくような職種には向いています。上司と部下の場合もお互いの良さを認め合い、相手のペースを尊重すれば仕事の流れが円滑に。時々、相手のセンスをほめることも大切。

食神×偏印

盛り上がりやすく冷めやすい相性

偏印のセンスの良さに魅力を感じて交際がスタートしそう。レジャーや旅行など楽しいイベントが続く間は盛り上がりますが、毎日が単調になってくると恋も下火に。食神は偏印の個性の強さについていけなくなり、偏印は食神の子供っぽさをつまらないと感じるでしょう。結婚するのであれば価値観や生活のペースが合うかどうか見極めることが大切。仕事では偏印が上司となると食神の良さを生かせず、食神が上司になると偏印をコントロールできません。同僚の場合は相手のアラが目につき、協調精神が生まれにくい組み合わせ。

食神×印綬

印綬の歩み寄りで良好な関係に

お互いに穏やかな性格で気が合いそうですが、物質的な安定と日々の楽しさを追い求める食神と、アカデミックな雰囲気を好む印綬とでは目指す方向が違います。そうしたことを納得した上で、印綬が歩み寄りの姿勢を見せればうまくいくでしょう。結婚して子供ができると教育方針でモメやすいので気をつけて。仕事では名誉にこだわる印綬と名より実を取りたい食神で意見が対立します。上司と部下の場合は印綬は食神の動きにルーズな面を見つけ、ストレスが溜まります。同僚の場合はそれぞれ我が道を行く、で距離を置くのが賢明。

傷官×偏財

体内時計の誤差なし。秒針までぴたり

お互いのことを理解しやすく、一緒にいて楽な相手です。デートも流行のスポットに出かけるなど、華やかなムードを楽しめそう。ただ、サービス精神旺盛で社交的な偏財はモテますから、常に異性の影がついてまわります。恋人の座にあぐらをかいて、交際がマンネリ化してくると雲行きが怪しくなりそう。結婚は経済的に安定していることも重要ですから、事前に生活設計をしっかりしておいてください。仕事ではお互いに気持ちを察し合える間柄です。上司と部下の場合は、偏財が上司だと傷官の能力に助けられます。

奔放な傷官を正財が支える関係

気が合いやすく、出会ってすぐに縁を感じるでしょう。気が短くて自由奔放な傷官を、真面目で度量の広い正財が受け止めてくれます。交際では傷官がイニシアチブを取りますが、精神的には正財が支える関係に。傷官は心理面も運勢的に浮き沈みのある星ですが、正財と一緒にいることで運が上昇し、結婚しても安定した家庭を築くことができるでしょう。仕事では正財が良き理解者となるため、上司であれば傷官は安心して働くことができます。また、チームの場合はこの組み合わせがあることで、結束が強まり効率がアップしそう。

傷官の思いやりと偏官の我慢が必要

波長が合いにくく、そのイライラが対立を生みやすい関係です。傷官は感情的な発言で偏官を傷つけるようなことを言ってしまい、偏官は素直に愛情表現ができません。結婚すると傷官は外面は良くても家庭では不平不満が多く、偏官はよほど広い心で接しないとピリピリしたムードになってしまいます。努力と忍耐を続けられるかどうかがカギ。仕事では段取り、お膳立てを大切にする偏官に対して、自由奔放な動きの傷官は問題児に映りがち。同僚の場合も、傷官が意識して優しい言葉をかけるようにしないと誤解が生じます。

徹底した意見のすり合わせが不可欠

プライドが高く堅実派の正官は傷官から見ると面白味に欠けます。何かにつけて傷官が毒舌をふるうため、正官は心が休まりません。趣味など共通項があればまだ良いのですが、価値観や生き方も違いますから、お互いを思いやる気持ちがないと共同生活は難しいでしょう。仕事では慎重に物事を進めようとする正官に対して、チャレンジ型の傷官はイライラさせられそうです。同じ現場で働くことになると意見は合わない、ペースは違う、で苦労することに。意思の疎通が悪いとトラブルが発生しますから、連絡事項は徹底しましょう。

感情に任せずに理性的な解決を意識

それぞれタイプは違うものの物事を感覚的に捉えるという点では似ています。趣味や芸術で意見が一致して意識し合うパターンが多いでしょう。楽しい時間を過ごしているときは良い人同士ですが、ひとたび口論になると感情的な対立に。お互いに気まぐれなので、しばらくは放っておくことで自然解消も。仕事の場合は相手の意見が違うと思うと、お互いにズケズケと言い合うため、険悪なムードになりがち。相手の立場や考えを尊重する気持ちと、問題を理性的に解決する姿勢が大切です。上下関係がある場合は偏印への束縛は禁物。

干渉はNG。付かず離れずの関係を

傷官のシャープさと奇抜なアイデアについていけなくて精神的に疲れてしまいそうです。一方で傷官にとって印綬は、時折、自分のカラに閉じこもってしまう頑固な人。お互いの価値観を良く理解し、相手に干渉し過ぎないように気をつけて。結婚後もそれぞれ自分の世界を持つようにしたほうがうまくいくでしょう。仕事では右脳型の傷官は直感勝負。左脳型の印綬は経験やデータ分析で慎重にと、方針が異なります。同僚の場合はたまに組むくらいであれば良いのですが、同じチームで長時間一緒だとお互いにストレスがたまりそう。

偏財×正財

互いの不足を補い支え合える二人

考え方に共感できる部分があり、友達感覚で交際がスタート。困ったときには助け合える、一緒にいて安心できる相手です。ただ、性格的には似ていても金銭感覚は違いますから、経営や結婚生活はこの点がネックになりそう。正財が堅実に貯めたお金を偏財が湯水のように使ってしまうと結婚生活に暗雲が。生活設計やマネープランはプロに相談するのが安心です。仕事では力関係には偏りがないため、お互いの不足している部分を補い合う気持ちで取り組めばうまくいくでしょう。共同事業は投資する分野や経費の使い方で不協和音が。

偏財×偏官

新鮮味を忘れないように心がけて

お互いの考えを理解しやすく、一緒にいて楽な相手です。偏官が偏財をリードする形だと出会いから交際までがスピーディーに。ただ、偏財は移り気なので他に魅力的な異性が現れると目移りしてしまうかもしれません。恋愛中も結婚後もマンネリを防ぐ手だてが必要です。そういった意味で、結婚しても共働きでいたほうが刺激になり、緊張感を保つことができます。仕事では偏財が偏官を上手にヨイショして、うまく動かすことができれば予想以上の実績を上げられるでしょう。同僚の場合は相手の存在が励みになり一緒に成長できそう。

偏財×正官

どんな困難も乗り越えられる相棒

相性は良好で、一緒にいるのが自然に感じられる相手です。ただ、ともすると偏財の多芸多趣味、浮気症なところが心配。誠実で不器用な正官にとっては理解や許容を越えることもあるので、偏財はそのつど温度差の調整が大切。仕事では二人が組むことで良いアイデアが浮かび、数々の難局を乗り切っていけそう。営業力も期待できるため、新規開拓や交渉の場面でも実績を残すことができます。正官が上司であれば、偏財のとっさの機転や柔軟な考え方に何かと助けられるはず。航空母艦とパイロットの関係とも言えそうです。

偏財×偏印

価値観の違いを対話と時間で埋めて

偏財からすると偏印のユニークさは魅力であり、同時に理解に苦しむ面でもあります。いろいろな話をしたり、一緒に時間を過ごす中で少しずつ不思議なムードの水源地を探していくことが大切。結婚する場合は現実主義の偏財と芸術家肌の偏印では価値観が合いにくいため、スレ違い防止策に共通の趣味を。仕事で偏財が上司の場合、自分の物差しで偏印を評価すると、良さを生かすことができません。とくにクリエイティブな分野では偏印の才能をうまく引き出すことが大ヒットを生み出すカギですから、育て方を工夫してください。

偏財×印綬

印綬のポリシーを理解する努力を

優しさのなかにも自信とプライドを秘めている印綬は手ごわい相手です。時折、不愛想にも思える相手を理解できるかどうかが、交際を進展させるカギ。結婚する場合は経済的な安定も気になりますが、印綬にお金の話ばかりすると心が離れていきますから注意して。仕事はお互いに目指す方向性が違うため、一緒に組むとストレスがたまります。偏財から見ると印綬の意見はきれいごとに思えてイライラしそう。偏財は数字にばかり目が行き、結果を出すのに時間がかかる印綬を否定しがち。偏財の下では印綬は才能を伸ばせません。

正財×偏官

意外とウマが合い、助け合える関係

表面的には合わなそうに見えても、意外とマッチする部分が多く、出会ってすぐに親密になりそう。主導権を握るのは偏官で、正財はそれに従う形が多くなります。ただし、尽くし過ぎると精神面だけでなく、経済的にも貢ぐことになりますから、正財は時々歯止めをかける必要が。結婚は情熱に任せず、経済的に安定する見通しが立つまで待ちましょう。仕事ではお互いに助け合い、困ったときには相手の力になれる理想的な関係。せっかちで強引なところがある偏官を正財が上手にコントロールできれば、大きな成果を上げられます。

正財×正官

正官に目をかけつつ適度な距離感を

真面目で堅実な考え方が合い、誠実なお付き合いを約束されています。正財はつい正官の世話を焼きたくなりますが、甘やかし過ぎは逆効果。TPOに合わせたサービスで、程よい距離をキープしつつ、温かく見守る姿勢が大切です。結婚すれば安定感のある家庭となり、お互い支え合うことによって地位や財産を築いていけそう。仕事では大ヒットを狙うというよりは確実にノルマをこなしていく組み合わせ。正官は周りの人にかまってほしい性格なので、仕事の進捗状況やプライベートも、こまめに話を聞いてあげましょう。

正財×偏印

譲り合いと正財のコントロールが肝

芸術家肌の偏印は常識人の正財には理解しがたい相手。好感を抱いても、なかなかその先へ関係が進展しません。また、お付き合いがスタートしても、意見が合わずにぶつかり合うことが多いでしょう。結婚するのであれば、お互いに一歩譲る精神と、正財がしっかりと家計管理をすることが大切です。仕事の場合は職種によって明暗が分かれます。合理的に物事を進めようとする正財からすると、好き嫌いの感性で物事を決めていく偏印は扱いにくい存在。頭から否定しないで偏印のキャラクターを生かせる仕事を任せること。

正財×印綬

共通点を見つけ、距離感を縮めて

真面目な部分は似ていますが、重視していることが違うため議論がかみ合わず、なかなか良い雰囲気になりません。正財は数字の話はなるべく慎み、印綬は理屈っぽさをセーブすることで歩幅が一致してきます。結婚する場合はお金の話はオブラートに包んだ表現を心がけて。仕事では正財が儲け主義に走ったり、数字を上げることばかりに熱を上げると、印綬から尊敬されなくなります。小さい人間に見られないためには、理念や仕事の意義をきちんと説明することが大切。同僚の場合には信頼はできるけれどウマが合わない相手です。

偏官×正官

女性側が男性に譲ることで円満に

行動派の偏官の目には真面目で慎重な正官が優柔不断に映りそうです。考え方やペースの違いを指摘する場合は、やんわりとした表現を心がけて。また、常に新しいことを求め、前に向かっていく偏官と、安定志向の正官の結婚生活は、すれ違いになりがちです。この組み合わせは正官の側が大人になり、自分を抑えて、偏官を立てるようにすることが円満の秘訣。仕事ではリスクを負いたくない正官は、偏官にとっては目の上の瘤的な存在です。暴走して失敗しないためのブレーキ役と考えれば、正官の意見に耳を傾けられるでしょう。

偏印の才能を信じ、支えてあげると吉

知性派の偏印に行動派の偏官の組み合わせは、お互いに支え合う良い関係です。偏官が偏印の才能を信じ、応援する形になれば理想的。愛情を深めるには一緒に旅行に出かけるなど非日常的シーンを増やすことがお薦め。結婚生活は多少の浮き沈みがあっても、偏官がしっかりと支えれば乗り越えられます。仕事では自分の意見を主張し合って衝突することもありますが、話し合えば分かり合える相手です。ミーティングのときだけでなく、日頃からコミュニケーションを密にすること。同期の中では気の合う友人となりそう。

偏官×印綬

個性を尊重し合い、印綬がサポート

相性も上の部類に入るので、偏官の激しいエネルギーは印綬の力でごく自然に〝勇気〟や〝決断力〟へと前向きなものに変化します。結婚すれば協力し合って安定した家庭を築き、名誉と財を得ることも可能です。ただ、共働きの場合はそれぞれ仕事に夢中になり過ぎて、スレ違い生活になりやすいので工夫が必要です。仕事ではお互いの良さを理解し、自分の強みを発揮できる組み合わせです。出会ってすぐは近寄りがたいイメージを抱いたとしても、ざっくばらんに話をして相互理解を深めれば、仕事が一気にやりやすくなります。

正官×偏印

正官が寛大になることで安定が継続

相性は良好。真面目な正官の第一印象はちょっと堅苦しい感じですが、その誠実さに偏印は信頼を深め、やがて愛情を抱くようになります。また、偏印の気まぐれを正官が広い心でプラスに受け止めるようにすると感謝状カップルに。結婚生活は記念日などイベントのある家庭を作ると、安定して幸せに暮らすことができるでしょう。仕事の場合、それぞれ物事に対する尺度は違いますが、目指すものが同じであれば協力し合うことができます。個性的な偏印が上司で、確実に仕事をこなす正官が部下の組み合わせであれば最強です。

強い絆と信頼関係で結ばれた二人

お互いに精神的な近似値を感じ合う理想的な相性。一時的に燃え上がる恋愛ではなく、人として深い信頼関係で結ばれた人生最良のパートナーとなるでしょう。正官が印綬を支える形であれば、内助の功を得た印綬は社会的に成功し、地位と名誉と財を得ることができます。仕事では正官が指導役なら、印綬は大きく才能が伸びそうです。同僚の場合は目標を達成しようという熱意が、ときとしてプライドのぶつかり合いになりがち。お互い相手に花を持たせるようにすると、人間関係がスムーズになり、良い結果につながります。

偏印×印綬

互いを高め合える良きパートナー

知性の泉から生まれた星同士なので、共鳴度の高い組み合わせです。お互いに感性が豊かですから、趣味を共有することができ、一緒に過ごす時間が充実するでしょう。結婚生活も安定していますが、口論になると理屈っぽくなりやすい点には注意が必要。それぞれ仕事を持っていると、その専門性を尊敬し合い、良い刺激になります。仕事では印綬が上司だと、偏印の才能や独創性をうまく引き出すことができて信頼関係が生まれそう。こだわりのポイントは違っても、二人で組むことで仕事のクオリティーもセンスもアップします。

運の風景

私が子供だった頃、母が占い師に鑑定してもらったことがあるそうです。「この子は独立心が強く、生家より離れ他郷で活躍する。変わった職業に就くが、そうでない場合は若くして他界する」母はこのことをずーっと忘れていたのですが、後に私が幼稚園教諭を辞めて占いの大御所のところで勉強をしたいと言い出したとき、急に思い出したというのです。

四柱推命による占いとのことでしたが、だいたいの流れと気質はまずまず当たっていました。「生年月日には、なんとなくその人の簡単な絵が出てくるのかしらねぇ。それにしても、この先、絵が完成するのかどうか心配だわね。ともかくも、変わった職業に転職するので命のロウソクは継ぎ足せるのかしら」とはそのときに聞いた母の言葉ですが、還暦を過ぎた今現在もこの世に生きているのは、変わった職業に転職したおかげなのでしょうか？

人生を絵画に例えると、幼児期の段階はスケッチくらいのレベルで、生涯の後半にならないと絵も完成しない。その後どんなものが書き足されるのか分からないので心配。まぁ、母が言いたかったのは、そんなところでしょう。

まずは紙芝居のレベルでもいいから、生涯どんな流れになるのかを知りたいというのが人の気持ちというもの。そんな時に四柱推命で占うと、あらかじめ人生の流れを絵画的に見ることができます。暑い真夏に逞しく咲くひまわりのような絵。深々と降る雪を、独り静かに佇み眺めている絵。人はそれぞれの風景を持って生まれてきます。そして、その後の生き方によって細かい部分の景色が描かれていくのです。願わくば、完成度が高く美しい絵にしたいもの。そのためには、来たるべく運の流れを、大運や年運で掴んでおくことが大切と言えます。

第五章

運勢の流れを知る

運勢にも時刻表があります。特急・各停・乗り換えなど。目的地を定め、確実に到着できるように時の神を味方につけるのです。方向を定め、タイミングを測り、がんばりどきと、小休止を知る。その目印を探すのがこの章のねらいです。

大運で見る一生の運の流れ

四柱推命では、一生の運勢の流れを大運といい、中心星に付く補運を出発点として、10年でひとコマずつ動きます。順行と逆行の場合があるので、確認してください。

10年単位で運勢が変わるのが大運です

四柱推命の運勢（運気）は、一番短い単位では、2時間ごとに変わり（時間運）、その次は1日単位で変わり（日運）ます。そうに、段々と長い時間、同じ運が留まるとされています。当然、運の影響は、長い時間留まるほうが強く出ます。そして、一番長い時間、影響を及ぼす大運は、10年間も同じところに留まっているのです。

四柱推命の運勢の流れは、補運（十二運）で表わしています。これは通変星に付いている補運と同じく、胎、養、長生、沐浴などの名前で呼ばれていますが、運気として鑑定する場合は、それぞれの字の意味と同時に、バイオリズムの流れとして掴んでください。もちろん、補運それぞれが暗示している意味も重要なので、それは155ページからのコラムでチェックしてください。

補運は12種類あります。人生80年と考えても、大運は10年で次の運に変わるので、生きているうちに8～9種しかめぐってこないことになります。

出生時の補運が悪いと壮年期に強運が来る

大運のめぐり方は、順行と逆行があります。これは149ページの上段の表で調べてください。また、大運は中心星の補運を出発点としていますので、0歳から幼年期の運は、中心星の補運と同じになります。

さて、生まれてから数年で、次の補運に移るのですが、何歳で変わるかの計算は、大変複雑なものです。この本では、便宜的に平均をとって、5歳で次の補運

に移るとしていますが、正確に知りたい方は、個人鑑定に出向くか、詳しい書物で計算なさってください。ただ、ご自分の人生を振り返って見ると、節目になった年齢に思い当たる方もいると思います。もしかしたら、その年齢が、大運の移行時期と重なっているかもしれません。

　ところで、命式を書き込む過程で、中心星の補運が悪かったので、ガックリきた方もいらっしゃるかもしれませんが、そういう方は、30代~50代の壮年期に強い大運がくるので、かえっておトクかもしれません。運勢（運気）は、様々な形で廻り来るものです。人生の天気予報と思って、傘を持ったりコートを着たり、上手に利用することが開運のコツです。運気を味方につければ、命式の弱点を補っていけるのです。

■順行・逆行確認表

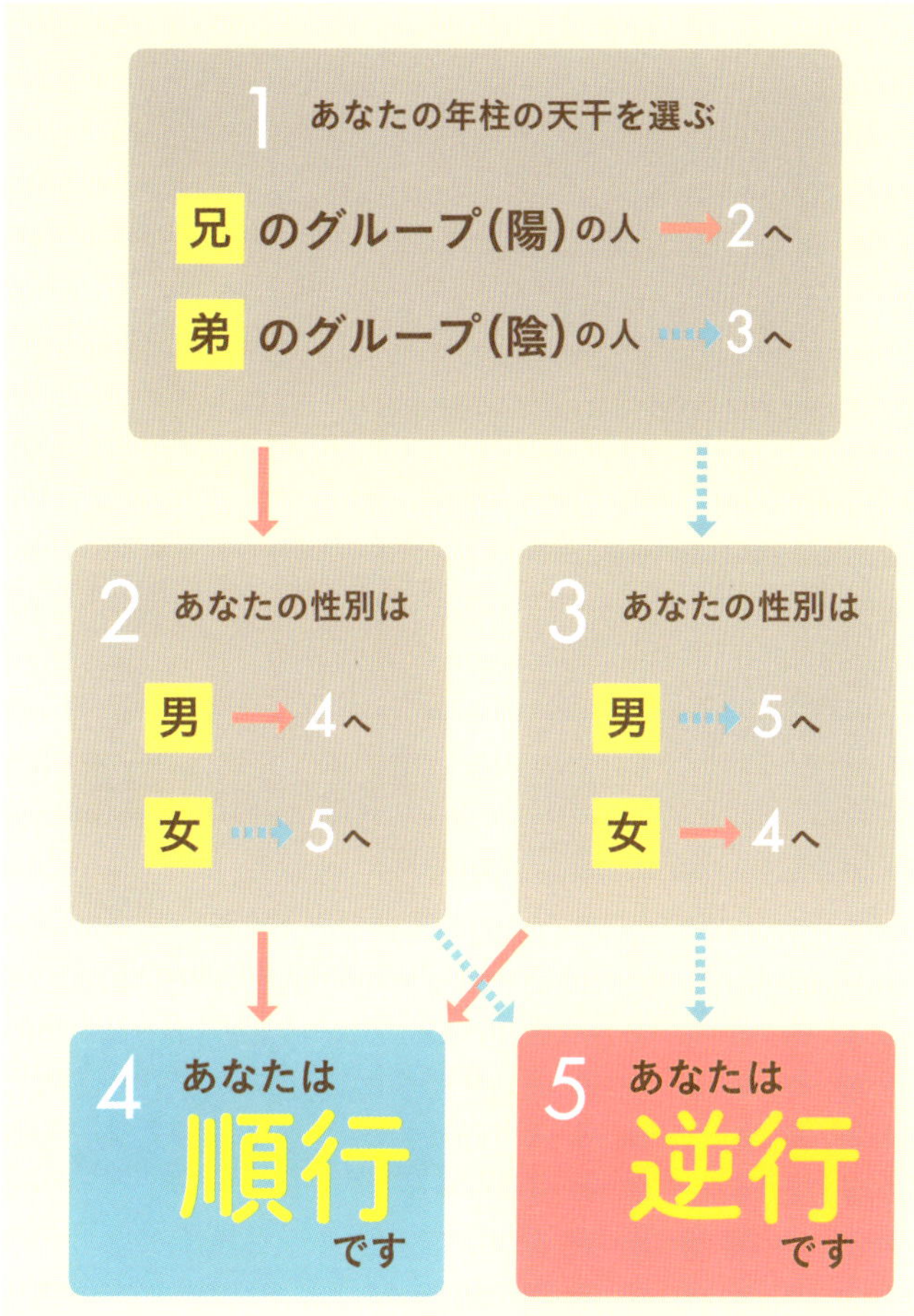

■大運の流れのサンプル　※自分の中心星の補運が0歳～約5歳で、次は10年ごとに次の補運がめぐってきます。

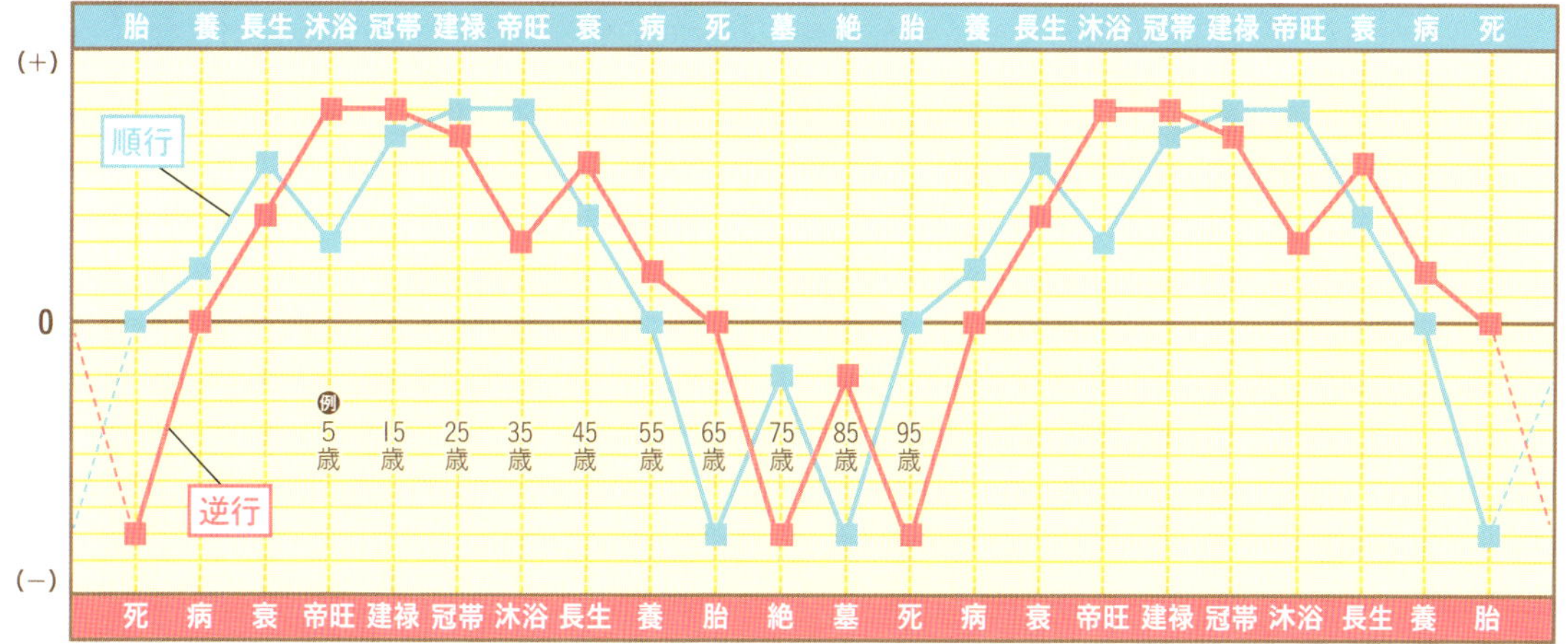

補運と通変星で年運を見る

四柱推命で、その年や月、日の運気を見る場合、それぞれの年や月や日についている通変星と補運の組み合わせで、鑑定します。なお、年は節分で変わるので要注意です。

■日柱の天干で見る今後 12 年の運気

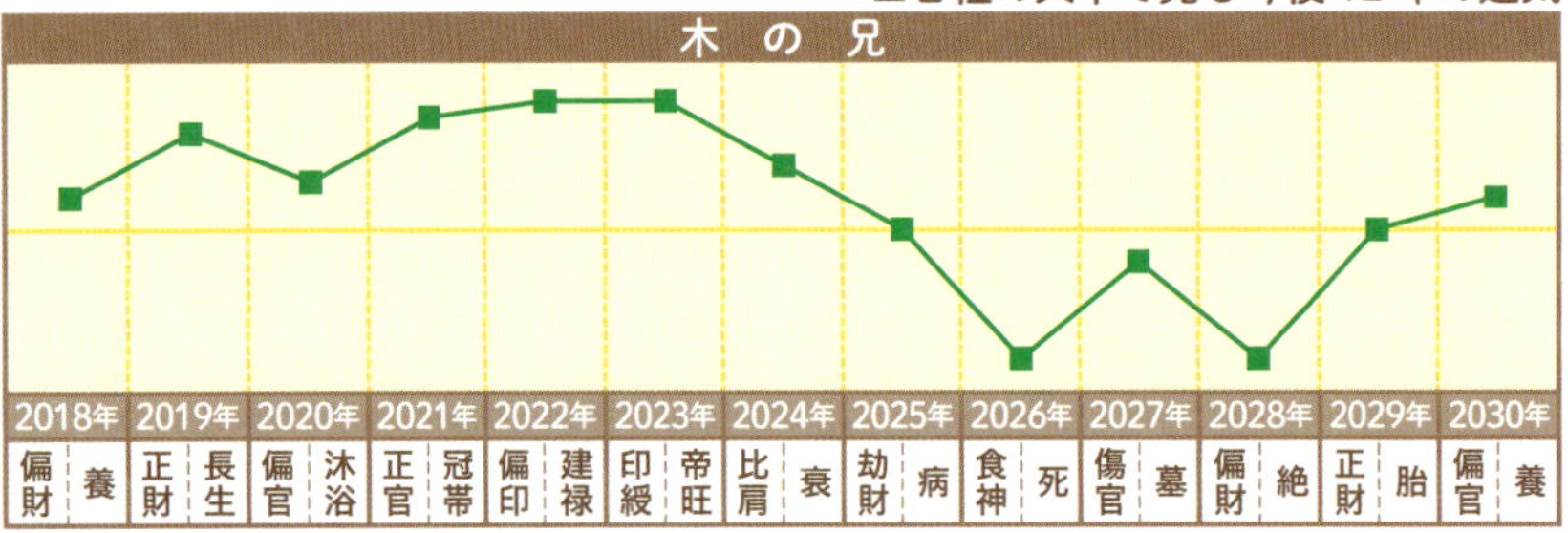

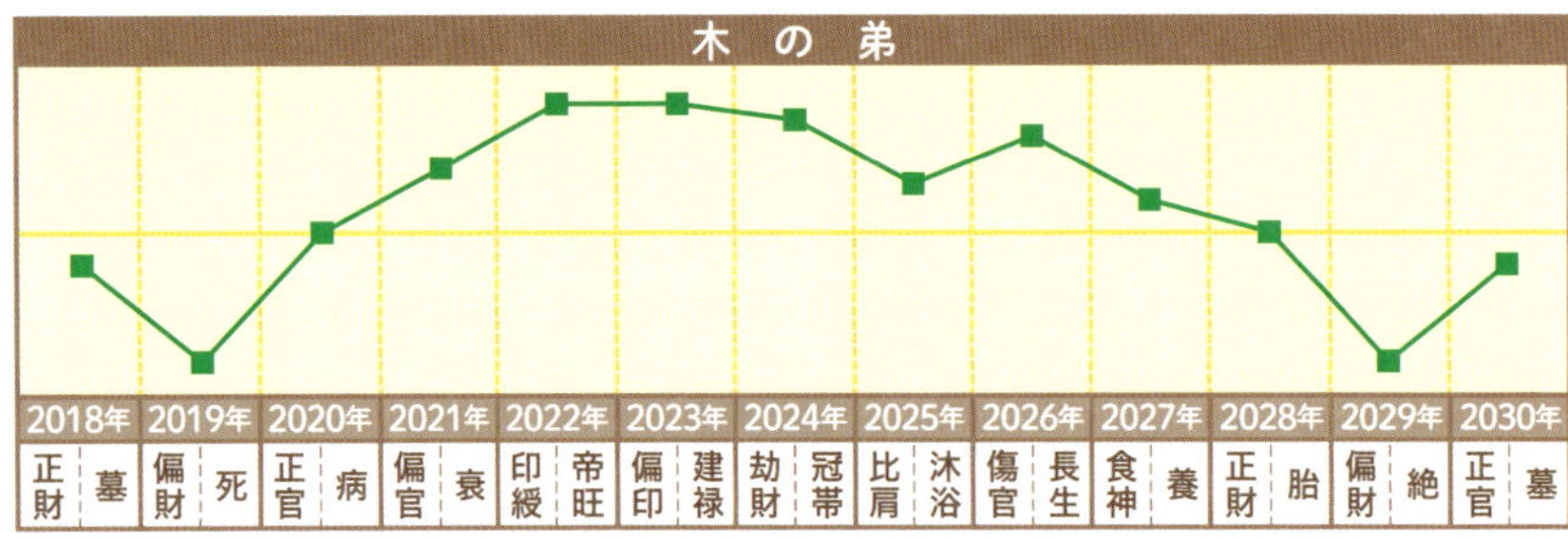

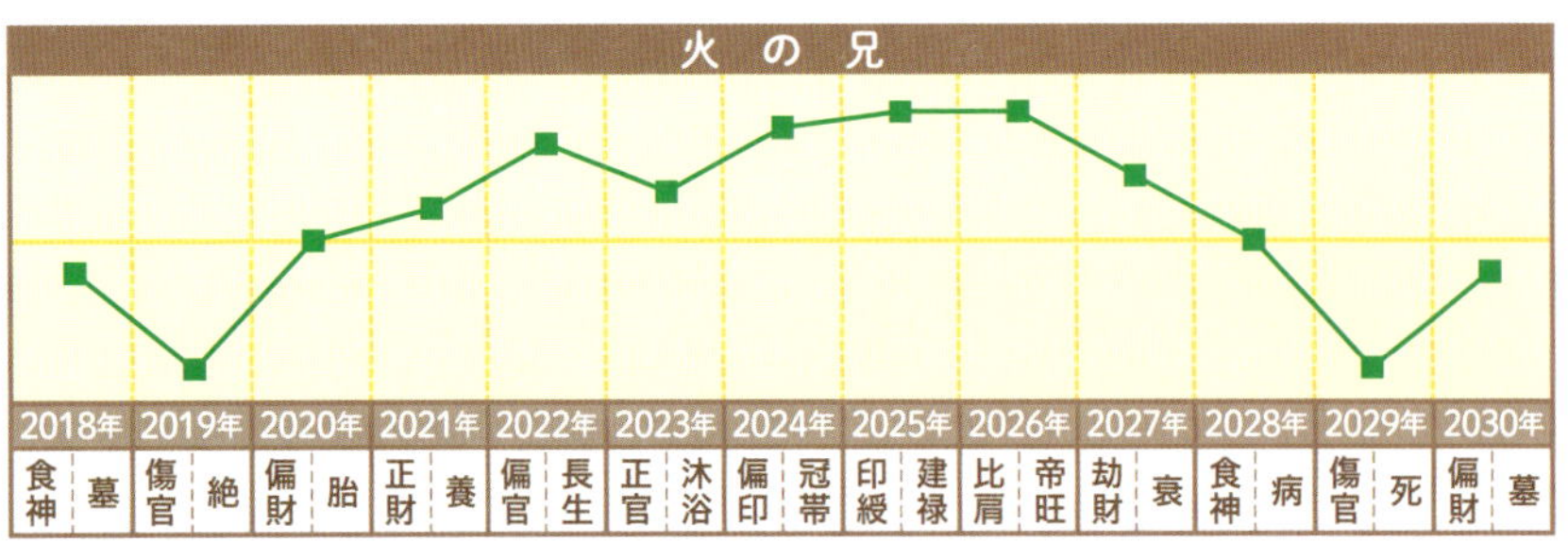

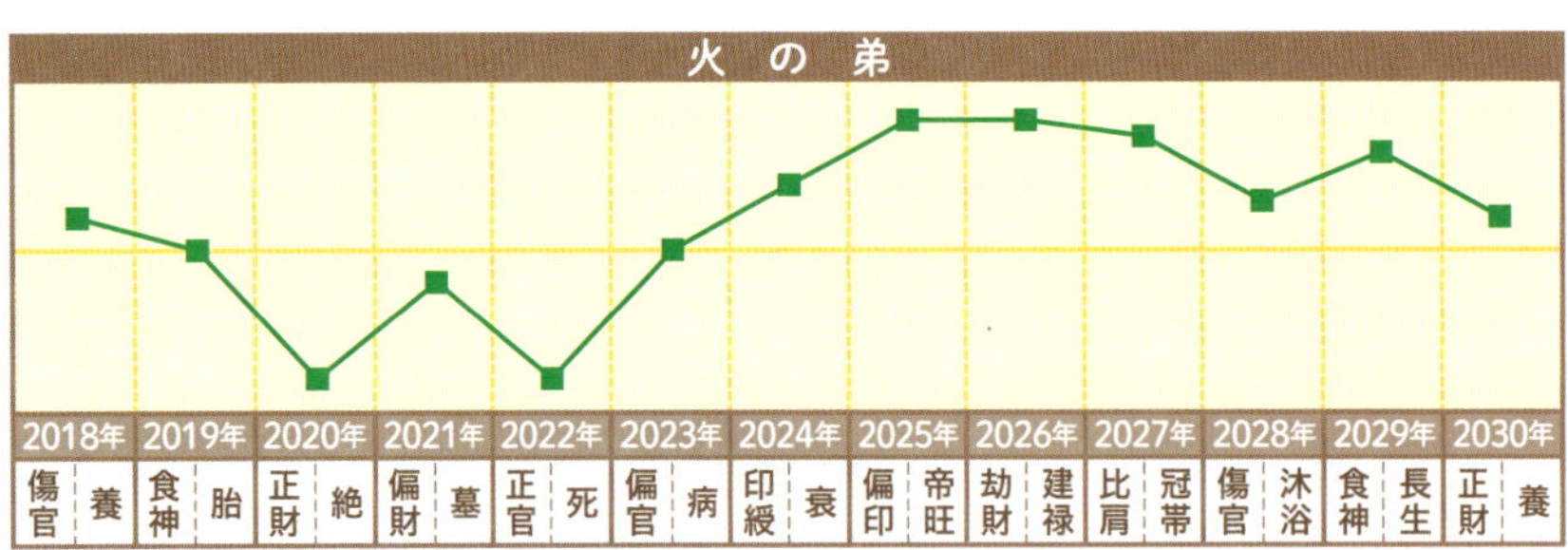

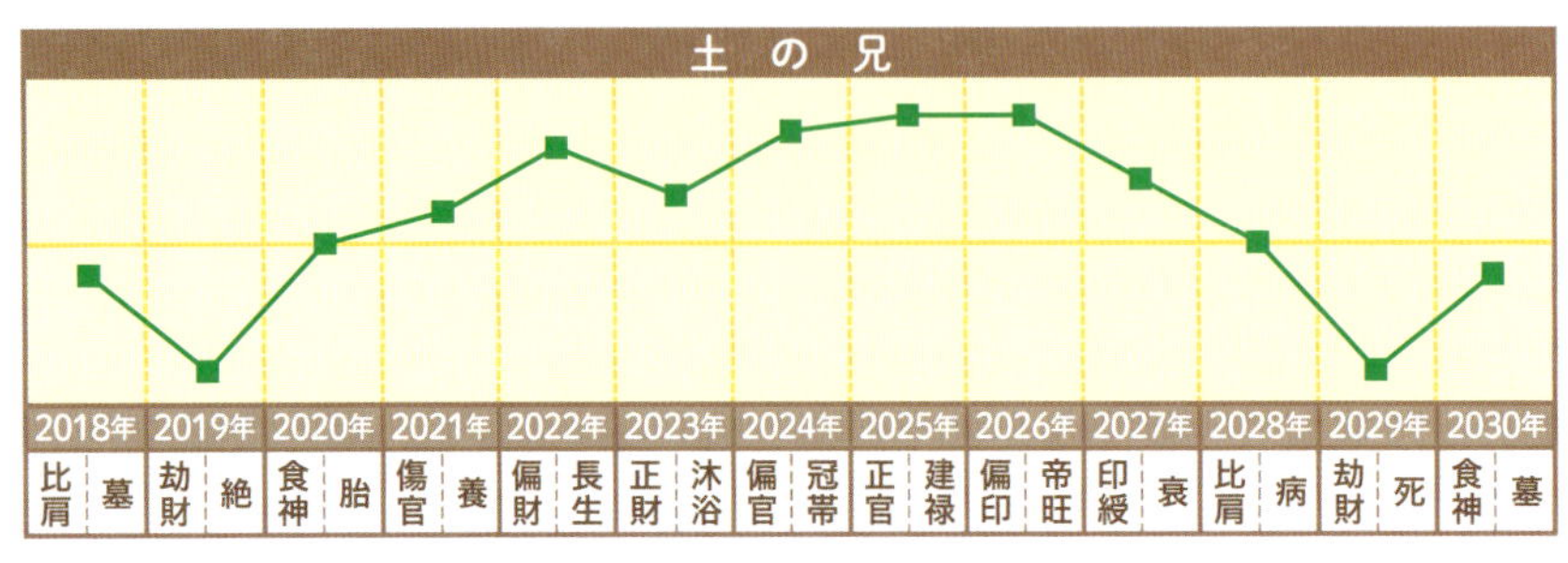

補運と通変星の組み合わせがその時期の運を司る

「今年の運勢はどうなるのかなあ?」というような質問への答えが、年ごとに回ってくる「補運」と「通変星」の組み合わせです。あなたの日柱上段の天干（日主）のグラフを探してください。

ここで言う「補運」は、命式の中で、通変星を補足する役割をする補運と同じ12種類ですが、その時期の運を表わす場合は、やや違った意味も含んでいるので、155～157ページをごらんください。

また、対になっている通変星は、その時期の運の傾向や出来事を暗示します。

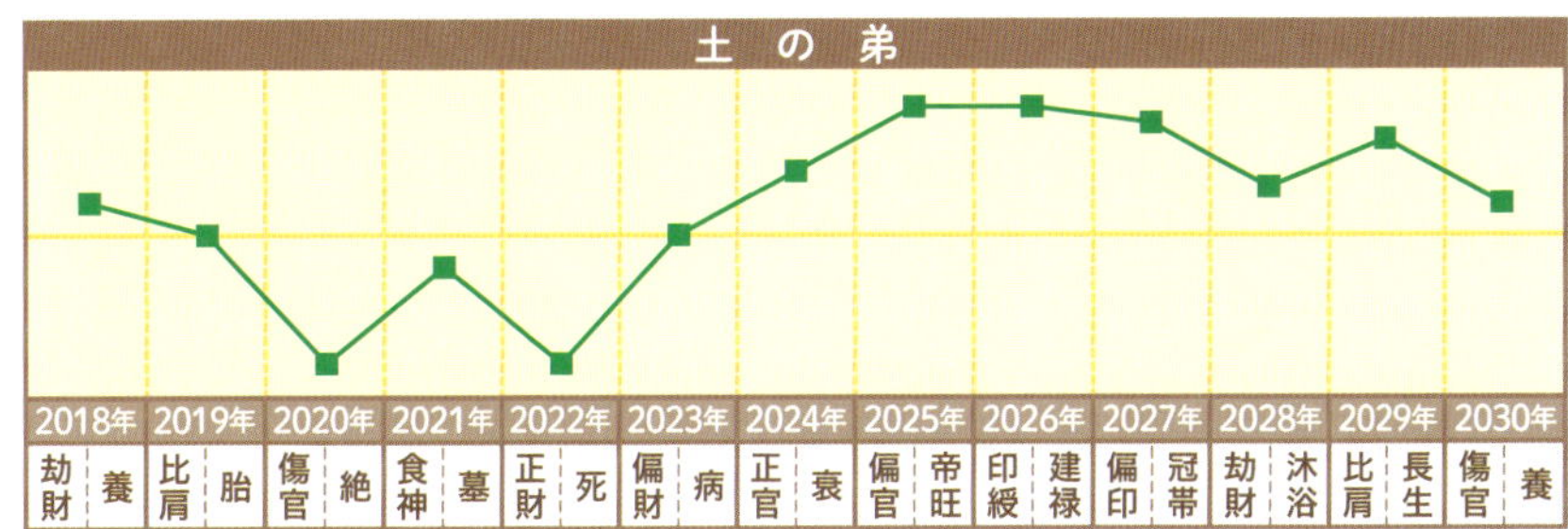

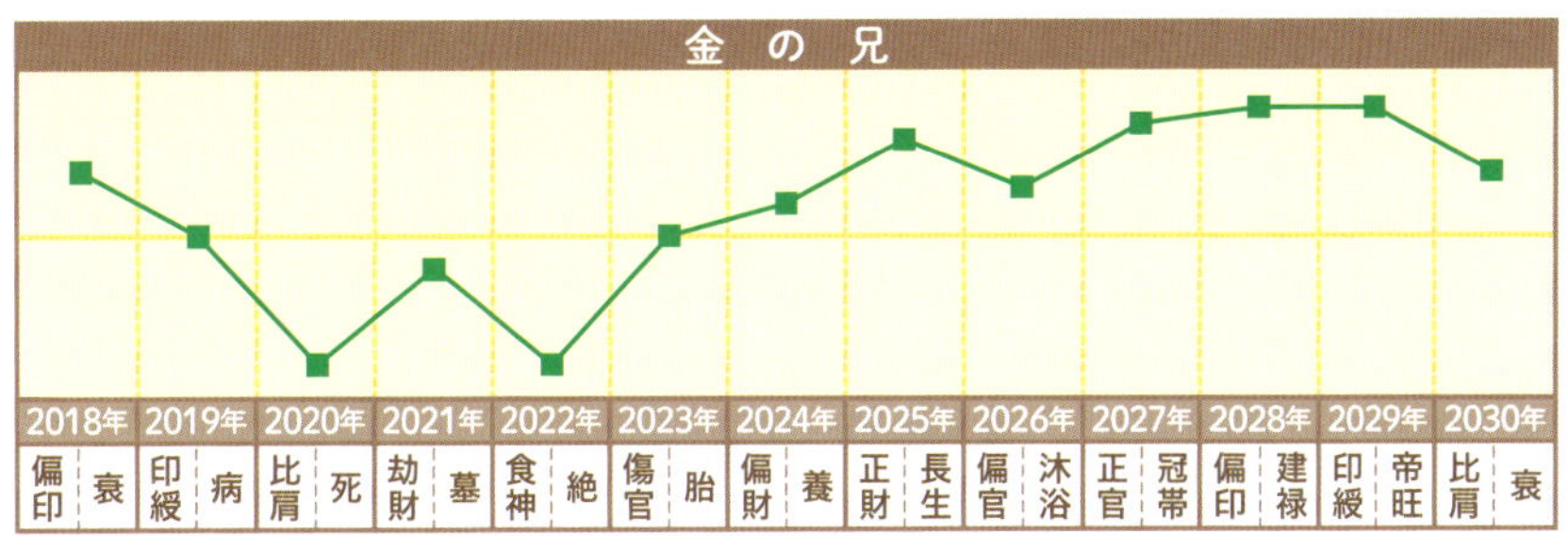

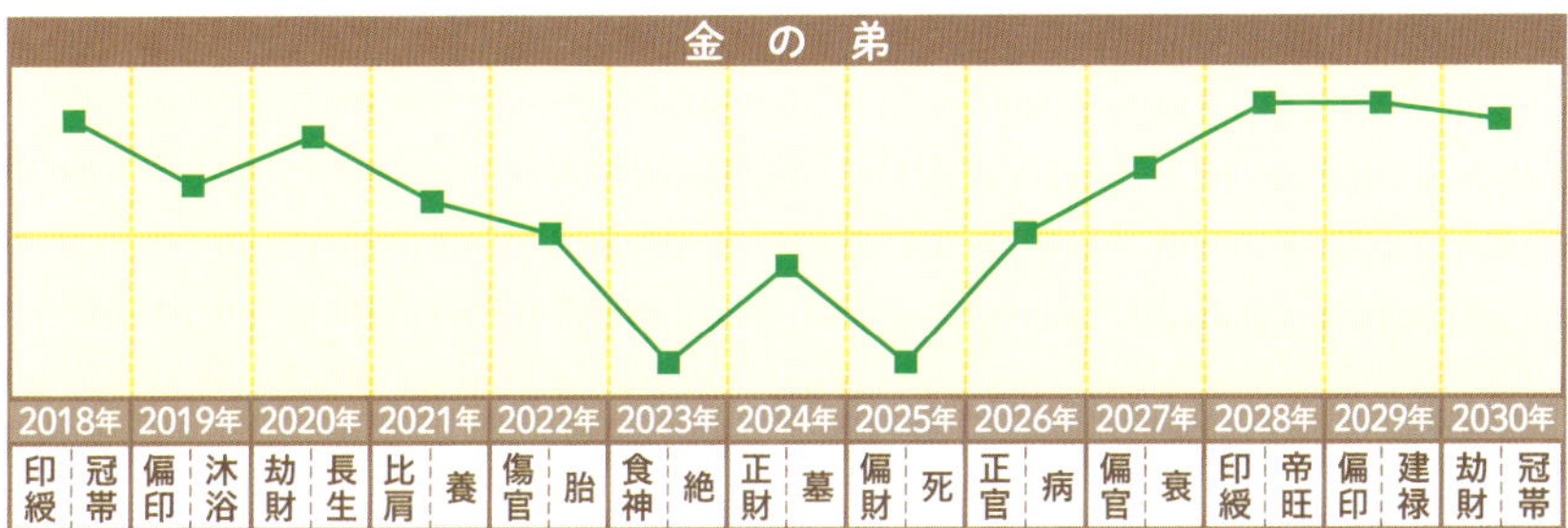

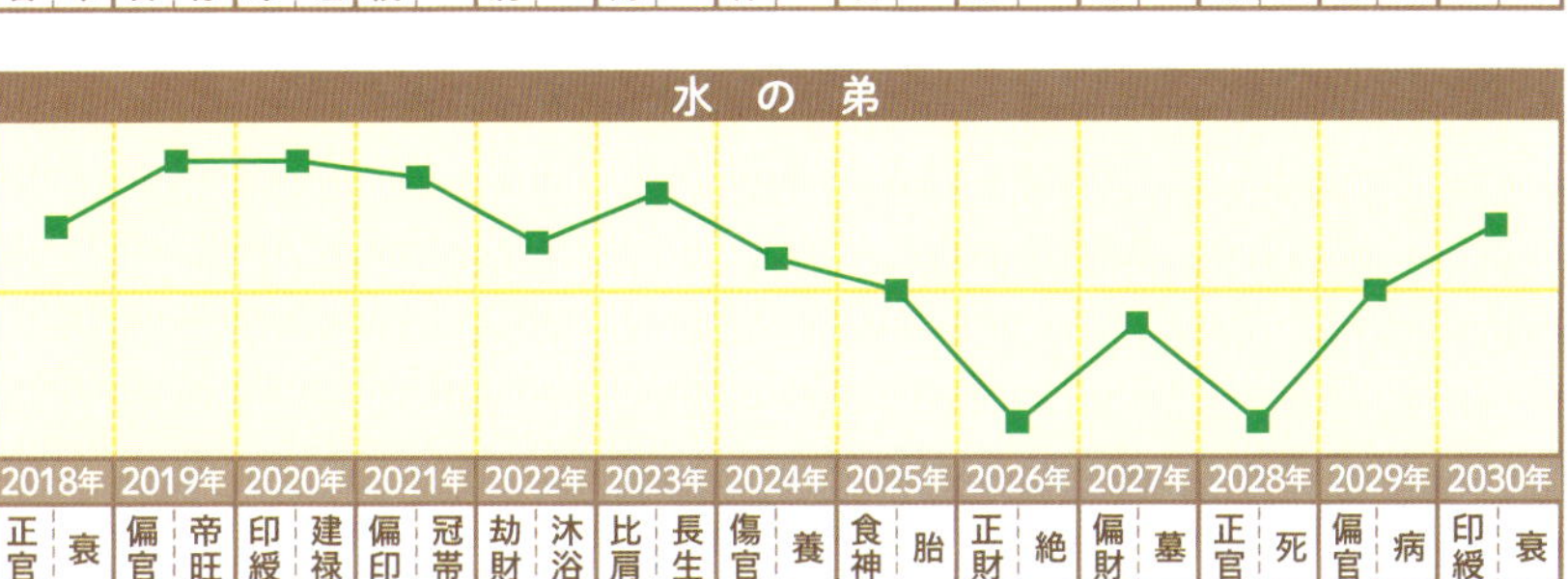

めぐり来る運気を上手に使って、幸運を掴む

四柱推命では、命式にある通変星のキャラと位置やバランスが一番重要だということはご理解いただけたと思います。そして、それぞれの通変星に付いている「補運」や「刑冲破害」「吉凶星」が、補足的な役割を果たしています。

これらは、生まれたときに決定されて、一生変わりません。また、一生の運の流れは、148ページで説明した通り「大運」によって決まっています。

では、自分で運を切り開くのに、何が必要かというと、一つは自分のキャラクターを自覚して対人関係や仕事に対する姿勢を微調整してみることです。

そして、もう一つの重要なことは、その年や月にめぐってくる運をあらかじめ知って、意識した言動をすることです。

例えば、空亡（天中殺）のときに、新しい事業や結婚をしないようにするとか、補運が上昇しているときには、積極的に行動するなどです。また、自分の命式の中にない通変星が年運や月運に入って来ているときは、その星の恩恵を充分に生かしましょう。例えば、財の星が命式の中にゼロでも、年運に付いていれば、経済的な思考回路や合理的な考えができるようになりますし、知性の星が付いていれば、勉強に身が入り試験に合格したり資格を習得するようなことに使えます。子宝を望んでいる方は、食神が周っているときがチャンスです。各年、各月に付いている通変星のキャラは、第二章の基本性格のページを参照してください。

それぞれの年や月、あるいは日や時間にも、運の強さや傾向を表わす「比肩の胎」とか、「正官の建禄」などが必ず付いていますが、本書では、影響が大きい、年運の表（153ページ）と月運の表（154ページ）を掲載しました。ご自分の日柱上段の天干（日主）のところをチェックしてください。なお、四柱推命の運気は、規則的に回っているので、月運については、ご自分で表の続きを作成することも簡単にできます。

■年運の表（日干で見る年運）

日干		年	木の兄		木の弟		火の兄		火の弟		土の兄		土の弟		金の兄		金の弟		水の兄		水の弟	
2018年	土の兄	戌	偏財	養	正財	墓	食神	墓	傷官	養	比肩	墓	劫財	養	偏印	衰	印綬	冠帯	偏官	冠帯	正官	衰
2019年	土の弟	亥	正財	長生	偏財	死	傷官	絶	食神	胎	劫財	絶	比肩	胎	印綬	病	偏印	沐浴	正官	建禄	偏官	帝旺
2020年	金の兄	子	偏官	沐浴	正官	病	偏財	胎	正財	絶	食神	胎	傷官	絶	比肩	死	劫財	長生	偏印	帝旺	印綬	建禄
2021年	金の弟	丑	正官	冠帯	偏官	衰	正財	養	偏財	墓	傷官	養	食神	墓	劫財	墓	比肩	養	印綬	衰	偏印	冠帯
2022年	水の兄	寅	偏印	建禄	印綬	帝旺	偏官	長生	正官	死	偏財	長生	正財	死	食神	絶	傷官	胎	比肩	病	劫財	沐浴
2023年	水の弟	卯	印綬	帝旺	偏印	建禄	正官	沐浴	偏官	病	正財	沐浴	偏財	病	傷官	胎	食神	絶	劫財	死	比肩	長生
2024年	木の兄	辰	比肩	衰	劫財	冠帯	偏印	冠帯	印綬	衰	偏官	冠帯	正官	衰	偏財	養	正財	墓	食神	墓	傷官	養
2025年	木の弟	巳	劫財	病	比肩	沐浴	印綬	建禄	偏印	帝旺	正官	建禄	偏官	帝旺	正財	長生	偏財	死	傷官	絶	食神	胎
2026年	火の兄	午	食神	死	傷官	長生	比肩	帝旺	劫財	建禄	偏印	帝旺	印綬	建禄	偏官	沐浴	正官	病	偏財	胎	正財	絶
2027年	火の弟	未	傷官	墓	食神	養	劫財	衰	比肩	冠帯	印綬	衰	偏印	冠帯	正官	冠帯	偏官	衰	正財	養	偏財	墓
2028年	土の兄	申	偏財	絶	正財	胎	食神	病	傷官	沐浴	比肩	病	劫財	沐浴	偏印	建禄	印綬	帝旺	偏官	長生	正官	死
2029年	土の弟	酉	正財	胎	偏財	絶	傷官	死	食神	長生	劫財	死	比肩	長生	印綬	帝旺	偏印	建禄	正官	沐浴	偏官	病
2030年	金の兄	戌	偏官	養	正官	墓	偏財	墓	正財	養	食神	墓	傷官	養	比肩	衰	劫財	冠帯	偏印	冠帯	印綬	衰
2031年	金の弟	亥	正官	長生	偏官	死	正財	絶	偏財	胎	傷官	絶	食神	胎	劫財	病	比肩	沐浴	印綬	建禄	偏印	帝旺
2032年	水の兄	子	偏印	沐浴	印綬	病	偏官	胎	正官	絶	偏財	胎	正財	絶	食神	死	傷官	長生	比肩	帝旺	劫財	建禄
2033年	水の弟	丑	印綬	冠帯	偏印	衰	正官	養	偏官	墓	正財	養	偏財	墓	傷官	墓	食神	養	劫財	衰	比肩	冠帯
2034年	木の兄	寅	比肩	建禄	劫財	帝旺	偏印	長生	印綬	死	偏官	長生	正官	死	偏財	絶	正財	胎	食神	病	傷官	沐浴
2035年	木の弟	卯	劫財	帝旺	比肩	建禄	印綬	沐浴	偏印	病	正官	沐浴	偏官	病	正財	胎	偏財	絶	傷官	死	食神	長生
2036年	火の兄	辰	食神	衰	傷官	冠帯	比肩	冠帯	劫財	衰	偏印	冠帯	印綬	衰	偏官	養	正官	墓	偏財	墓	正財	養

■**月運の表** ※自分の日柱の天干(日主)の列が、あなたの毎月の運気です。運気の性格を表わす通変星は10種で、運の強さを表す補運は12種で繰り返します。

日干		月	木の兄	木の弟	火の兄	火の弟	土の兄	土の弟	金の兄	金の弟	水の兄	水の弟
2018年 8月	金の兄	申	偏官 絶	正官 胎	偏財 病	正財 沐浴	食神 病	傷官 沐浴	比肩 建禄	劫財 帝旺	偏印 長生	印綬 死
9月	金の弟	酉	正官 胎	偏官 絶	正財 死	偏財 長生	傷官 死	食神 長生	劫財 帝旺	比肩 建禄	印綬 沐浴	偏印 病
10月	水の兄	戌	偏印 養	印綬 墓	偏官 墓	正官 養	偏財 墓	正財 養	食神 衰	傷官 冠帯	比肩 冠帯	劫財 衰
11月	水の弟	亥	印綬 長生	偏印 死	正官 絶	偏官 胎	正財 絶	偏財 胎	傷官 病	食神 沐浴	劫財 建禄	比肩 帝旺
12月	木の兄	子	比肩 沐浴	劫財 病	偏印 胎	印綬 絶	偏官 胎	正官 絶	偏財 死	正財 長生	食神 帝旺	傷官 建禄
2019年 1月	木の弟	丑	劫財 冠帯	比肩 衰	印綬 養	偏印 墓	正官 養	偏官 墓	正財 墓	偏財 養	傷官 衰	食神 冠帯
2月	火の兄	寅	食神 建禄	傷官 帝旺	比肩 長生	劫財 死	偏印 長生	印綬 死	偏官 絶	正財 胎	偏財 病	正財 沐浴
3月	火の弟	卯	傷官 帝旺	食神 建禄	劫財 沐浴	比肩 病	印綬 沐浴	偏印 病	正官 胎	偏財 絶	正財 死	偏財 長生
4月	土の兄	辰	偏財 衰	正財 冠帯	食神 冠帯	傷官 衰	比肩 冠帯	劫財 衰	偏印 養	正官 墓	偏官 墓	正官 養
5月	土の弟	巳	正財 病	偏財 沐浴	傷官 建禄	食神 帝旺	劫財 建禄	比肩 帝旺	印綬 長生	偏官 死	正官 絶	偏官 胎
6月	金の兄	午	偏官 死	正官 長生	偏財 帝旺	正財 建禄	食神 帝旺	傷官 建禄	比肩 沐浴	印綬 病	偏印 胎	印綬 絶
7月	金の弟	未	正官 墓	偏官 養	正財 衰	偏財 冠帯	傷官 衰	食神 冠帯	劫財 冠帯	偏印 衰	印綬 養	偏印 墓
8月	水の兄	申	偏印 絶	印綬 胎	偏官 病	正官 沐浴	偏財 病	正財 沐浴	食神 建禄	劫財 帝旺	比肩 長生	劫財 死
9月	水の弟	酉	印綬 胎	偏印 絶	正官 死	偏官 長生	正財 死	偏財 長生	傷官 帝旺	比肩 建禄	劫財 沐浴	比肩 病
10月	木の兄	戌	比肩 養	劫財 墓	偏印 墓	印綬 養	偏官 墓	正官 養	偏財 衰	傷官 冠帯	食神 冠帯	傷官 衰
11月	木の弟	亥	劫財 長生	比肩 死	印綬 絶	偏印 胎	正官 絶	偏官 胎	正財 病	食神 沐浴	傷官 建禄	食神 帝旺
12月	火の兄	子	食神 沐浴	傷官 病	比肩 胎	劫財 絶	偏印 胎	印綬 絶	偏官 死	正財 長生	偏財 帝旺	正財 建禄
2020年 1月	火の弟	丑	傷官 冠帯	食神 衰	劫財 養	比肩 墓	印綬 養	偏印 墓	正官 墓	偏財 養	正財 衰	偏財 冠帯
2月	土の兄	寅	偏財 建禄	正財 帝旺	食神 長生	傷官 死	比肩 長生	劫財 死	偏印 絶	正官 胎	偏官 病	正官 沐浴
3月	土の弟	卯	正財 帝旺	偏財 建禄	傷官 沐浴	食神 病	劫財 沐浴	比肩 病	印綬 胎	偏官 絶	正官 死	偏官 長生
4月	金の兄	辰	偏官 衰	正官 冠帯	偏財 冠帯	正財 衰	食神 冠帯	傷官 衰	比肩 養	印綬 墓	偏印 墓	印綬 養
5月	金の弟	巳	正官 病	偏官 沐浴	正財 建禄	偏財 帝旺	傷官 建禄	食神 帝旺	劫財 長生	偏印 死	印綬 絶	偏印 胎
6月	水の兄	午	偏印 死	印綬 長生	偏官 帝旺	正財 建禄	偏財 帝旺	正財 建禄	食神 沐浴	劫財 病	比肩 胎	劫財 絶
7月	水の弟	未	印綬 墓	偏印 養	正官 衰	偏財 冠帯	正財 衰	偏財 冠帯	傷官 冠帯	比肩 衰	劫財 養	比肩 墓
8月	木の兄	申	比肩 絶	劫財 胎	偏印 病	正官 沐浴	偏官 病	正官 沐浴	偏財 建禄	傷官 帝旺	食神 長生	傷官 死
9月	木の弟	酉	劫財 胎	比肩 絶	印綬 死	偏官 長生	正官 死	偏官 長生	正財 帝旺	食神 建禄	傷官 沐浴	食神 病
10月	火の兄	戌	食神 養	傷官 墓	比肩 墓	印綬 養	偏印 墓	印綬 養	偏官 衰	正財 冠帯	偏財 冠帯	正財 衰

運勢的には、まだ力不足の状態であり、行動力も弱く、気持ちだけが先走ってしまうときです。不安から言い訳ばかりしたり、周囲の意見や環境に流される傾向もあります。そんな精神状態を見透かされると、人から軽く見られて、いいように利用されますから気をつけてください。

胎の運がめぐっているときは長期計画で物事を進めましょう。新たに始めたことは途中で投げ出さず、持続していけば、だんだんと大きく育つ可能性があります。

また、発想力には恵まれますから、良いアイデアが浮かんだら、忘れないように、必ず記録しておきましょう。ふとしたきっかけで、形になっていく可能性もあります。

運勢はゆっくりと上昇傾向ですが、抜きん出る力強さはまだなので、基礎固めのときとなります。

周囲の人の援助には恵まれますが、逆にあなたが誰かの面倒を見なければならない場合もあるでしょう。

新たな計画はよほどの実力者が後押ししてくれるのであれば別ですが、思ったようには進まない可能性大です。今すぐに実行を焦らないで、機が熟すのを待ったほうが賢明でしょう。

日常生活をのんびりと楽しむには良い時期ですから、プライベートは心と体をケアし、充電することに努めてください。その上で余裕があれば、創作的な趣味に取り組むと充実感を得られます。

運勢は強運期を迎えて、大きく発展するときです。長生の運はただ伸びるだけでなく全体のバランスも取れていますから、実力以上の活躍ができるでしょう。

仕事は周囲の期待に応えて成果を上げ、活躍の場をさらに広げていくことができます。ただ、交渉や営業の場面ではもう少し押しの強さがないと、肝心なところでチャンスを逃してしまうかもしれません。

目上からの引立てにも恵まれますが、無理してリーダーになるよりは、補佐役に徹して実益を得たほうが無難です。

寸暇を惜しんで資格習得のために勉強すれば、キャリアアップに繋がります。健康には恵まれているので、少しくらい無理をしても大丈夫。

運勢に勢いはありますが、まだその流れになじむことができず、気持ちが落ち着かないときです。「これで良いのかしら」と不安を抱いたり、迷うことが多くなり、そんな精神状態のときに限って判断ミスをしがちなのです。仕事は中途半端に手出しするのが一番良くありません。目の前の課題を着実にこなし、信用と実績を積むことが大切です。

沐浴のときは、無防備で情に流されやすいので、職場で恋愛トラブルなどを起こさないように、くれぐれも用心してください。

また、この時期は、強い自我が芽生えますから、そのエネルギーを創作活動や、パフォーマンス系の趣味に向けると、プラスになります。

冠帯のときは強運であり、心身共に充実した状態なので、何事にも前向きにチャレンジしていくことができます。

もし、現在の環境に行き詰まりを感じているのであれば、思い切って新しい世界に飛び込むチャンスです。

仕事では機先を制して成功し、キャリアアップもかなうでしょう。ただ、伸び盛りのときというのは有頂天になりやすく、ときに傲慢さが目立つのが難点です。世の中は持ちつ持たれつ、周囲の人に対して常に感謝の気持ちを忘れないようにしてください。そうすれば、更に信用されるようになります。

また、表面的な成功に心を奪われず、物事の本質を見極める目を養いましょう。

建禄

力強い上昇運です。これまで積み重ねた努力が実を結んで、社会的な成功を手にするでしょう。

独立や起業を考えていた人は希望が実現し、良い形でスタートを切ることができそうです。仕事の地位が安定するのに伴い、新たな人脈が生まれ、生活もワンランクアップが望めます。ただし、手にした権利を濫用したり、ライバルと必要以上に張り合ったりすると、後々自分で自分の首を絞める結果になりそうです。

発展運のときこそ心の手綱をしっかりと締めて、慎重に物事を運ぶことが大切です。

また、建禄のときは日々多忙を極めますから、自身の健康管理も怠らないようにしましょう。

帝旺のときは運勢がピークに達して、ツキが味方します。仕事では実力を存分に発揮し、目標を次々に達成していけるでしょう。好奇心や研究心も旺盛ですから、現状に満足することなく、さらなるチャレンジをしてみたくなります。

ただ、自信満々で怖いもの知らずになっているときというのは、意外と周囲が見えていません。今の幸運がいつまでも続くと思わないで、先々のことを考えてリスクマネジメントしておくべきです。特に健康運には、赤信号が灯り始めています。

また、仕事に夢中になり過ぎて、家庭や恋人を顧みなくなると、一番大切なものを失いますから、私生活への気配りも忘れないでください。

頂点を極めた運勢が下り坂に向かいます。衰のときは気力が衰えて、新たなことにチャレンジしようという意欲が湧きません。行動力が低下するために自然とチャンスが減り、大きな発展は望めなくなるでしょう。

ただ、今までに積み上げた実績がある人は、それを生かしつつ努力することで現状維持が可能です。活躍のチャンスが減ったからと言って内向きにならず、これまで忙しくてできなかったことに目を向けてください。

プライベートでは趣味の時間を持てるようになり、仕事以外の世界が開けそうです。疲れを感じていた人は、この穏やかさをプラスと受け止めることが大切です。

病

病のときは運勢の衰えをはっきりと感じます。あれこれと考える割には何事も具体的に進まず、目に見えるような成果が出にくくなるのです。

また、気力や体力が低下してくると神経質になり、些細な出来事に動揺したり、取り越し苦労をしやすくなります。

一方、他人の痛みが分かるようになるので、情の厚い人という評価にも繋がります。

健康に不安がある場合は医者の診断を受け、きちんとケアをして、体調を整えることが大切。その上で、余暇を充実させることを考えましょう。

病の運気のときは感受性が豊かになりますから、芸術鑑賞を楽しんだり、創作に打ち込むと、思わぬ才能が開花するかもしれません。

死

十二運の「死」がめぐってくると運勢はピタッと動きが止まり、決断力や行動力が低下します。気力と体力が不足しているため、積極的に物事に取り組もうという気持ちになれず、何となく時間をやり過ごしがちになります。

仕事面では、目の前に壁が立ちはだかると、すぐに投げやりになりそうです。信頼を失わないためには、周囲に頭を下げ、助けを借りて、何とか乗り切りましょう。

落ち込む出来事があったときは、冷静に自己を内省してみること。観察力や分析力は冴えているので、意外な解決策が見つかるかもしれません。

学問や研究については、静かに集中して取り組めるときとも言えそうです。

墓

墓のときは外に向けてアピールしたり、華やかに活躍するときではありません。コツコツ地道な努力を積み重ねて力を蓄えるときです。ただ現状を守ることに執着すると、上司からは低い評価を受けやすいかもしれません。

ツキが期待できないために考え方が保守的で現実主義的になり、金銭面にも堅実さが出てきます。財テクに興味が高まり、資産運用に力を入れるようになるでしょう。相続運という暗示もあるので、概して金運には恵まれます。

人間関係では、円満で寛容な傾向が強まり、信頼される一方、金銭面で締め過ぎるとケチだと評価されるので、使うべきところには惜しまず、投資する心がけが大切です。

絶

運勢的には吉凶混合ですが、ひとつのサイクルの終わりを意味しているので、仕事や住居、人間関係が変わりやすい傾向があります。そのため、精神的には、不安定で落ち着かないときのほうが多くなりそうです。

心が定まらないために、新しいことを始めても長続きせず、中途半端になりがち。心のスキマを埋めるために遊び目的の恋愛や刹那的な快楽を求める傾向もあります。

スキャンダルに発展するような遊びは良くありませんが、旅行をしたり、テーマパークなどで心を自由に開放するのはお薦め。特にクリエイティブな仕事をしている人は、そうした体験が後で作品に生きてくるでしょう。

終わりに

幸せを引き寄せるメッセージ

開運への約束

幸せを引き寄せる磁石の作り方、三つの法則を最後にお話しましょう。

一番目は**【流れでとらえてみましょう】**。

私が誕生したのは、宇宙の思し召し。大自然の一部と、まずは大きなスパンでとらえてみましょう。今日は人間関係が悪い。金運が低調だ。明日は恋愛運が最高だ。など断片的なことではなく、年単位でみた時に、取り組むべきことを心のスクリーンに描くと体内時計が動き始め、眠っている開運のエネルギーが活性化してきます。人生は苦あれば楽あり。良い事もあればアクシデントもあります。良い時も悪い時もひっくるめてどういう気持ちで過ごせばいいのか、今の行いを後の幸福につなげる根本的な事を考えてみましょう。

二番目は、**【器を知りましょう】**。

失敗をして「運が悪かった」という人がいますが、自分のキャパを越えたアクションは不幸な結果に繋がると思ったほうが賢明なのです。中国には、〝臭〟という字によせた〝自大臭なり〟の言葉があります。これは、自分自身を誇示する人はクサイ（怪しい）つまり信用できないという、思い上がりを戒める教えです。四柱推命では、運の〝質と量〟が分かりますから、自分の器を知ることができます。ただし、小さくとも落ち込むことなどありません。短期間で進める計画やサブ的な役割が得意な人、小回りを利かせたフォローができる人など、出番は至るところにあるのです。

三番目は**【落ち着いて、慌てずに】**。

何をやってもうまくいかない時期があります。それは時の神さまがソッポを向き、幸福の神さまの耳が塞がってあなたの願いごとが聞こえない休止期です。そんなときはジタバタするのをやめて、今手元にある楽しいものに気持ちを注ぎましょう。私たちはともすれば、悪いことを払い、幸せ一色に塗りかえてくれるような魔法の力を求めがちですが、悪い時は、新しいことにチャレンジしても、開運の門がピタリと閉まっている時間帯ですから、門前払いになってしまいます。自分が今、人生でどんなシーズンの中にいるのかを知り、その季節に応じた過ごし方ができれば、間違いなく充実した日々を送ることができるのです。

絶好調の時でも、社会のルールを破ればどん底に落ちます。最近のニュースを見てもわかるように、公文書や食品の偽造で会社が倒産したり、贈収賄でキャリアが台なしになるなど、過ちを犯せば後から必ずペナルティを課せられるのが現実です。誰も見ていないから大丈夫とか、みんなやっていることだからという意識はとても危険。〝運は他の運をもってあがなう〟という法則があるので、どこかの運気に災いが飛び火をすることも。常識やマナーなど、社会の決まりを守る、そういう当たり前の事が、実は開運法の一つでもあるのです。

ツイていないと感じたときに、周りの人の忠告やアドバイスに耳を傾ける素直な気持ちも大切です。話しているうちに気持ちの整理ができて問題解決の糸口が見つかることもあれば、良い助言を貰って、すでにそのときから運気は好転のサイクルに入ることもあります。運が良い人に共通するのは、素直な気持ちの持ち主であること。運が悪い時は、正しいと思って進んでいることもベクトルの間違いに気がつかないもの。思考回路が混乱しているので、自分の頭で考えても良い解決策が浮かんでこないのです。低迷期の早期回復には周囲の意見を取り入れましょう。

礼儀を大切にしましょう。成功を収めた人に共通して言えるのは、礼儀正しい姿勢です。成功して終わりではなく、謙虚な心を忘れずに礼儀を積み重ねることで、人脈を育て、更なる飛躍につながります。日々の細やかな心遣い、地道に信用を養っていくことも、開運に大きく貢献することは確かです。

運は生き物です。自然には逆らえないように、運にもまた、逆らうことはできません。でも、自分に与えられたプログラムを解析することで開運していくことは可能なのです。その上で日々の心構えとして優しく、素直に明るい気持ちで暮らしながら、来たる運を信じてごらんなさい。感謝が生まれて必ず大きな幸せに包まれます。

神野(かみの)さち

1970年代半ばにルネ・ヴァン・ダール・ワタナベ氏に師事し、西洋占星術の研究を始める。その後、台湾の黄啓霖氏の教えを受けて1995年には中華民国星相学会より「永久名誉会員」として公式認定を受ける。50年にわたるキャリアを持ち、東洋占術・西洋占術双方から、時空を超えてアプローチできる占術家。ルネ・ヴァン・ダール研究所に所属し20年近く代表取締役を務めた。2011年「Kaminoコーポレーション」設立。「森のアトリエ」で「エミール塾」を開講中。2018年から一般社団法人日本占術協会副会長に就任。著書に『もっともわかりやすい九星気学』（説話社）など。

本文イラスト●堀川直子
本文デザイン●根本直子（株式会社説話社）
本文DTP●根本直子（株式会社説話社）、苅谷涼子
執筆協力●今井えりか、星野 燿
編集協力●小島みな子（株式会社説話社）、SOSA
編集担当●柳沢裕子（ナツメ出版企画株式会社）

本書に関するお問い合わせは、書名・発行日・該当ページを明記の上、下記のいずれかの方法にてお送りください。電話でのお問い合わせはお受けしておりません。

・ナツメ社webサイトの問い合わせフォーム
　https://www.natsume.co.jp/contact
・FAX（03-3291-1305）
・郵送（下記、ナツメ出版企画株式会社宛て）

なお、回答までに日にちをいただく場合があります。

正誤のお問い合わせ以外の書籍内容に関する解説・個別の相談は行っておりません。あらかじめご了承ください。

いちばんやさしい四柱推命(しちゅうすいめい)入門(にゅうもん)

2018年 9 月 1 日　初版発行
2022年 7 月10日　第12刷発行

著　者　神野(かみの)さち
発行者　田村正隆

発行所　株式会社ナツメ社
東京都千代田区神田神保町1-52　ナツメ社ビル1F（〒101-0051）
電話 03-3291-1257（代表）　FAX 03-3291-5761
振替 00130-1-58661

制　作　ナツメ出版企画株式会社
東京都千代田区神田神保町1-52　ナツメ社ビル3F（〒101-0051）
電話 03-3295-3921（代表）

印刷所　図書印刷株式会社

ISBN978-4-8163-6514-0　Printed in Japan

別冊付録

命式の作り方と早見表

あなたが持つ７つの通変星を調べて
命式（運命図）を完成させましょう

もくじ

命式（運命図）作成の注意点

四柱推命は、よく当たる占術として昔から信頼されてきましたが、個人の命式を割り出すのが面倒だと言われてきました。この本では、簡単な方法で命式が出せるようになっています。

旧暦では、立春が新年、月は節入り日で変わる

普通は、四柱推命の命式を作成するときに、万年暦というものを使います。これは、100年分の旧暦のカレンダーですが、専門的なので、本書では1937年生まれから、2020年生まれの方のために、簡単な表を付けています。

ここで、ひとつ覚えておいていただきたいのは、旧暦では新年の始まりは2月の立春からで、各月の始まりは節入り日からとなっています。節入り日は、年によって動きますが、だいたい新暦の3日から9日の間に設定されています。正確には、節入りは時間まで決められていますが、本書では便宜的に日にちだけで区切っています。節入り日の前後に生まれた方は、万年暦を使って詳しく調べることもできます。

また、四柱推命の一人ひとりの運命図である命式を作成するためには、生まれた日の天干（十干）と地支（十二支）が必要不可欠です。本書では、天干の、甲、乙、丙、丁……は、大変覚えにくいので、それぞれを木の兄、木の弟、火の兄、火の弟と言い換えています。兄のほうが陽で、弟のほうが、陰の気を表わしています（本書9ページ表1参照）。

陽（＋）と陰（－）と聞くと、陽が良くて陰が悪いというイメージで受け取られる方が多いのですが、これは単なる分類で優劣はなく、性質を示したものと考えてください。能動的と受動的、あるいは男性と女性を表わすときも、陽と陰を使い分ける場合もあります。

四つの柱が、周りの人物や人生の季節を表わします

まず、この付録の3ページの表を見てください。この表は、本書の11ページの表とほぼ同じですが、これから記入していく部分が空欄で示されています。付録の4ページ以降の説明に従って、それぞれの生年月日から選び出した、天干や地支や、通変星を書き込みましょう。ご自身以外の方の命式も作りたい方は、この3ページの表をコピーしてご利用ください。四柱推命は、それぞれの柱が、祖先や幼年期、あるいは関係者の影響などを示しています。同じ柱の中に入っている天干や地支、あるいは通変星や補運が、複合的な意味を持っている場合もあります。その時に占いたいテーマによって、それぞれの意味するところを、使い分けていくことが、必要です。

■四柱推命　個人の命式（運命図）

時柱 じちゅう			日柱 にっちゅう			月柱 げっちゅう			年柱 ねんちゅう		
時の天干	通変星	補運		日の天干		月の天干	通変星	補運	年の天干	通変星	補運
の				の		の			の		
時の地支				日の地支		月の地支			年の地支		
時の下段の天干	通変星	補運	日の下段の天干	通変星	補運	月の下段の天干	通変星	補運	年の下段の天干	通変星	補運
の			の			の			の		

上段　行動パターン　印象　ルックス

下段　隠された性格　本質　生き方

自分の空亡（地支２種）			
昨年の運		補運	
今年の運		補運	
来年の運		補運	

年　　月　　日　　時生まれ

年柱　祖先、両親、目上、上司、家、不動産、引き立て運、初年運（４～18歳）、出来事の序章

月柱　自分自身、性格、才能、仕事運、家庭運、青年運（18～40歳）、価値観、全ての基本

日柱　配偶者、パートナー、恋愛、結婚、SEX、中年運（40～65歳）、美意識、好みの異性

時柱　子供、孫、後輩、部下、弟子、生誕の環境　晩年運（65歳～）、出来事の結末

例）A子さんの場合

時柱			日柱			月柱			年柱		
時の天干	通変星	補運		日の天干		月の天干	通変星	補運	年の天干	通変星	補運
土の兄	偏財	冠帯		木の兄		水の兄	偏印	胎	金の兄	偏官	死
時の地支				日の地支		月の地支			年の地支		
辰				戌		午			子		
時の下段の天干	通変星	補運	日の下段の天干	通変星	補運	月の下段の天干	通変星	補運	年の下段の天干	通変星	補運
土の兄	偏財	衰	土の兄	偏財	養	火の兄	食神	死	水の弟	印綬	沐浴

自分の空亡（地支２種）	申酉		
2019年の運	正財	補運	長生
2020年の運	偏官	補運	沐浴
2021年の運	正官	補運	冠帯

1960年 6月 15日 7時生まれ

※空亡は一生変わりません。本体の150ページの表をご参照ください。

まず、日柱の星を調べる

四柱推命の全ての通変星や補運を調べる基本になっているのは、誕生日の天干と地支（十干十二支）です。下の表で、ご自分の生まれた年（西暦の下二桁）の生まれた月の数字を探してください。

例えば、A子さんの誕生日が1960年の6月15日だった場合は、6月の欄の数字は56です。この数字に、生まれた日付の数を足します。

誕生日は15日なので、56＋15＝71になります。ここで出た答えが61以上の数字だった方は60を引きます。60以下だった方は、そのままの数字を使います。

A子さんの場合キーナンバー71なので71－60＝11となります。

次に、5ページの表で11の欄をチェックしてください。上記のようになります。

11				
木の兄	戌	土の兄	偏財	養

左から、木の兄（天干）、戌（地支）、土の兄（下段の天干）、偏財（通変星）、養（補運）と書いてあります。日柱早見表の、11の欄に書いてあるこの5つの単語を左から順番に選び、付録3ページの表では上からの順で、書き込むと日柱は完成です。

空亡（くうぼう）とは、天中殺と同じ意味 要注意です

この日柱早見表を縦に追うと、一番下に空亡という欄があります。十干と十二支を組み合わせると、二支（二つの動物）が余りますが、これを空亡と呼びます。過去に流行した天中殺のこと、と言えば分かりやすいでしょうか。A子さんの場合は、申酉空亡となります。空亡は、時間が存在するのに空間が存在しない状態であり、天の恩恵を受けることができない期間です。それゆえ、空亡の年、月、日は能動的に行動することは避け、受け身で過ごすべきとされています。空亡については、本書の102ページで詳しく説明してあります。

79年	80年	81年	82年	83年	84年	85年	86年	87年	88年	89年	90年	91年	92年	93年	94年	95年	96年	97年	98年	99年	00年	01年	02年	03年	04年	05年	06年	07年	08年	09年	10年	11年	12年	13年	14年	15年	16年	17年	18年	19年	20年	生まれ年
4	9	15	20	25	30	36	41	46	51	57	2	7	12	18	23	28	33	39	44	49	54	60	5	10	15	21	26	31	36	42	47	52	57	3	8	13	18	24	29	34	40	1月
35	40	46	51	56	1	7	12	17	22	28	23	38	43	49	54	59	4	10	15	20	25	31	36	41	46	52	57	2	7	13	18	23	28	34	39	44	49	55	60	5	11	2月
3	9	14	19	24	30	35	40	45	51	56	1	6	12	17	22	27	33	38	43	48	54	59	4	9	15	20	25	30	36	41	46	51	57	2	7	12	18	23	28	33	40	3月
34	40	45	50	55	1	6	11	16	22	27	32	37	43	48	53	58	4	9	14	19	25	30	35	40	46	51	56	1	7	12	17	22	28	33	38	43	49	54	59	4	11	4月
4	10	15	20	25	31	36	41	46	52	57	2	7	13	18	23	28	34	39	44	49	55	60	5	10	16	21	26	31	37	42	47	52	58	3	8	13	19	24	29	34	41	5月
35	41	46	51	56	2	7	12	17	23	28	33	38	44	49	54	59	5	10	15	20	26	31	36	41	47	52	57	2	8	13	18	23	29	34	39	44	50	55	60	5	12	6月
5	11	16	21	26	32	37	42	47	53	58	3	8	14	19	24	29	35	40	45	50	56	1	6	11	17	22	27	32	38	43	48	53	59	4	9	14	20	25	30	35	42	7月
36	42	47	52	57	3	8	13	18	24	29	34	39	45	50	55	60	6	11	16	21	27	32	37	42	48	53	58	3	9	14	19	24	30	35	40	45	51	56	1	6	13	8月
7	13	18	23	28	34	39	44	49	55	60	5	10	16	21	26	31	37	42	47	52	58	3	8	13	19	24	29	34	40	45	50	55	1	6	11	16	22	27	32	37	44	9月
37	43	48	53	58	4	9	14	19	25	30	35	40	46	51	56	1	7	12	17	22	28	33	38	43	49	54	59	4	10	15	20	25	31	36	41	46	52	57	2	7	14	10月
8	14	19	24	29	35	40	45	50	56	1	6	11	17	22	27	32	38	43	48	53	59	4	9	14	20	25	30	35	41	46	51	56	2	7	12	17	23	28	33	38	45	11月
38	44	49	54	59	5	10	15	20	26	31	36	41	47	52	57	2	8	13	18	23	29	34	39	44	50	55	60	5	11	16	21	26	32	37	42	47	53	58	3	8	15	12月

■日柱早見表

1	木の兄	子	水の弟	印綬	沐浴
2	木の弟	丑	土の弟	偏財	衰
3	火の兄	寅	木の兄	偏印	長生
4	火の弟	卯	木の弟	偏印	病
5	土の兄	辰	土の兄	比肩	冠帯
6	土の弟	巳	火の兄	印綬	帝旺
7	金の兄	午	火の弟	正官	沐浴
8	金の弟	未	土の弟	偏印	衰
9	水の兄	申	金の兄	偏印	長生
10	水の弟	酉	金の弟	偏印	病
空亡	戌亥				
11	木の兄	戌	土の兄	偏財	養
12	木の弟	亥	水の兄	印綬	死
13	火の兄	子	水の弟	正官	胎
14	火の弟	丑	土の弟	食神	墓
15	土の兄	寅	木の兄	偏官	長生
16	土の弟	卯	木の弟	偏官	病
17	金の兄	辰	土の兄	偏印	養
18	金の弟	巳	火の兄	正官	死
19	水の兄	午	火の弟	正財	胎
20	水の弟	未	土の弟	偏官	墓
空亡	申酉				
21	木の兄	申	金の兄	偏官	絶
22	木の弟	酉	金の弟	偏官	絶
23	火の兄	戌	土の兄	食神	墓
24	火の弟	亥	水の兄	正官	胎
25	土の兄	子	水の弟	正財	胎
26	土の弟	丑	土の弟	比肩	墓
27	金の兄	寅	木の兄	偏財	絶
28	金の弟	卯	木の弟	偏財	絶
29	水の兄	辰	土の兄	偏官	墓
30	水の弟	巳	火の兄	正財	胎
空亡	午未				
31	木の兄	午	火の弟	傷官	死
32	木の弟	未	土の弟	偏財	養
33	火の兄	申	金の兄	偏財	病
34	火の弟	酉	金の弟	偏財	長生
35	土の兄	戌	土の兄	比肩	墓
36	土の弟	亥	水の兄	正財	胎
37	金の兄	子	水の弟	傷官	死
38	金の弟	丑	土の弟	偏印	養
39	水の兄	寅	木の兄	食神	病
40	水の弟	卯	木の弟	食神	長生
空亡	辰巳				
41	木の兄	辰	土の兄	偏財	衰
42	木の弟	巳	火の兄	傷官	沐浴
43	火の兄	午	火の弟	劫財	帝旺
44	火の弟	未	土の弟	食神	冠帯
45	土の兄	申	金の兄	食神	病
46	土の弟	酉	金の弟	食神	長生
47	金の兄	戌	土の兄	偏印	衰
48	金の弟	亥	水の兄	傷官	沐浴
49	水の兄	子	水の弟	劫財	帝旺
50	水の弟	丑	土の弟	偏官	冠帯
空亡	寅卯				
51	木の兄	寅	木の兄	比肩	建禄
52	木の弟	卯	木の弟	比肩	建禄
53	火の兄	辰	土の兄	食神	冠帯
54	火の弟	巳	火の兄	劫財	帝旺
55	土の兄	午	火の弟	印綬	帝旺
56	土の弟	未	土の弟	比肩	冠帯
57	金の兄	申	金の兄	比肩	建禄
58	金の弟	酉	金の弟	比肩	建禄
59	水の兄	戌	土の兄	偏官	冠帯
60	水の弟	亥	水の兄	劫財	帝旺
空亡	子丑				

■日柱割り出しキーナンバー（西暦）

生まれ年	37年	38年	39年	40年	41年	42年	43年	44年	45年	46年	47年	48年	49年	50年	51年	52年	53年	54年	55年	56年	57年
1月	24	29	34	39	45	50	55	60	6	11	16	21	27	32	37	42	48	53	58	3	9
2月	55	60	5	10	16	21	26	31	37	42	47	52	58	3	8	13	19	24	29	34	40
3月	23	28	33	39	44	49	54	60	5	10	15	21	26	31	36	42	47	52	57	3	8
4月	54	59	4	10	15	20	25	31	36	41	46	52	57	2	7	13	18	23	28	34	39
5月	24	29	34	40	45	50	55	1	6	11	16	22	27	32	37	43	48	53	58	4	9
6月	55	60	5	11	16	21	26	32	37	42	47	53	58	3	8	14	19	24	29	35	40
7月	25	30	35	41	46	51	56	2	7	12	17	23	28	33	38	44	49	54	59	5	10
8月	56	1	6	12	17	22	27	33	38	43	48	54	59	4	9	15	20	25	30	36	41
9月	27	32	37	43	48	53	58	4	9	14	19	25	30	35	40	46	51	56	1	7	12
10月	57	2	7	13	18	23	28	34	39	44	49	55	60	5	10	16	21	26	31	37	42
11月	28	33	38	44	49	54	59	5	10	15	20	26	31	36	41	47	52	57	2	8	13
12月	58	3	8	14	19	24	29	35	40	45	50	56	1	6	11	17	22	27	32	38	43

生まれ年	58年	59年	60年	61年	62年	63年	64年	65年	66年	67年	68年	69年	70年	71年	72年	73年	74年	75年	76年	77年	78年
1月	14	19	24	30	35	40	45	51	56	1	6	12	17	22	27	33	38	43	48	54	59
2月	45	50	55	1	6	11	16	22	27	32	37	43	48	53	58	4	9	14	19	25	30
3月	13	18	24	29	34	39	45	50	55	60	6	11	16	21	27	32	37	42	48	53	58
4月	44	49	55	60	5	10	16	21	26	31	37	42	47	52	58	3	8	13	19	24	29
5月	14	19	25	30	35	40	46	51	56	1	7	12	17	22	28	33	38	43	49	54	59
6月	45	50	56	1	6	11	17	22	27	32	38	43	48	53	59	4	9	14	20	25	30
7月	15	20	26	31	36	41	47	52	57	2	8	13	18	23	29	34	39	44	50	55	60
8月	46	51	57	2	7	12	18	23	28	33	39	44	49	54	60	5	10	15	21	26	31
9月	17	22	28	33	38	43	49	54	59	4	10	15	20	25	31	36	41	46	52	57	2
10月	47	52	58	3	8	13	19	24	29	34	40	45	50	55	1	6	11	16	22	27	32
11月	18	23	29	34	39	44	50	55	60	5	11	16	21	26	32	37	42	47	53	58	3
12月	48	53	59	4	9	14	20	25	30	35	41	46	51	56	2	7	12	17	23	28	33

年柱の通変星を見つける

年柱の十干十二支（天干と地支）を調べるには、まず左の表の中から、あなたの誕生日が該当する期間を見つけてください。サンプルのA子さんは、1960年の6月15日生まれでしたが、この方の項目を見ると、

金の兄（庚）子　水の弟（癸）と書いてあります。付録3ページの表に、これらの天干と地支を記入してください。

これだけでは、まだ年柱の通変星は決定されていません。次に付録の27ページの通変星早見表を見てください。

通変星早見表では、一番左の欄に縦に日柱の天干が並んでいます。あなたの日柱の天干を見つけてその段を右に辿り、あなたの年柱の天干にぶつかったら、今度は、その行の一番上の段まで登ってください。一番上の段に書いてある通変星が、あなたの年柱の通変星です。年柱割り出し表には二つの天干が書いてありますが、最初に書いてあるほうが年柱の上段の通変星、後に書いてあるのが年柱の下段の通変星を探す天干になります。

A子さんの場合、日柱の天干は木の兄ですから、一番上の段を右に辿り、金の兄の行の上段に書いてある偏官が年柱上段の通変星、水の弟の行にある印綬が年柱下段の通変星です。

◆注意事項◆

四柱推命の命式（運命図）は、4つの柱がそれぞれ上下段に分かれているので、全部で8つの欄があります。

そのうち日柱の上段には（日主とも言う）誕生日の天干・地支（十干十二支）だけが入ります。年柱、月柱、時柱の上段には、それぞれの天干・地支と通変星とその通変星に付く補運が入ります。

年柱、月柱、日柱、時柱の下段には、いずれもそれぞれの天干と通変星と補運が入ります。下段には地支は入らないので、注意してください。

期間	年柱上段	干支	年柱下段
1937/2/4～	火の弟	丑	水の弟
1937/5/25～	火の弟	丑	金の弟
1937/6/30～	火の弟	丑	土の弟
1938/2/4～	土の兄	寅	土の兄
1938/5/1～	土の兄	寅	火の兄
1938/7/25～	土の兄	寅	木の兄
1939/2/5～	土の弟	卯	木の兄
1939/6/7～	土の弟	卯	木の弟
1940/2/5～	金の兄	辰	木の弟
1940/5/24～	金の兄	辰	水の弟
1940/6/30～	金の兄	辰	土の兄
1941/2/4～	金の弟	巳	土の兄
1941/4/6～	金の弟	巳	金の兄
1941/7/25～	金の弟	巳	火の兄
1942/2/4～	水の兄	午	火の兄
1942/6/6～	水の兄	午	土の弟
1942/9/24～	水の兄	午	火の弟
1943/2/5～	水の弟	未	火の弟
1943/5/25～	水の弟	未	木の弟
1943/7/1～	水の弟	未	土の弟
1944/2/5～	木の兄	申	土の弟
1944/4/30～	木の兄	申	土の兄
1944/6/5～	木の兄	申	水の兄
1944/7/12～	木の兄	申	金の兄
1945/2/4～	木の弟	酉	金の兄
1945/6/6～	木の弟	酉	金の弟
1946/2/4～	火の兄	戌	金の弟
1946/5/25～	火の兄	戌	火の弟
1946/6/30～	火の兄	戌	土の兄
1947/2/5～	火の弟	亥	土の兄
1947/5/1～	火の弟	亥	木の兄
1947/7/1～	火の弟	亥	水の兄
1948/2/5～	土の兄	子	水の兄
1948/6/6～	土の兄	子	水の弟
1949/2/4～	土の弟	丑	水の弟
1949/5/25～	土の弟	丑	金の弟
1949/6/30～	土の弟	丑	土の弟
1950/2/4～	金の兄	寅	土の兄
1950/4/30～	金の兄	寅	火の兄
1950/7/25～	金の兄	寅	木の兄
1951/2/4～	金の弟	卯	木の兄
1951/6/6～	金の弟	卯	木の弟
1952/2/5～	水の兄	辰	木の弟
1952/5/24～	水の兄	辰	水の弟
1952/6/30～	水の兄	辰	土の兄
1953/2/4～	水の弟	巳	土の兄
1953/4/6～	水の弟	巳	金の兄
1953/7/24～	水の弟	巳	火の兄
1954/2/4～	木の兄	午	火の兄
1954/6/6～	木の兄	午	土の弟
1954/9/24～	木の兄	午	火の弟
1955/2/4～	木の弟	未	火の弟
1955/5/25～	木の弟	未	木の弟
1955/7/1～	木の弟	未	土の弟
1956/2/5～	火の兄	申	土の弟
1956/4/30～	火の兄	申	土の兄
1956/6/5～	火の兄	申	水の兄
1956/7/12～	火の兄	申	金の兄
1957/2/4～	火の弟	酉	金の兄
1957/6/6～	火の弟	酉	金の弟

■年柱早見表

期間	年柱上段	干支	年柱下段
2000/6/29～	金の兄	辰	土の兄
2001/2/4～	金の弟	巳	土の兄
2001/4/5～	金の弟	巳	金の兄
2001/7/24～	金の弟	巳	火の兄
2002/2/4～	水の兄	午	火の兄
2002/6/6～	水の兄	午	土の弟
2002/9/23～	水の兄	午	火の弟
2003/2/4～	水の弟	未	火の弟
2003/5/24～	水の弟	未	木の弟
2003/6/30～	水の弟	未	土の弟
2004/2/4～	木の兄	申	土の弟
2004/4/29～	木の兄	申	土の兄
2004/6/15～	木の兄	申	水の兄
2004/7/11～	木の兄	申	金の兄
2005/2/4～	木の弟	酉	金の兄
2005/6/5～	木の弟	酉	金の弟
2006/2/4～	火の兄	戌	金の弟
2006/5/24～	火の兄	戌	火の弟
2006/6/30～	火の兄	戌	土の兄
2007/2/4～	火の弟	亥	土の兄
2007/4/30～	火の弟	亥	木の兄
2007/6/30～	火の弟	亥	水の兄
2008/2/4～	土の兄	子	水の兄
2008/6/5～	土の兄	子	水の弟
2009/2/4～	土の弟	丑	水の弟
2009/5/24～	土の弟	丑	金の弟
2009/6/30～	土の弟	丑	土の弟
2010/2/4～	金の兄	寅	土の兄
2010/4/30～	金の兄	寅	火の兄
2010/7/24～	金の兄	寅	木の兄
2011/2/4～	金の弟	卯	木の兄
2011/6/6～	金の弟	卯	木の弟
2012/2/4～	水の兄	辰	木の弟
2012/5/24～	水の兄	辰	水の弟
2012/6/29～	水の兄	辰	土の兄
2013/2/3～	水の弟	巳	土の兄
2013/4/5～	水の弟	巳	金の兄
2013/7/24～	水の弟	巳	火の兄
2014/2/4～	木の兄	午	火の兄
2014/6/6～	木の兄	午	土の弟
2014/9/23～	木の兄	午	火の弟
2015/2/4～	木の弟	未	火の弟
2015/5/25～	木の弟	未	木の弟
2015/6/30～	木の弟	未	土の弟
2016/2/4～	火の兄	申	土の弟
2016/4/29～	火の兄	申	土の兄
2016/6/5～	火の兄	申	水の兄
2016/7/11～	火の兄	申	金の兄
2017/2/3～	火の弟	酉	金の兄
2017/6/5～	火の弟	酉	金の弟
2018/2/4～	土の兄	戌	金の弟
2018/5/24～	土の兄	戌	火の弟
2018/6/30～	土の兄	戌	土の兄
2019/2/4～	土の弟	亥	土の兄
2019/4/30～	土の弟	亥	木の兄
2019/6/30～	土の弟	亥	水の兄
2020/2/4～	金の兄	子	水の兄
2020/6/5～	金の兄	子	水の弟

期間	年柱上段	干支	年柱下段
1979/5/25～	土の弟	未	木の弟
1979/6/30～	土の弟	未	土の弟
1980/2/5～	金の兄	申	土の弟
1980/4/29～	金の兄	申	土の兄
1980/6/5～	金の兄	申	水の兄
1980/7/11～	金の兄	申	金の兄
1981/2/4～	金の弟	酉	金の兄
1981/6/6～	金の弟	酉	金の弟
1982/2/4～	水の兄	戌	金の弟
1982/5/25～	水の兄	戌	火の弟
1982/6/30～	水の兄	戌	土の兄
1983/2/4～	水の弟	亥	土の兄
1983/4/30～	水の弟	亥	木の兄
1983/6/30～	水の弟	亥	水の兄
1984/2/5～	木の兄	子	水の兄
1984/6/5～	木の兄	子	水の弟
1985/2/4～	木の弟	丑	水の弟
1985/5/24～	木の弟	丑	金の弟
1985/6/30～	木の弟	丑	土の弟
1986/2/4～	火の兄	寅	土の兄
1986/4/30～	火の兄	寅	火の兄
1986/7/24～	火の兄	寅	木の兄
1987/2/4～	火の弟	卯	木の兄
1987/6/6～	火の弟	卯	木の弟
1988/2/4～	土の兄	辰	木の弟
1988/5/24～	土の兄	辰	水の弟
1988/6/30～	土の兄	辰	土の兄
1989/2/4～	土の弟	巳	土の兄
1989/4/6～	土の弟	巳	金の兄
1989/7/24～	土の弟	巳	火の兄
1990/2/4～	金の兄	午	火の兄
1990/6/6～	金の兄	午	土の弟
1990/9/23～	金の兄	午	火の弟
1991/2/4～	金の弟	未	火の弟
1991/5/25～	金の弟	未	木の弟
1991/6/30～	金の弟	未	土の弟
1992/2/4～	水の兄	申	土の弟
1992/4/29～	水の兄	申	土の兄
1992/6/5～	水の兄	申	水の兄
1992/7/11～	水の兄	申	金の兄
1993/2/4～	水の弟	酉	金の兄
1993/6/6～	水の弟	酉	金の弟
1994/2/4～	木の兄	戌	金の弟
1994/5/25～	木の兄	戌	火の弟
1994/6/30～	木の兄	戌	土の兄
1995/2/4～	木の弟	亥	土の兄
1995/4/30～	木の弟	亥	木の兄
1995/6/30～	木の弟	亥	水の兄
1996/2/4～	火の兄	子	水の兄
1996/6/5～	火の兄	子	水の弟
1997/2/4～	火の弟	丑	水の弟
1997/5/24～	火の弟	丑	金の弟
1997/6/30～	火の弟	丑	土の弟
1998/2/4～	土の兄	寅	土の兄
1998/4/30～	土の兄	寅	火の兄
1998/7/24～	土の兄	寅	木の兄
1999/2/4～	土の弟	卯	木の兄
1999/6/6～	土の弟	卯	木の弟
2000/2/4～	金の兄	辰	木の弟
2000/5/24～	金の兄	辰	水の弟

期間	年柱上段	干支	年柱下段
1958/2/4～	土の兄	戌	金の弟
1958/5/25～	土の兄	戌	火の弟
1958/6/30～	土の兄	戌	土の兄
1959/2/4～	土の弟	亥	土の兄
1959/5/1～	土の弟	亥	木の兄
1959/7/1～	土の弟	亥	水の兄
1960/2/5～	金の兄	子	水の兄
1960/6/6～	金の兄	子	水の弟
1961/2/4～	金の弟	丑	水の弟
1961/5/24～	金の弟	丑	金の弟
1961/6/30～	金の弟	丑	土の弟
1962/2/4～	水の兄	寅	土の兄
1962/4/30～	水の兄	寅	火の兄
1962/7/25～	水の兄	寅	木の兄
1963/2/4～	水の弟	卯	木の兄
1963/6/6～	水の弟	卯	木の弟
1964/2/5～	木の兄	辰	木の弟
1964/5/24～	木の兄	辰	水の弟
1964/6/30～	木の兄	辰	土の兄
1965/2/4～	木の弟	巳	土の兄
1965/4/6～	木の弟	巳	金の兄
1965/7/24～	木の弟	巳	火の兄
1966/2/4～	火の兄	午	火の兄
1966/6/6～	火の兄	午	土の弟
1966/9/24～	火の兄	午	火の弟
1967/2/4～	火の弟	未	火の弟
1967/5/25～	火の弟	未	木の弟
1967/6/30～	火の弟	未	土の弟
1968/2/5～	土の兄	申	土の弟
1968/4/29～	土の兄	申	土の兄
1968/6/5～	土の兄	申	水の兄
1968/7/12～	土の兄	申	金の兄
1969/2/4～	土の弟	酉	金の兄
1969/6/6～	土の弟	酉	金の弟
1970/2/4～	金の兄	戌	金の弟
1970/5/25～	金の兄	戌	火の弟
1970/6/30～	金の兄	戌	土の兄
1971/2/4～	金の弟	亥	土の兄
1971/5/1～	金の弟	亥	木の兄
1971/6/30～	金の弟	亥	水の兄
1972/2/5～	水の兄	子	水の兄
1972/6/6～	水の兄	子	水の弟
1973/2/4～	水の弟	丑	水の弟
1973/5/24～	水の弟	丑	金の弟
1973/6/30～	水の弟	丑	土の弟
1974/2/4～	木の兄	寅	土の兄
1974/4/30～	木の兄	寅	火の兄
1974/7/24～	木の兄	寅	木の兄
1975/2/4～	木の弟	卯	木の兄
1975/6/6～	木の弟	卯	木の弟
1976/2/5～	火の兄	辰	木の弟
1976/5/24～	火の兄	辰	水の弟
1976/6/30～	火の兄	辰	土の兄
1977/2/4～	火の弟	巳	土の兄
1977/4/6～	火の弟	巳	金の兄
1977/7/24～	火の弟	巳	火の兄
1978/2/4～	土の兄	午	火の兄
1978/6/6～	土の兄	午	土の弟
1978/9/24～	土の兄	午	火の弟
1979/2/4～	土の弟	未	火の弟

一番重要な中心星を調べる

四柱推命で一番重要なのは、月柱下段に位置する通変星で、別名中心星と呼ばれています。月柱下段の星は、その人の生き方の基本であり、人格の根幹を司っています。命式の中で、年柱や日柱にある通変星との相関関係や、補運の働きが、鑑定のベースになります。

この重要な月柱の下段の星や、行動パターンや印象として現れる月柱の上段の星の十干十二支を調べるには、まず左側から始まる27ページまでの表の中から、あなたの誕生日が該当する期間を見つけてください。該当期間は大変細かく分かれているので、注意して探してください。

節分より前に生まれた方は、前年の項目の下のほうに該当する期間が記されているので、そこを探してください。

サンプルのA子さんは、1960年の6月15日生まれでしたが、この方の項目を見ると、

水の兄（壬）　午　火の兄（丙）と書いてあります。付録3ページの表に、これらの天干と地支を記入してください。

これだけでは、まだ月柱の通変星は決定されていません。次に付録の27ページの通変星早見表を見てください。

通変星早見表では、一番左の欄に縦に日柱の天干が並んでいます。あなたの日柱の天干を見つけてその段を右に辿り、あなたの月柱の天干にぶつかったら、今度は、その行の一番上の段まで登ってください。一番上の段に書いてある通変星が、あなたの月柱の通変星です。月柱割り出し表には、二つの天干が書いてありますが、最初に書いてあるほうが月柱の上段の通変星、後に書いてあるのが月柱の下段の通変星を探す天干になります。

A子さんの場合、日柱の天干は木の兄ですから、一番上の段を右に辿り、水の兄がある行の最上段に書いてある**偏印**が**月柱上段の通変星**、火の兄の行の最上段にある**食神**が、**月柱下段の通変星**です。

■月柱早見表

該当期間	上段	干支	下段
1937年			
2/4 ～ 2/11	水の兄	寅	土の兄
2/12 ～ 2/18	水の兄	寅	火の兄
2/19 ～ 3/5	水の兄	寅	木の兄
3/6 ～ 3/16	水の弟	卯	木の兄
3/17 ～ 4/4	水の弟	卯	木の弟
4/5 ～ 4/14	木の兄	辰	木の弟
4/15 ～ 4/17	木の兄	辰	水の弟
4/18 ～ 5/5	木の兄	辰	土の兄
5/6 ～ 5/13	木の弟	巳	土の兄
5/14 ～ 5/20	木の弟	巳	金の兄
5/21 ～ 6/5	木の弟	巳	火の兄
6/6 ～ 6/16	火の兄	午	火の兄
6/17 ～ 6/26	火の兄	午	土の弟
6/27 ～ 7/6	火の兄	午	火の弟
7/7 ～ 7/16	火の弟	未	火の弟
7/17 ～ 7/19	火の弟	未	木の弟
7/20 ～ 8/7	火の弟	未	土の弟
8/8 ～ 8/15	土の兄	申	土の兄
8/16 ～ 8/22	土の兄	申	水の兄
8/23 ～ 9/7	土の兄	申	土の兄
9/8 ～ 9/18	土の弟	酉	金の兄
9/19 ～ 10/8	土の弟	酉	金の弟
10/9 ～ 10/18	金の兄	戌	金の弟
10/19 ～ 10/21	金の兄	戌	火の弟
10/22 ～ 11/7	金の兄	戌	土の兄
11/8 ～ 11/15	金の弟	亥	土の兄
11/16 ～ 11/22	金の弟	亥	木の兄
11/23 ～ 12/6	金の弟	亥	水の兄
12/7 ～ 12/17	水の兄	子	水の兄
12/18 ～ 1/5	水の兄	子	水の弟
1/6 ～ 1/15	水の弟	丑	水の弟
1/16 ～ 1/18	水の弟	丑	金の弟
1/19 ～ 2/3	水の弟	丑	土の弟
1938年			
2/4 ～ 2/11	木の兄	寅	土の兄
2/12 ～ 2/18	木の兄	寅	火の兄
2/19 ～ 3/5	木の兄	寅	木の兄
3/6 ～ 3/16	木の弟	卯	木の兄
3/17 ～ 4/4	木の弟	卯	木の弟
4/5 ～ 4/14	火の兄	辰	木の弟
4/15 ～ 4/17	火の兄	辰	水の弟
4/18 ～ 5/5	火の兄	辰	土の兄
5/6 ～ 5/13	火の弟	巳	土の兄
5/14 ～ 5/20	火の弟	巳	金の兄
5/21 ～ 6/5	火の弟	巳	火の兄
6/6 ～ 6/16	土の兄	午	火の兄
6/17 ～ 6/26	土の兄	午	土の弟
6/27 ～ 7/7	土の兄	午	火の弟
7/8 ～ 7/17	土の弟	未	火の弟
7/18 ～ 7/20	土の弟	未	木の弟
7/21 ～ 8/7	土の弟	未	土の弟

該当期間	上段	干支	下段
8/8 ～ 8/15	火の兄	申	土の兄
8/16 ～ 8/22	火の兄	申	水の兄
8/23 ～ 9/7	火の兄	申	土の兄
9/8 ～ 9/18	火の弟	酉	金の兄
9/19 ～ 10/8	火の弟	酉	金の弟
10/9 ～ 10/18	土の兄	戌	金の弟
10/19 ～ 10/21	土の兄	戌	火の弟
10/22 ～ 11/7	土の兄	戌	土の兄
11/8 ～ 11/15	土の弟	亥	土の兄
11/16 ～ 11/22	土の弟	亥	木の兄
11/23 ～ 12/6	土の弟	亥	水の兄
12/7 ～ 12/17	金の兄	子	水の兄
12/18 ～ 1/5	金の兄	子	水の弟
1/6 ～ 1/15	金の弟	丑	水の弟
1/16 ～ 1/18	金の弟	丑	金の弟
1/19 ～ 2/3	金の弟	丑	土の弟

1942年

該当期間	上段	干支	下段
2/4 ～ 2/11	水の兄	寅	土の兄
2/12 ～ 2/18	水の兄	寅	火の兄
2/19 ～ 3/5	水の兄	寅	木の兄
3/6 ～ 3/16	水の弟	卯	木の兄
3/17 ～ 4/4	水の弟	卯	木の弟
4/5 ～ 4/14	木の兄	辰	木の弟
4/15 ～ 4/17	木の兄	辰	水の弟
4/18 ～ 5/5	木の兄	辰	土の兄
5/6 ～ 5/13	木の弟	巳	土の兄
5/14 ～ 5/20	木の弟	巳	金の兄
5/21 ～ 6/5	木の弟	巳	火の兄
6/6 ～ 6/16	火の兄	午	火の兄
6/17 ～ 6/26	火の兄	午	土の弟
6/27 ～ 7/7	火の兄	午	火の弟
7/8 ～ 7/17	火の弟	未	火の弟
7/18 ～ 7/20	火の弟	未	木の弟
7/21 ～ 8/7	火の弟	未	土の弟
8/8 ～ 8/15	土の兄	申	土の兄
8/16 ～ 8/22	土の兄	申	水の兄
8/23 ～ 9/7	土の兄	申	土の兄
9/8 ～ 9/18	土の弟	酉	金の兄
9/19 ～ 10/8	土の弟	酉	金の弟
10/9 ～ 10/18	金の兄	戌	金の弟
10/19 ～ 10/21	金の兄	戌	火の弟
10/22 ～ 11/7	金の兄	戌	土の兄
11/8 ～ 11/15	金の弟	亥	土の兄
11/16 ～ 11/22	金の弟	亥	木の兄
11/23 ～ 12/7	金の弟	亥	水の兄
12/8 ～ 12/18	水の兄	子	水の兄
12/19 ～ 1/5	水の兄	子	水の弟
1/6 ～ 1/15	水の弟	丑	水の弟
1/16 ～ 1/18	水の弟	丑	金の弟
1/19 ～ 2/4	水の弟	丑	土の弟

1940年

該当期間	上段	干支	下段
2/5 ～ 2/12	土の兄	寅	土の兄
2/13 ～ 2/19	土の兄	寅	火の兄
2/20 ～ 3/5	土の兄	寅	木の兄
3/6 ～ 3/16	土の弟	卯	木の兄
3/17 ～ 4/4	土の弟	卯	木の弟
4/5 ～ 4/14	金の兄	辰	木の弟
4/15 ～ 4/17	金の兄	辰	水の弟
4/18 ～ 5/5	金の兄	辰	土の兄
5/6 ～ 5/13	金の弟	巳	土の兄
5/14 ～ 5/20	金の弟	巳	金の兄
5/21 ～ 6/5	金の弟	巳	火の兄
6/6 ～ 6/16	水の兄	午	火の兄
6/17 ～ 6/26	水の兄	午	土の弟
6/27 ～ 7/6	水の兄	午	火の弟
7/7 ～ 7/16	水の弟	未	火の弟
7/17 ～ 7/19	水の弟	未	木の弟
7/20 ～ 8/7	水の弟	未	土の弟
8/8 ～ 8/15	木の兄	申	土の兄
8/16 ～ 8/22	木の兄	申	水の兄
8/23 ～ 9/7	木の兄	申	土の兄
9/8 ～ 9/18	木の弟	酉	金の兄
9/19 ～ 10/7	木の弟	酉	金の弟
10/8 ～ 10/17	火の兄	戌	金の弟
10/18 ～ 10/20	火の兄	戌	火の弟
10/21 ～ 11/6	火の兄	戌	土の兄
11/7 ～ 11/14	火の弟	亥	土の兄
11/15 ～ 11/21	火の弟	亥	木の兄
11/22 ～ 12/6	火の弟	亥	水の兄
12/7 ～ 12/17	土の兄	子	水の兄
12/18 ～ 1/5	土の兄	子	水の弟
1/6 ～ 1/15	土の弟	丑	水の弟
1/16 ～ 1/18	土の弟	丑	金の弟
1/19 ～ 2/3	土の弟	丑	土の弟

1941年

該当期間	上段	干支	下段
2/4 ～ 2/11	金の兄	寅	土の兄
2/12 ～ 2/18	金の兄	寅	火の兄
2/19 ～ 3/5	金の兄	寅	木の兄
3/6 ～ 3/16	金の弟	卯	木の兄
3/17 ～ 4/4	金の弟	卯	木の弟
4/5 ～ 4/14	水の兄	辰	木の弟
4/15 ～ 4/17	水の兄	辰	水の弟
4/18 ～ 5/5	水の兄	辰	土の兄
5/6 ～ 5/13	水の弟	巳	土の兄
5/14 ～ 5/20	水の弟	巳	金の兄
5/21 ～ 6/5	水の弟	巳	火の兄
6/6 ～ 6/16	木の兄	午	火の兄
6/17 ～ 6/26	木の兄	午	土の弟
6/27 ～ 7/6	木の兄	午	火の弟
7/7 ～ 7/16	木の弟	未	火の弟
7/17 ～ 7/19	木の弟	未	木の弟
7/20 ～ 8/7	木の弟	未	土の弟

該当期間	上段	干支	下段
8/8 ～ 8/15	金の兄	申	土の兄
8/16 ～ 8/22	金の兄	申	水の兄
8/23 ～ 9/7	金の兄	申	土の兄
9/8 ～ 9/18	金の弟	酉	金の兄
9/19 ～ 10/8	金の弟	酉	金の弟
10/9 ～ 10/18	水の兄	戌	金の弟
10/19 ～ 10/21	水の兄	戌	火の弟
10/22 ～ 11/7	水の兄	戌	土の兄
11/8 ～ 11/15	水の弟	亥	土の兄
11/16 ～ 11/22	水の弟	亥	木の兄
11/23 ～ 12/7	水の弟	亥	水の兄
12/8 ～ 12/18	木の兄	子	水の兄
12/19 ～ 1/5	木の兄	子	水の弟
1/6 ～ 1/15	木の弟	丑	水の弟
1/16 ～ 1/18	木の弟	丑	金の弟
1/19 ～ 2/4	木の弟	丑	土の弟

1939年

該当期間	上段	干支	下段
2/5 ～ 2/12	火の兄	寅	土の兄
2/13 ～ 2/19	火の兄	寅	火の兄
2/20 ～ 3/5	火の兄	寅	木の兄
3/6 ～ 3/16	火の弟	卯	木の兄
3/17 ～ 4/5	火の弟	卯	木の弟
4/6 ～ 4/15	土の兄	辰	木の弟
4/16 ～ 4/18	土の兄	辰	水の弟
4/19 ～ 5/5	土の兄	辰	土の兄
5/6 ～ 5/13	土の弟	巳	土の兄
5/14 ～ 5/20	土の弟	巳	金の兄
5/21 ～ 6/5	土の弟	巳	火の兄
6/6 ～ 6/16	金の兄	午	火の兄
6/17 ～ 6/26	金の兄	午	土の弟
6/27 ～ 7/7	金の兄	午	火の弟
7/8 ～ 7/17	金の弟	未	火の弟
7/18 ～ 7/20	金の弟	未	木の弟
7/21 ～ 8/7	金の弟	未	土の弟
8/8 ～ 8/15	水の兄	申	土の兄
8/16 ～ 8/22	水の兄	申	水の兄
8/23 ～ 9/7	水の兄	申	土の兄
9/8 ～ 9/18	水の弟	酉	金の兄
9/19 ～ 10/8	水の弟	酉	金の弟
10/9 ～ 10/18	木の兄	戌	金の弟
10/19 ～ 10/21	木の兄	戌	火の弟
10/22 ～ 11/7	木の兄	戌	土の兄
11/8 ～ 11/15	木の弟	亥	土の兄
11/16 ～ 11/22	木の弟	亥	木の兄
11/23 ～ 12/7	木の弟	亥	水の兄
12/8 ～ 12/18	火の兄	子	水の兄
12/19 ～ 1/5	火の兄	子	水の弟
1/6 ～ 1/15	火の弟	丑	水の弟
1/16 ～ 1/18	火の弟	丑	金の弟
1/19 ～ 2/4	火の弟	丑	土の弟

該当期間	上段	干支	下段
1946年			
2/4 ～ 2/11	金の兄	寅	土の兄
2/12 ～ 2/18	金の兄	寅	火の兄
2/19 ～ 3/5	金の兄	寅	木の兄
3/6 ～ 3/16	金の弟	卯	木の兄
3/17 ～ 4/4	金の弟	卯	木の弟
4/5 ～ 4/14	水の兄	辰	木の弟
4/15 ～ 4/17	水の兄	辰	水の弟
4/18 ～ 5/5	水の兄	辰	土の兄
5/6 ～ 5/13	水の弟	巳	土の兄
5/14 ～ 5/20	水の弟	巳	金の兄
5/21 ～ 6/5	水の弟	巳	火の兄
6/6 ～ 6/16	木の兄	午	火の兄
6/17 ～ 6/26	木の兄	午	土の弟
6/27 ～ 7/7	木の兄	午	火の弟
7/8 ～ 7/17	木の弟	未	火の弟
7/18 ～ 7/20	木の弟	未	木の弟
7/21 ～ 8/7	木の弟	未	土の弟
8/8 ～ 8/15	火の兄	申	土の兄
8/16 ～ 8/22	火の兄	申	水の兄
8/23 ～ 9/7	火の兄	申	土の兄
9/8 ～ 9/18	火の弟	酉	金の兄
9/19 ～ 10/7	火の弟	酉	金の弟
10/8 ～ 10/17	土の兄	戌	金の弟
10/18 ～ 10/20	土の兄	戌	火の弟
10/21 ～ 11/7	土の兄	戌	土の兄
11/8 ～ 11/15	土の弟	亥	土の兄
11/16 ～ 11/22	土の弟	亥	木の兄
11/23 ～ 12/7	土の弟	亥	水の兄
12/8 ～ 12/18	金の兄	子	水の兄
12/19 ～ 1/5	金の兄	子	水の弟
1/6 ～ 1/15	金の弟	丑	水の弟
1/16 ～ 1/18	金の弟	丑	金の弟
1/19 ～ 2/4	金の弟	丑	土の弟
1947年			
2/5 ～ 2/12	水の兄	寅	土の兄
2/13 ～ 2/19	水の兄	寅	火の兄
2/20 ～ 3/5	水の兄	寅	木の兄
3/6 ～ 3/16	水の弟	卯	木の兄
3/17 ～ 4/5	水の弟	卯	木の弟
4/6 ～ 4/15	木の兄	辰	木の弟
4/16 ～ 4/18	木の兄	辰	水の弟
4/19 ～ 5/5	木の兄	辰	土の兄
5/6 ～ 5/13	木の弟	巳	土の兄
5/14 ～ 5/20	木の弟	巳	金の兄
5/21 ～ 6/5	木の弟	巳	火の兄
6/6 ～ 6/16	火の兄	午	火の兄
6/17 ～ 6/26	火の兄	午	土の弟
6/27 ～ 7/7	火の兄	午	火の弟
7/8 ～ 7/17	火の弟	未	火の弟
7/18 ～ 7/20	火の弟	未	木の弟
7/21 ～ 8/7	火の弟	未	土の弟

該当期間	上段	干支	下段
8/8 ～ 8/15	水の兄	申	土の兄
8/16 ～ 8/22	水の兄	申	水の兄
8/23 ～ 9/7	水の兄	申	土の兄
9/8 ～ 9/18	水の弟	酉	金の兄
9/19 ～ 10/7	水の弟	酉	金の弟
10/8 ～ 10/17	木の兄	戌	金の弟
10/18 ～ 10/20	木の兄	戌	火の弟
10/21 ～ 11/6	木の兄	戌	土の兄
11/7 ～ 11/14	木の弟	亥	土の兄
11/15 ～ 11/21	木の弟	亥	木の兄
11/22 ～ 12/6	木の弟	亥	水の兄
12/7 ～ 12/17	火の兄	子	水の兄
12/18 ～ 1/5	火の兄	子	水の弟
1/6 ～ 1/15	火の弟	丑	水の弟
1/16 ～ 1/18	火の弟	丑	金の弟
1/19 ～ 2/3	火の弟	丑	土の弟
1945年			
2/4 ～ 2/11	土の兄	寅	土の兄
2/12 ～ 2/18	土の兄	寅	火の兄
2/19 ～ 3/5	土の兄	寅	木の兄
3/6 ～ 3/16	土の弟	卯	木の兄
3/17 ～ 4/4	土の弟	卯	木の弟
4/5 ～ 4/14	金の兄	辰	木の弟
4/15 ～ 4/17	金の兄	辰	水の弟
4/18 ～ 5/5	金の兄	辰	土の兄
5/6 ～ 5/13	金の弟	巳	土の兄
5/14 ～ 5/20	金の弟	巳	金の兄
5/21 ～ 6/5	金の弟	巳	火の兄
6/6 ～ 6/16	水の兄	午	火の兄
6/17 ～ 6/26	水の兄	午	土の弟
6/27 ～ 7/6	水の兄	午	火の弟
7/7 ～ 7/16	水の弟	未	火の弟
7/17 ～ 7/19	水の弟	未	木の弟
7/20 ～ 8/7	水の弟	未	土の弟
8/8 ～ 8/15	木の兄	申	土の兄
8/16 ～ 8/22	木の兄	申	水の兄
8/23 ～ 9/7	木の兄	申	土の兄
9/8 ～ 9/18	木の弟	酉	金の兄
9/19 ～ 10/8	木の弟	酉	金の弟
10/9 ～ 10/18	火の兄	戌	金の弟
10/19 ～ 10/21	火の兄	戌	火の弟
10/22 ～ 11/7	火の兄	戌	土の兄
11/8 ～ 11/15	火の弟	亥	土の兄
11/16 ～ 11/22	火の弟	亥	木の兄
11/23 ～ 12/6	火の弟	亥	水の兄
12/7 ～ 12/17	土の兄	子	水の兄
12/18 ～ 1/5	土の兄	子	水の弟
1/6 ～ 1/15	土の弟	丑	水の弟
1/16 ～ 1/18	土の弟	丑	金の弟
1/19 ～ 2/3	土の弟	丑	土の弟

該当期間	上段	干支	下段
1943年			
2/5 ～ 2/12	木の兄	寅	土の兄
2/13 ～ 2/19	木の兄	寅	火の兄
2/20 ～ 3/5	木の兄	寅	木の兄
3/6 ～ 3/16	木の弟	卯	木の兄
3/17 ～ 4/5	木の弟	卯	木の弟
4/6 ～ 4/15	火の兄	辰	木の弟
4/16 ～ 4/18	火の兄	辰	水の弟
4/19 ～ 5/5	火の兄	辰	土の兄
5/6 ～ 5/13	火の弟	巳	土の兄
5/14 ～ 5/20	火の弟	巳	金の兄
5/21 ～ 6/5	火の弟	巳	火の兄
6/6 ～ 6/16	土の兄	午	火の兄
6/17 ～ 6/26	土の兄	午	土の弟
6/27 ～ 7/7	土の兄	午	火の弟
7/8 ～ 7/17	土の弟	未	火の弟
7/18 ～ 7/20	土の弟	未	木の弟
7/21 ～ 8/7	土の弟	未	土の弟
8/8 ～ 8/15	金の兄	申	土の兄
8/16 ～ 8/22	金の兄	申	水の兄
8/23 ～ 9/7	金の兄	申	土の兄
9/8 ～ 9/18	金の弟	酉	金の兄
9/19 ～ 10/8	金の弟	酉	金の弟
10/9 ～ 10/18	水の兄	戌	金の弟
10/19 ～ 10/21	水の兄	戌	火の弟
10/22 ～ 11/7	水の兄	戌	土の兄
11/8 ～ 11/15	水の弟	亥	土の兄
11/16 ～ 11/22	水の弟	亥	木の兄
11/23 ～ 12/7	水の弟	亥	水の兄
12/8 ～ 12/18	木の兄	子	水の兄
12/19 ～ 1/5	木の兄	子	水の弟
1/6 ～ 1/15	木の弟	丑	水の弟
1/16 ～ 1/18	木の弟	丑	金の弟
1/19 ～ 2/4	木の弟	丑	土の弟
1944年			
2/5 ～ 2/12	火の兄	寅	土の兄
2/13 ～ 2/19	火の兄	寅	火の兄
2/20 ～ 3/5	火の兄	寅	木の兄
3/6 ～ 3/16	火の弟	卯	木の兄
3/17 ～ 4/4	火の弟	卯	木の弟
4/5 ～ 4/14	土の兄	辰	木の弟
4/15 ～ 4/17	土の兄	辰	水の弟
4/18 ～ 5/5	土の兄	辰	土の兄
5/6 ～ 5/13	土の弟	巳	土の兄
5/14 ～ 5/20	土の弟	巳	金の兄
5/21 ～ 6/5	土の弟	巳	火の兄
6/6 ～ 6/16	金の兄	午	火の兄
6/17 ～ 6/26	金の兄	午	土の弟
6/27 ～ 7/6	金の兄	午	火の弟
7/7 ～ 7/16	金の弟	未	火の弟
7/17 ～ 7/19	金の弟	未	木の弟
7/20 ～ 8/7	金の弟	未	土の弟

該当期間	上段	干支	下段
8/8 ～ 8/15	木の兄	申	土の兄
8/16 ～ 8/22	木の兄	申	水の兄
8/23 ～ 9/7	木の兄	申	土の兄
9/8 ～ 9/18	木の弟	酉	金の兄
9/19 ～ 10/8	木の弟	酉	金の弟
10/9 ～ 10/18	火の兄	戌	金の弟
10/19 ～ 10/21	火の兄	戌	火の弟
10/22 ～ 11/7	火の兄	戌	土の兄
11/8 ～ 11/15	火の弟	亥	土の兄
11/16 ～ 11/22	火の弟	亥	木の兄
11/23 ～ 12/7	火の弟	亥	水の兄
12/8 ～ 12/18	土の兄	子	水の兄
12/19 ～ 1/5	土の兄	子	水の弟
1/6 ～ 1/15	土の弟	丑	水の弟
1/16 ～ 1/18	土の弟	丑	金の弟
1/19 ～ 2/4	土の弟	丑	土の弟
1951年			
2/5 ～ 2/12	金の兄	寅	土の兄
2/13 ～ 2/19	金の兄	寅	火の兄
2/20 ～ 3/5	金の兄	寅	木の兄
3/6 ～ 3/16	金の弟	卯	木の兄
3/17 ～ 4/4	金の弟	卯	木の弟
4/5 ～ 4/14	水の兄	辰	木の弟
4/15 ～ 4/17	水の兄	辰	水の弟
4/18 ～ 5/5	水の兄	辰	土の兄
5/6 ～ 5/13	水の弟	巳	土の兄
5/14 ～ 5/20	水の弟	巳	金の兄
5/21 ～ 6/5	水の弟	巳	火の兄
6/6 ～ 6/16	木の兄	午	火の兄
6/17 ～ 6/26	木の兄	午	土の弟
6/27 ～ 7/7	木の兄	午	火の弟
7/8 ～ 7/17	木の弟	未	火の弟
7/18 ～ 7/20	木の弟	未	木の弟
7/21 ～ 8/7	木の弟	未	土の弟
8/8 ～ 8/15	火の兄	申	土の兄
8/16 ～ 8/22	火の兄	申	水の兄
8/23 ～ 9/7	火の兄	申	土の兄
9/8 ～ 9/18	火の弟	酉	金の兄
9/19 ～ 10/8	火の弟	酉	金の弟
10/9 ～ 10/18	土の兄	戌	金の弟
10/19 ～ 10/21	土の兄	戌	火の弟
10/22 ～ 11/7	土の兄	戌	土の兄
11/8 ～ 11/15	土の弟	亥	土の兄
11/16 ～ 11/22	土の弟	亥	木の兄
11/23 ～ 12/7	土の弟	亥	水の兄
12/8 ～ 12/18	金の兄	子	水の兄
12/19 ～ 1/5	金の兄	子	水の弟
1/6 ～ 1/15	金の弟	丑	水の弟
1/16 ～ 1/18	金の弟	丑	金の弟
1/19 ～ 2/4	金の弟	丑	土の弟

該当期間	上段	干支	下段
1949年			
2/4 ～ 2/11	火の兄	寅	土の兄
2/12 ～ 2/18	火の兄	寅	火の兄
2/19 ～ 3/5	火の兄	寅	木の兄
3/6 ～ 3/16	火の弟	卯	木の兄
3/17 ～ 4/4	火の弟	卯	木の弟
4/5 ～ 4/14	土の兄	辰	木の弟
4/15 ～ 4/17	土の兄	辰	水の弟
4/18 ～ 5/5	土の兄	辰	土の兄
5/6 ～ 5/13	土の弟	巳	土の兄
5/14 ～ 5/20	土の弟	巳	金の兄
5/21 ～ 6/5	土の弟	巳	火の兄
6/6 ～ 6/16	金の兄	午	火の兄
6/17 ～ 6/26	金の兄	午	土の弟
6/27 ～ 7/6	金の兄	午	火の弟
7/7 ～ 7/16	金の弟	未	火の弟
7/17 ～ 7/19	金の弟	未	木の弟
7/20 ～ 8/7	金の弟	未	土の弟
8/8 ～ 8/15	水の兄	申	土の兄
8/16 ～ 8/22	水の兄	申	水の兄
8/23 ～ 9/7	水の兄	申	土の兄
9/8 ～ 9/18	水の弟	酉	金の兄
9/19 ～ 10/8	水の弟	酉	金の弟
10/9 ～ 10/18	木の兄	戌	金の弟
10/19 ～ 10/21	木の兄	戌	火の弟
10/22 ～ 11/7	木の兄	戌	土の兄
11/8 ～ 11/15	木の弟	亥	土の兄
11/16 ～ 11/22	木の弟	亥	木の兄
11/23 ～ 12/6	木の弟	亥	水の兄
12/7 ～ 12/17	火の兄	子	水の兄
12/18 ～ 1/5	火の兄	子	水の弟
1/6 ～ 1/15	火の弟	丑	水の弟
1/16 ～ 1/18	火の弟	丑	金の弟
1/19 ～ 2/3	火の弟	丑	土の弟
1950年			
2/4 ～ 2/11	土の兄	寅	土の兄
2/12 ～ 2/18	土の兄	寅	火の兄
2/19 ～ 3/5	土の兄	寅	木の兄
3/6 ～ 3/16	土の弟	卯	木の兄
3/17 ～ 4/4	土の弟	卯	木の弟
4/5 ～ 4/14	金の兄	辰	木の弟
4/15 ～ 4/17	金の兄	辰	水の弟
4/18 ～ 5/5	金の兄	辰	土の兄
5/6 ～ 5/13	金の弟	巳	土の兄
5/14 ～ 5/20	金の弟	巳	金の兄
5/21 ～ 6/5	金の弟	巳	火の兄
6/6 ～ 6/16	水の兄	午	火の兄
6/17 ～ 6/26	水の兄	午	土の弟
6/27 ～ 7/7	水の兄	午	火の弟
7/8 ～ 7/17	水の弟	未	火の弟
7/18 ～ 7/20	水の弟	未	木の弟
7/21 ～ 8/7	水の弟	未	土の弟

該当期間	上段	干支	下段
8/8 ～ 8/15	土の兄	申	土の兄
8/16 ～ 8/22	土の兄	申	水の兄
8/23 ～ 9/7	土の兄	申	土の兄
9/8 ～ 9/18	土の弟	酉	金の兄
9/19 ～ 10/8	土の弟	酉	金の弟
10/9 ～ 10/18	金の兄	戌	金の弟
10/19 ～ 10/21	金の兄	戌	火の弟
10/22 ～ 11/7	金の兄	戌	土の兄
11/8 ～ 11/15	金の弟	亥	土の兄
11/16 ～ 11/22	金の弟	亥	木の兄
11/23 ～ 12/7	金の弟	亥	水の兄
12/8 ～ 12/18	水の兄	子	水の兄
12/19 ～ 1/5	水の兄	子	水の弟
1/6 ～ 1/15	水の弟	丑	水の弟
1/16 ～ 1/18	水の弟	丑	金の弟
1/19 ～ 2/4	水の弟	丑	土の弟
1948年			
2/5 ～ 2/12	木の兄	寅	土の兄
2/13 ～ 2/19	木の兄	寅	火の兄
2/20 ～ 3/5	木の兄	寅	木の兄
3/6 ～ 3/16	木の弟	卯	木の兄
3/17 ～ 4/4	木の弟	卯	木の弟
4/5 ～ 4/14	火の兄	辰	木の弟
4/15 ～ 4/17	火の兄	辰	水の弟
4/18 ～ 5/4	火の兄	辰	土の兄
5/5 ～ 5/12	火の弟	巳	土の兄
5/13 ～ 5/19	火の弟	巳	金の兄
5/20 ～ 6/5	火の弟	巳	火の兄
6/6 ～ 6/16	土の兄	午	火の兄
6/17 ～ 6/26	土の兄	午	土の弟
6/27 ～ 7/6	土の兄	午	火の弟
7/7 ～ 7/16	土の弟	未	火の弟
7/17 ～ 7/19	土の弟	未	木の弟
7/20 ～ 8/7	土の弟	未	土の弟
8/8 ～ 8/15	金の兄	申	土の兄
8/16 ～ 8/22	金の兄	申	水の兄
8/23 ～ 9/7	金の兄	申	土の兄
9/8 ～ 9/18	金の弟	酉	金の兄
9/19 ～ 10/7	金の弟	酉	金の弟
10/8 ～ 10/17	水の兄	戌	金の弟
10/18 ～ 10/20	水の兄	戌	火の弟
10/21 ～ 11/6	水の兄	戌	土の兄
11/7 ～ 11/14	水の弟	亥	土の兄
11/15 ～ 11/21	水の弟	亥	木の兄
11/22 ～ 12/6	水の弟	亥	水の兄
12/7 ～ 12/17	木の兄	子	水の兄
12/18 ～ 1/5	木の兄	子	水の弟
1/6 ～ 1/15	木の弟	丑	水の弟
1/16 ～ 1/18	木の弟	丑	金の弟
1/19 ～ 2/3	木の弟	丑	土の弟

該当期間	上段	干支	下段
1955年			
2/4 ～ 2/11	土の兄	寅	土の兄
2/12 ～ 2/18	土の兄	寅	火の兄
2/19 ～ 3/5	土の兄	寅	木の兄
3/6 ～ 3/16	土の弟	卯	木の兄
3/17 ～ 4/4	土の弟	卯	木の弟
4/5 ～ 4/14	金の兄	辰	木の弟
4/15 ～ 4/17	金の兄	辰	水の弟
4/18 ～ 5/5	金の兄	辰	土の兄
5/6 ～ 5/13	金の弟	巳	土の兄
5/14 ～ 5/20	金の弟	巳	金の兄
5/21 ～ 6/5	金の弟	巳	火の兄
6/6 ～ 6/16	水の兄	午	火の兄
6/17 ～ 6/26	水の兄	午	土の弟
6/27 ～ 7/7	水の兄	午	火の弟
7/8 ～ 7/17	水の弟	未	火の弟
7/18 ～ 7/20	水の弟	未	木の弟
7/21 ～ 8/7	水の弟	未	土の弟
8/8 ～ 8/15	木の兄	申	土の兄
8/16 ～ 8/22	木の兄	申	水の兄
8/23 ～ 9/7	木の兄	申	土の兄
9/8 ～ 9/18	木の弟	酉	金の兄
9/19 ～ 10/8	木の弟	酉	金の弟
10/9 ～ 10/18	火の兄	戌	金の弟
10/19 ～ 10/21	火の兄	戌	火の弟
10/22 ～ 11/7	火の兄	戌	土の兄
11/8 ～ 11/15	火の弟	亥	土の兄
11/16 ～ 11/22	火の弟	亥	木の兄
11/23 ～ 12/7	火の弟	亥	水の兄
12/8 ～ 12/18	土の兄	子	水の兄
12/19 ～ 1/5	土の兄	子	水の弟
1/6 ～ 1/15	土の弟	丑	水の弟
1/16 ～ 1/18	土の弟	丑	金の弟
1/19 ～ 2/4	土の弟	丑	土の弟
1956年			
2/5 ～ 2/12	金の兄	寅	土の兄
2/13 ～ 2/19	金の兄	寅	火の兄
2/20 ～ 3/4	金の兄	寅	木の兄
3/5 ～ 3/15	金の弟	卯	木の兄
3/16 ～ 4/4	金の弟	卯	木の弟
4/5 ～ 4/14	水の兄	辰	木の弟
4/15 ～ 4/17	水の兄	辰	水の弟
4/18 ～ 5/4	水の兄	辰	土の兄
5/5 ～ 5/12	水の弟	巳	土の兄
5/13 ～ 5/19	水の弟	巳	金の兄
5/20 ～ 6/5	水の弟	巳	火の兄
6/6 ～ 6/16	木の兄	午	火の兄
6/17 ～ 6/26	木の兄	午	土の弟
6/27 ～ 7/6	木の兄	午	火の弟
7/7 ～ 7/16	木の弟	未	火の弟
7/17 ～ 7/19	木の弟	未	木の弟
7/20 ～ 8/6	木の弟	未	土の弟

該当期間	上段	干支	下段
8/8 ～ 8/15	金の兄	申	土の兄
8/16 ～ 8/22	金の兄	申	水の兄
8/23 ～ 9/7	金の兄	申	土の兄
9/8 ～ 9/18	金の弟	酉	金の兄
9/19 ～ 10/7	金の弟	酉	金の弟
10/8 ～ 10/17	水の兄	戌	金の弟
10/18 ～ 10/20	水の兄	戌	火の弟
10/21 ～ 11/7	水の兄	戌	土の兄
11/8 ～ 11/15	水の弟	亥	土の兄
11/16 ～ 11/22	水の弟	亥	木の兄
11/23 ～ 12/6	水の弟	亥	水の兄
12/7 ～ 12/17	木の兄	子	水の兄
12/18 ～ 1/5	木の兄	子	水の弟
1/6 ～ 1/15	木の弟	丑	水の弟
1/16 ～ 1/18	木の弟	丑	金の弟
1/19 ～ 2/3	木の弟	丑	土の弟
1954年			
2/4 ～ 2/11	火の兄	寅	土の兄
2/12 ～ 2/18	火の兄	寅	火の兄
2/19 ～ 3/5	火の兄	寅	木の兄
3/6 ～ 3/16	火の弟	卯	木の兄
3/17 ～ 4/4	火の弟	卯	木の弟
4/5 ～ 4/14	土の兄	辰	木の弟
4/15 ～ 4/17	土の兄	辰	水の弟
4/18 ～ 5/5	土の兄	辰	土の兄
5/6 ～ 5/13	土の弟	巳	土の兄
5/14 ～ 5/20	土の弟	巳	金の兄
5/21 ～ 6/5	土の弟	巳	火の兄
6/6 ～ 6/16	金の兄	午	火の兄
6/17 ～ 6/26	金の兄	午	土の弟
6/27 ～ 7/7	金の兄	午	火の弟
7/8 ～ 7/17	金の弟	未	火の弟
7/18 ～ 7/20	金の弟	未	木の弟
7/21 ～ 8/7	金の弟	未	土の弟
8/8 ～ 8/15	水の兄	申	土の兄
8/16 ～ 8/22	水の兄	申	水の兄
8/23 ～ 9/7	水の兄	申	土の兄
9/8 ～ 9/18	水の弟	酉	金の兄
9/19 ～ 10/8	水の弟	酉	金の弟
10/9 ～ 10/18	木の兄	戌	金の弟
10/19 ～ 10/21	木の兄	戌	火の弟
10/22 ～ 11/7	木の兄	戌	土の兄
11/8 ～ 11/15	木の弟	亥	土の兄
11/16 ～ 11/22	木の弟	亥	木の兄
11/23 ～ 12/7	木の弟	亥	水の兄
12/8 ～ 12/18	火の兄	子	水の兄
12/19 ～ 1/5	火の兄	子	水の弟
1/6 ～ 1/15	火の弟	丑	水の弟
1/16 ～ 1/18	火の弟	丑	金の弟
1/19 ～ 2/3	火の弟	丑	土の弟

該当期間	上段	干支	下段
1952年			
2/5 ～ 2/12	水の兄	寅	土の兄
2/13 ～ 2/19	水の兄	寅	火の兄
2/20 ～ 3/5	水の兄	寅	木の兄
3/6 ～ 3/16	水の弟	卯	木の兄
3/17 ～ 4/4	水の弟	卯	木の弟
4/5 ～ 4/14	木の兄	辰	木の弟
4/15 ～ 4/17	木の兄	辰	水の弟
4/18 ～ 5/4	木の兄	辰	土の兄
5/5 ～ 5/12	木の弟	巳	土の兄
5/13 ～ 5/19	木の弟	巳	金の兄
5/20 ～ 6/5	木の弟	巳	火の兄
6/6 ～ 6/16	火の兄	午	火の兄
6/17 ～ 6/26	火の兄	午	土の弟
6/27 ～ 7/6	火の兄	午	火の弟
7/7 ～ 7/16	火の弟	未	火の弟
7/17 ～ 7/19	火の弟	未	木の弟
7/20 ～ 8/6	火の弟	未	土の弟
8/7 ～ 8/14	土の兄	申	土の兄
8/15 ～ 8/21	土の兄	申	水の兄
8/22 ～ 9/7	土の兄	申	土の兄
9/8 ～ 9/18	土の弟	酉	金の兄
9/19 ～ 10/7	土の弟	酉	金の弟
10/8 ～ 10/17	金の兄	戌	金の弟
10/18 ～ 10/20	金の兄	戌	火の弟
10/21 ～ 11/6	金の兄	戌	土の兄
11/7 ～ 11/14	金の弟	亥	土の兄
11/15 ～ 11/21	金の弟	亥	木の兄
11/22 ～ 12/6	金の弟	亥	水の兄
12/7 ～ 12/17	水の兄	子	水の兄
12/18 ～ 1/5	水の兄	子	水の弟
1/6 ～ 1/15	水の弟	丑	水の弟
1/16 ～ 1/18	水の弟	丑	金の弟
1/19 ～ 2/3	水の弟	丑	土の弟
1953年			
2/4 ～ 2/11	木の兄	寅	土の兄
2/12 ～ 2/18	木の兄	寅	火の兄
2/19 ～ 3/5	木の兄	寅	木の兄
3/6 ～ 3/16	木の弟	卯	木の兄
3/17 ～ 4/4	木の弟	卯	木の弟
4/5 ～ 4/14	火の兄	辰	木の弟
4/15 ～ 4/17	火の兄	辰	水の弟
4/18 ～ 5/5	火の兄	辰	土の兄
5/6 ～ 5/13	火の弟	巳	土の兄
5/14 ～ 5/20	火の弟	巳	金の兄
5/21 ～ 6/5	火の弟	巳	火の兄
6/6 ～ 6/16	土の兄	午	火の兄
6/17 ～ 6/26	土の兄	午	土の弟
6/27 ～ 7/6	土の兄	午	火の弟
7/7 ～ 7/16	土の弟	未	火の弟
7/17 ～ 7/19	土の弟	未	木の弟
7/20 ～ 8/7	土の弟	未	土の弟

該当期間	上段	干支	下段
8/8 ～ 8/15	水の兄	申	土の兄
8/16 ～ 8/22	水の兄	申	水の兄
8/23 ～ 9/7	水の兄	申	土の兄
9/8 ～ 9/18	水の弟	酉	金の兄
9/19 ～ 10/8	水の弟	酉	金の弟
10/9 ～ 10/18	木の兄	戌	金の弟
10/19 ～ 10/21	木の兄	戌	火の弟
10/22 ～ 11/7	木の兄	戌	土の兄
11/8 ～ 11/15	木の弟	亥	土の兄
11/16 ～ 11/22	木の弟	亥	木の兄
11/23 ～ 12/7	木の弟	亥	水の兄
12/8 ～ 12/18	火の兄	子	水の兄
12/19 ～ 1/5	火の兄	子	水の弟
1/6 ～ 1/15	火の弟	丑	水の弟
1/16 ～ 1/18	火の弟	丑	金の弟
1/19 ～ 2/4	火の弟	丑	土の弟
1960年			
2/5 ～ 2/12	土の兄	寅	土の兄
2/13 ～ 2/19	土の兄	寅	火の兄
2/20 ～ 3/4	土の兄	寅	木の兄
3/5 ～ 3/15	土の弟	卯	木の兄
3/16 ～ 4/4	土の弟	卯	木の弟
4/5 ～ 4/14	金の兄	辰	木の弟
4/15 ～ 4/17	金の兄	辰	水の弟
4/18 ～ 5/4	金の兄	辰	土の兄
5/5 ～ 5/12	金の弟	巳	土の兄
5/13 ～ 5/19	金の弟	巳	金の兄
5/20 ～ 6/5	金の弟	巳	火の兄
6/6 ～ 6/16	水の兄	午	火の兄
6/17 ～ 6/26	水の兄	午	土の弟
6/27 ～ 7/6	水の兄	午	火の弟
7/7 ～ 7/16	水の弟	未	火の弟
7/17 ～ 7/19	水の弟	未	木の弟
7/20 ～ 8/6	水の弟	未	土の弟
8/7 ～ 8/14	木の兄	申	土の兄
8/15 ～ 8/21	木の兄	申	水の兄
8/22 ～ 9/7	木の兄	申	土の兄
9/8 ～ 9/18	木の弟	酉	金の兄
9/19 ～ 10/7	木の弟	酉	金の弟
10/8 ～ 10/17	火の兄	戌	金の弟
10/18 ～ 10/20	火の兄	戌	火の弟
10/21 ～ 11/6	火の兄	戌	土の兄
11/7 ～ 11/14	火の弟	亥	土の兄
11/15 ～ 11/21	火の弟	亥	木の兄
11/22 ～ 12/6	火の弟	亥	水の兄
12/7 ～ 12/17	土の兄	子	水の兄
12/18 ～ 1/4	土の兄	子	水の弟
1/5 ～ 1/14	土の弟	丑	水の弟
1/15 ～ 1/17	土の弟	丑	金の弟
1/18 ～ 2/3	土の弟	丑	土の弟

該当期間	上段	干支	下段
1958年			
2/4 ～ 2/11	木の兄	寅	土の兄
2/12 ～ 2/18	木の兄	寅	火の兄
2/19 ～ 3/5	木の兄	寅	木の兄
3/6 ～ 3/16	木の弟	卯	木の兄
3/17 ～ 4/4	木の弟	卯	木の弟
4/5 ～ 4/14	火の兄	辰	木の弟
4/15 ～ 4/17	火の兄	辰	水の弟
4/18 ～ 5/5	火の兄	辰	土の兄
5/6 ～ 5/13	火の弟	巳	土の兄
5/14 ～ 5/20	火の弟	巳	金の兄
5/21 ～ 6/5	火の弟	巳	火の兄
6/6 ～ 6/16	土の兄	午	火の兄
6/17 ～ 6/26	土の兄	午	土の弟
6/27 ～ 7/7	土の兄	午	火の弟
7/8 ～ 7/17	土の弟	未	火の弟
7/18 ～ 7/20	土の弟	未	木の弟
7/21 ～ 8/7	土の弟	未	土の弟
8/8 ～ 8/15	金の兄	申	土の兄
8/16 ～ 8/22	金の兄	申	水の兄
8/23 ～ 9/7	金の兄	申	土の兄
9/8 ～ 9/18	金の弟	酉	金の兄
9/19 ～ 10/8	金の弟	酉	金の弟
10/9 ～ 10/18	水の兄	戌	金の弟
10/19 ～ 10/21	水の兄	戌	火の弟
10/22 ～ 11/7	水の兄	戌	土の兄
11/8 ～ 11/15	水の弟	亥	土の兄
11/16 ～ 11/22	水の弟	亥	木の兄
11/23 ～ 12/6	水の弟	亥	水の兄
12/7 ～ 12/17	木の兄	子	水の兄
12/18 ～ 1/5	木の兄	子	水の弟
1/6 ～ 1/15	木の弟	丑	水の弟
1/16 ～ 1/18	木の弟	丑	金の弟
1/19 ～ 2/3	木の弟	丑	土の弟
1959年			
2/4 ～ 2/11	火の兄	寅	土の兄
2/12 ～ 2/18	火の兄	寅	火の兄
2/19 ～ 3/5	火の兄	寅	木の兄
3/6 ～ 3/16	火の弟	卯	木の兄
3/17 ～ 4/4	火の弟	卯	木の弟
4/5 ～ 4/14	土の兄	辰	木の弟
4/15 ～ 4/17	土の兄	辰	水の弟
4/18 ～ 5/5	土の兄	辰	土の兄
5/6 ～ 5/13	土の弟	巳	土の兄
5/14 ～ 5/20	土の弟	巳	金の兄
5/21 ～ 6/5	土の弟	巳	火の兄
6/6 ～ 6/16	金の兄	午	火の兄
6/17 ～ 6/26	金の兄	午	土の弟
6/27 ～ 7/7	金の兄	午	火の弟
7/8 ～ 7/17	金の弟	未	火の弟
7/18 ～ 7/20	金の弟	未	木の弟
7/21 ～ 8/7	金の弟	未	土の弟

該当期間	上段	干支	下段
8/7 ～ 8/14	火の兄	申	土の兄
8/15 ～ 8/21	火の兄	申	水の兄
8/22 ～ 9/7	火の兄	申	土の兄
9/8 ～ 9/18	火の弟	酉	金の兄
9/19 ～ 10/7	火の弟	酉	金の弟
10/8 ～ 10/17	土の兄	戌	金の弟
10/18 ～ 10/20	土の兄	戌	火の弟
10/21 ～ 11/6	土の兄	戌	土の兄
11/7 ～ 11/14	土の弟	亥	土の兄
11/15 ～ 11/21	土の弟	亥	木の兄
11/22 ～ 12/6	土の弟	亥	水の兄
12/7 ～ 12/17	金の兄	子	水の兄
12/18 ～ 1/4	金の兄	子	水の弟
1/5 ～ 1/14	金の弟	丑	水の弟
1/15 ～ 1/17	金の弟	丑	金の弟
1/18 ～ 2/3	金の弟	丑	土の弟
1957年			
2/4 ～ 2/11	水の兄	寅	土の兄
2/12 ～ 2/18	水の兄	寅	火の兄
2/19 ～ 3/5	水の兄	寅	木の兄
3/6 ～ 3/16	水の弟	卯	木の兄
3/17 ～ 4/4	水の弟	卯	木の弟
4/5 ～ 4/14	木の兄	辰	木の弟
4/15 ～ 4/17	木の兄	辰	水の弟
4/18 ～ 5/5	木の兄	辰	土の兄
5/6 ～ 5/13	木の弟	巳	土の兄
5/14 ～ 5/20	木の弟	巳	金の兄
5/21 ～ 6/5	木の弟	巳	火の兄
6/6 ～ 6/16	火の兄	午	火の兄
6/17 ～ 6/26	火の兄	午	土の弟
6/27 ～ 7/6	火の兄	午	火の弟
7/7 ～ 7/16	火の弟	未	火の弟
7/17 ～ 7/19	火の弟	未	木の弟
7/20 ～ 8/7	火の弟	未	土の弟
8/8 ～ 8/15	土の兄	申	土の兄
8/16 ～ 8/22	土の兄	申	水の兄
8/23 ～ 9/7	土の兄	申	土の兄
9/8 ～ 9/18	土の弟	酉	金の兄
9/19 ～ 10/7	土の弟	酉	金の弟
10/8 ～ 10/17	金の兄	戌	金の弟
10/18 ～ 10/20	金の兄	戌	火の弟
10/21 ～ 11/7	金の兄	戌	土の兄
11/8 ～ 11/15	金の弟	亥	土の兄
11/16 ～ 11/22	金の弟	亥	木の兄
11/23 ～ 12/6	金の弟	亥	水の兄
12/7 ～ 12/17	水の兄	子	水の兄
12/18 ～ 1/5	水の兄	子	水の弟
1/6 ～ 1/15	水の弟	丑	水の弟
1/16 ～ 1/18	水の弟	丑	金の弟
1/19 ～ 2/3	水の弟	丑	土の弟

該当期間	上段	干支	下段
1964年			
2/5 ～ 2/12	火の兄	寅	土の兄
2/13 ～ 2/19	火の兄	寅	火の兄
2/20 ～ 3/4	火の兄	寅	木の兄
3/5 ～ 3/15	火の弟	卯	木の兄
3/16 ～ 4/4	火の弟	卯	木の弟
4/5 ～ 4/14	土の兄	辰	木の弟
4/15 ～ 4/17	土の兄	辰	水の弟
4/18 ～ 5/4	土の兄	辰	土の兄
5/5 ～ 5/12	土の弟	巳	土の兄
5/13 ～ 5/19	土の弟	巳	金の兄
5/20 ～ 6/5	土の弟	巳	火の兄
6/6 ～ 6/16	金の兄	午	火の兄
6/17 ～ 6/26	金の兄	午	土の弟
6/27 ～ 7/6	金の兄	午	火の弟
7/7 ～ 7/16	金の弟	未	火の弟
7/17 ～ 7/19	金の弟	未	木の弟
7/20 ～ 8/6	金の弟	未	土の弟
8/7 ～ 8/14	水の兄	申	土の兄
8/15 ～ 8/21	水の兄	申	水の兄
8/22 ～ 9/6	水の兄	申	土の兄
9/7 ～ 9/17	水の弟	酉	金の兄
9/18 ～ 10/7	水の弟	酉	金の弟
10/8 ～ 10/17	木の兄	戌	金の弟
10/18 ～ 10/20	木の兄	戌	火の弟
10/21 ～ 11/6	木の兄	戌	土の兄
11/7 ～ 11/14	木の弟	亥	土の兄
11/15 ～ 11/21	木の弟	亥	木の兄
11/22 ～ 12/6	木の弟	亥	水の兄
12/7 ～ 12/17	火の兄	子	水の兄
12/18 ～ 1/4	火の兄	子	水の弟
1/5 ～ 1/14	火の弟	丑	水の弟
1/15 ～ 1/17	火の弟	丑	金の弟
1/18 ～ 2/3	火の弟	丑	土の弟
1965年			
2/4 ～ 2/11	土の兄	寅	土の兄
2/12 ～ 2/18	土の兄	寅	火の兄
2/19 ～ 3/5	土の兄	寅	木の兄
3/6 ～ 3/16	土の弟	卯	木の兄
3/17 ～ 4/4	土の弟	卯	木の弟
4/5 ～ 4/14	金の兄	辰	木の弟
4/15 ～ 4/17	金の兄	辰	水の弟
4/18 ～ 5/5	金の兄	辰	土の兄
5/6 ～ 5/13	金の弟	巳	土の兄
5/14 ～ 5/20	金の弟	巳	金の兄
5/21 ～ 6/5	金の弟	巳	火の兄
6/6 ～ 6/16	水の兄	午	火の兄
6/17 ～ 6/26	水の兄	午	土の弟
6/27 ～ 7/6	水の兄	午	火の弟
7/7 ～ 7/16	水の弟	未	火の弟
7/17 ～ 7/19	水の弟	未	木の弟
7/20 ～ 8/7	水の弟	未	土の弟

該当期間	上段	干支	下段
8/8 ～ 8/15	土の兄	申	土の兄
8/16 ～ 8/22	土の兄	申	水の兄
8/23 ～ 9/7	土の兄	申	土の兄
9/8 ～ 9/18	土の弟	酉	金の兄
9/19 ～ 10/8	土の弟	酉	金の弟
10/9 ～ 10/18	金の兄	戌	金の弟
10/19 ～ 10/21	金の兄	戌	火の弟
10/22 ～ 11/7	金の兄	戌	土の兄
11/8 ～ 11/15	金の弟	亥	土の兄
11/16 ～ 11/22	金の弟	亥	木の兄
11/23 ～ 12/6	金の弟	亥	水の兄
12/7 ～ 12/17	水の兄	子	水の兄
12/18 ～ 1/5	水の兄	子	水の弟
1/6 ～ 1/15	水の弟	丑	水の弟
1/16 ～ 1/18	水の弟	丑	金の弟
1/19 ～ 2/3	水の弟	丑	土の弟
1963年			
2/4 ～ 2/11	木の兄	寅	土の兄
2/12 ～ 2/18	木の兄	寅	火の兄
2/19 ～ 3/5	木の兄	寅	木の兄
3/6 ～ 3/16	木の弟	卯	木の兄
3/17 ～ 4/4	木の弟	卯	木の弟
4/5 ～ 4/14	火の兄	辰	木の弟
4/15 ～ 4/17	火の兄	辰	水の弟
4/18 ～ 5/5	火の兄	辰	土の兄
5/6 ～ 5/13	火の弟	巳	土の兄
5/14 ～ 5/20	火の弟	巳	金の兄
5/21 ～ 6/5	火の弟	巳	火の兄
6/6 ～ 6/16	土の兄	午	火の兄
6/17 ～ 6/26	土の兄	午	土の弟
6/27 ～ 7/7	土の兄	午	火の弟
7/8 ～ 7/17	土の弟	未	火の弟
7/18 ～ 7/20	土の弟	未	木の弟
7/21 ～ 8/7	土の弟	未	土の弟
8/8 ～ 8/15	金の兄	申	土の兄
8/16 ～ 8/22	金の兄	申	水の兄
8/23 ～ 9/7	金の兄	申	土の兄
9/8 ～ 9/18	金の弟	酉	金の兄
9/19 ～ 10/8	金の弟	酉	金の弟
10/9 ～ 10/18	水の兄	戌	金の弟
10/19 ～ 10/21	水の兄	戌	火の弟
10/22 ～ 11/7	水の兄	戌	土の兄
11/8 ～ 11/15	水の弟	亥	土の兄
11/16 ～ 11/22	水の弟	亥	木の兄
11/23 ～ 12/7	水の弟	亥	水の兄
12/8 ～ 12/18	木の兄	子	水の兄
12/19 ～ 1/5	木の兄	子	水の弟
1/6 ～ 1/15	木の弟	丑	水の弟
1/16 ～ 1/18	木の弟	丑	金の弟
1/19 ～ 2/4	木の弟	丑	土の弟

該当期間	上段	干支	下段
1961年			
2/4 ～ 2/11	金の兄	寅	土の兄
2/12 ～ 2/18	金の兄	寅	火の兄
2/19 ～ 3/5	金の兄	寅	木の兄
3/6 ～ 3/16	金の弟	卯	木の兄
3/17 ～ 4/4	金の弟	卯	木の弟
4/5 ～ 4/14	水の兄	辰	木の弟
4/15 ～ 4/17	水の兄	辰	水の弟
4/18 ～ 5/5	水の兄	辰	土の兄
5/6 ～ 5/13	水の弟	巳	土の兄
5/14 ～ 5/20	水の弟	巳	金の兄
5/21 ～ 6/5	水の弟	巳	火の兄
6/6 ～ 6/16	木の兄	午	火の兄
6/17 ～ 6/26	木の兄	午	土の弟
6/27 ～ 7/6	木の兄	午	火の弟
7/7 ～ 7/16	木の弟	未	火の弟
7/17 ～ 7/19	木の弟	未	木の弟
7/20 ～ 8/7	木の弟	未	土の弟
8/8 ～ 8/15	火の兄	申	土の兄
8/16 ～ 8/22	火の兄	申	水の兄
8/23 ～ 9/7	火の兄	申	土の兄
9/8 ～ 9/18	火の弟	酉	金の兄
9/19 ～ 10/7	火の弟	酉	金の弟
10/8 ～ 10/17	土の兄	戌	金の弟
10/18 ～ 10/20	土の兄	戌	火の弟
10/21 ～ 11/7	土の兄	戌	土の兄
11/8 ～ 11/15	土の弟	亥	土の兄
11/16 ～ 11/22	土の弟	亥	木の兄
11/23 ～ 12/6	土の弟	亥	水の兄
12/7 ～ 12/17	金の兄	子	水の兄
12/18 ～ 1/5	金の兄	子	水の弟
1/6 ～ 1/15	金の弟	丑	水の弟
1/16 ～ 1/18	金の弟	丑	金の弟
1/19 ～ 2/3	金の弟	丑	土の弟
1962年			
2/4 ～ 2/11	水の兄	寅	土の兄
2/12 ～ 2/18	水の兄	寅	火の兄
2/19 ～ 3/5	水の兄	寅	木の兄
3/6 ～ 3/16	水の弟	卯	木の兄
3/17 ～ 4/4	水の弟	卯	木の弟
4/5 ～ 4/14	木の兄	辰	木の弟
4/15 ～ 4/17	木の兄	辰	水の弟
4/18 ～ 5/5	木の兄	辰	土の兄
5/6 ～ 5/13	木の弟	巳	土の兄
5/14 ～ 5/20	木の弟	巳	金の兄
5/21 ～ 6/5	木の弟	巳	火の兄
6/6 ～ 6/16	火の兄	午	火の兄
6/17 ～ 6/26	火の兄	午	土の弟
6/27 ～ 7/6	火の兄	午	火の弟
7/7 ～ 7/16	火の弟	未	火の弟
7/17 ～ 7/19	火の弟	未	木の弟
7/20 ～ 8/7	火の弟	未	土の弟

該当期間	上段	干支	下段
8/7 ～ 8/14	金の兄	申	土の兄
8/15 ～ 8/21	金の兄	申	水の兄
8/22 ～ 9/6	金の兄	申	土の兄
9/7 ～ 9/17	金の弟	酉	金の兄
9/18 ～ 10/7	金の弟	酉	金の弟
10/8 ～ 10/17	水の兄	戌	金の弟
10/18 ～ 10/20	水の兄	戌	火の弟
10/21 ～ 11/6	水の兄	戌	土の兄
11/7 ～ 11/14	水の弟	亥	土の兄
11/15 ～ 11/21	水の弟	亥	木の兄
11/22 ～ 12/6	水の弟	亥	水の兄
12/7 ～ 12/17	木の兄	子	水の兄
12/18 ～ 1/4	木の兄	子	水の弟
1/5 ～ 1/14	木の弟	丑	水の弟
1/15 ～ 1/17	木の弟	丑	金の弟
1/18 ～ 2/3	木の弟	丑	土の弟
1969年			
2/4 ～ 2/11	火の兄	寅	土の兄
2/12 ～ 2/18	火の兄	寅	火の兄
2/19 ～ 3/5	火の兄	寅	木の兄
3/6 ～ 3/16	火の弟	卯	木の兄
3/17 ～ 4/4	火の弟	卯	木の弟
4/5 ～ 4/14	土の兄	辰	木の弟
4/15 ～ 4/17	土の兄	辰	水の弟
4/18 ～ 5/5	土の兄	辰	土の兄
5/6 ～ 5/13	土の弟	巳	土の兄
5/14 ～ 5/20	土の弟	巳	金の兄
5/21 ～ 6/5	土の弟	巳	火の兄
6/6 ～ 6/16	金の兄	午	火の兄
6/17 ～ 6/26	金の兄	午	土の弟
6/27 ～ 7/6	金の兄	午	火の弟
7/7 ～ 7/16	金の弟	未	火の弟
7/17 ～ 7/19	金の弟	未	木の弟
7/20 ～ 8/7	金の弟	未	土の弟
8/8 ～ 8/15	水の兄	申	土の兄
8/16 ～ 8/22	水の兄	申	水の兄
8/23 ～ 9/7	水の兄	申	土の兄
9/8 ～ 9/18	水の弟	酉	金の兄
9/19 ～ 10/7	水の弟	酉	金の弟
10/8 ～ 10/17	木の兄	戌	金の弟
10/18 ～ 10/20	木の兄	戌	火の弟
10/21 ～ 11/6	木の兄	戌	土の兄
11/7 ～ 11/14	木の弟	亥	土の兄
11/15 ～ 11/21	木の弟	亥	木の兄
11/22 ～ 12/6	木の弟	亥	水の兄
12/7 ～ 12/17	火の兄	子	水の兄
12/18 ～ 1/5	火の兄	子	水の弟
1/6 ～ 1/15	火の弟	丑	水の弟
1/16 ～ 1/18	火の弟	丑	金の弟
1/19 ～ 2/3	火の弟	丑	土の弟

該当期間	上段	干支	下段
1967年			
2/4 ～ 2/11	水の兄	寅	土の兄
2/12 ～ 2/18	水の兄	寅	火の兄
2/19 ～ 3/5	水の兄	寅	木の兄
3/6 ～ 3/16	水の弟	卯	木の兄
3/17 ～ 4/4	水の弟	卯	木の弟
4/5 ～ 4/14	木の兄	辰	木の弟
4/15 ～ 4/17	木の兄	辰	水の弟
4/18 ～ 5/5	木の兄	辰	土の兄
5/6 ～ 5/13	木の弟	巳	土の兄
5/14 ～ 5/20	木の弟	巳	金の兄
5/21 ～ 6/5	木の弟	巳	火の兄
6/6 ～ 6/16	火の兄	午	火の兄
6/17 ～ 6/26	火の兄	午	土の弟
6/27 ～ 7/7	火の兄	午	火の弟
7/8 ～ 7/17	火の弟	未	火の弟
7/18 ～ 7/20	火の弟	未	木の弟
7/21 ～ 8/7	火の弟	未	土の弟
8/8 ～ 8/15	土の兄	申	土の兄
8/16 ～ 8/22	土の兄	申	水の兄
8/23 ～ 9/7	土の兄	申	土の兄
9/8 ～ 9/18	土の弟	酉	金の兄
9/19 ～ 10/8	土の弟	酉	金の弟
10/9 ～ 10/18	金の兄	戌	金の弟
10/19 ～ 10/21	金の兄	戌	火の弟
10/22 ～ 11/7	金の兄	戌	土の兄
11/8 ～ 11/15	金の弟	亥	土の兄
11/16 ～ 11/22	金の弟	亥	木の兄
11/23 ～ 12/7	金の弟	亥	水の兄
12/8 ～ 12/18	水の兄	子	水の兄
12/19 ～ 1/5	水の兄	子	水の弟
1/6 ～ 1/15	水の弟	丑	水の弟
1/16 ～ 1/18	水の弟	丑	金の弟
1/19 ～ 2/4	水の弟	丑	土の弟
1968年			
2/5 ～ 2/12	木の兄	寅	土の兄
2/13 ～ 2/19	木の兄	寅	火の兄
2/20 ～ 3/4	木の兄	寅	木の兄
3/5 ～ 3/15	木の弟	卯	木の兄
3/16 ～ 4/4	木の弟	卯	木の弟
4/5 ～ 4/14	火の兄	辰	木の弟
4/15 ～ 4/17	火の兄	辰	水の弟
4/18 ～ 5/4	火の兄	辰	土の兄
5/5 ～ 5/12	火の弟	巳	土の兄
5/13 ～ 5/19	火の弟	巳	金の兄
5/20 ～ 6/5	火の弟	巳	火の兄
6/6 ～ 6/16	土の兄	午	火の兄
6/17 ～ 6/26	土の兄	午	土の弟
6/27 ～ 7/6	土の兄	午	火の弟
7/7 ～ 7/16	土の弟	未	火の弟
7/17 ～ 7/19	土の弟	未	木の弟
7/20 ～ 8/6	土の弟	未	土の弟

該当期間	上段	干支	下段
8/8 ～ 8/15	木の兄	申	土の兄
8/16 ～ 8/22	木の兄	申	水の兄
8/23 ～ 9/7	木の兄	申	土の兄
9/8 ～ 9/18	木の弟	酉	金の兄
9/19 ～ 10/7	木の弟	酉	金の弟
10/8 ～ 10/17	火の兄	戌	金の弟
10/18 ～ 10/20	火の兄	戌	火の弟
10/21 ～ 11/7	火の兄	戌	土の兄
11/8 ～ 11/15	火の弟	亥	土の兄
11/16 ～ 11/22	火の弟	亥	木の兄
11/23 ～ 12/6	火の弟	亥	水の兄
12/7 ～ 12/17	土の兄	子	水の兄
12/18 ～ 1/5	土の兄	子	水の弟
1/6 ～ 1/15	土の弟	丑	水の弟
1/16 ～ 1/18	土の弟	丑	金の弟
1/19 ～ 2/3	土の弟	丑	土の弟
1966年			
2/4 ～ 2/11	金の兄	寅	土の兄
2/12 ～ 2/18	金の兄	寅	火の兄
2/19 ～ 3/5	金の兄	寅	木の兄
3/6 ～ 3/16	金の弟	卯	木の兄
3/17 ～ 4/4	金の弟	卯	木の弟
4/5 ～ 4/14	水の兄	辰	木の弟
4/15 ～ 4/17	水の兄	辰	水の弟
4/18 ～ 5/5	水の兄	辰	土の兄
5/6 ～ 5/13	水の弟	巳	土の兄
5/14 ～ 5/20	水の弟	巳	金の兄
5/21 ～ 6/5	水の弟	巳	火の兄
6/6 ～ 6/16	木の兄	午	火の兄
6/17 ～ 6/26	木の兄	午	土の弟
6/27 ～ 7/6	木の兄	午	火の弟
7/7 ～ 7/16	木の弟	未	火の弟
7/17 ～ 7/19	木の弟	未	木の弟
7/20 ～ 8/7	木の弟	未	土の弟
8/8 ～ 8/15	火の兄	申	土の兄
8/16 ～ 8/22	火の兄	申	水の兄
8/23 ～ 9/7	火の兄	申	土の兄
9/8 ～ 9/18	火の弟	酉	金の兄
9/19 ～ 10/8	火の弟	酉	金の弟
10/9 ～ 10/18	土の兄	戌	金の弟
10/19 ～ 10/21	土の兄	戌	火の弟
10/22 ～ 11/7	土の兄	戌	土の兄
11/8 ～ 11/15	土の弟	亥	土の兄
11/16 ～ 11/22	土の弟	亥	木の兄
11/23 ～ 12/6	土の弟	亥	水の兄
12/7 ～ 12/17	金の兄	子	水の兄
12/18 ～ 1/5	金の兄	子	水の弟
1/6 ～ 1/15	金の弟	丑	水の弟
1/16 ～ 1/18	金の弟	丑	金の弟
1/19 ～ 2/3	金の弟	丑	土の弟

該当期間	上段	干支	下段
1973年			
2/4 ～ 2/11	木の兄	寅	土の兄
2/12 ～ 2/18	木の兄	寅	火の兄
2/19 ～ 3/5	木の兄	寅	木の兄
3/6 ～ 3/16	木の弟	卯	木の兄
3/17 ～ 4/4	木の弟	卯	木の弟
4/5 ～ 4/14	火の兄	辰	木の弟
4/15 ～ 4/17	火の兄	辰	水の弟
4/18 ～ 5/5	火の兄	辰	土の兄
5/6 ～ 5/13	火の弟	巳	土の兄
5/14 ～ 5/20	火の弟	巳	金の兄
5/21 ～ 6/5	火の弟	巳	火の兄
6/6 ～ 6/16	土の兄	午	火の兄
6/17 ～ 6/26	土の兄	午	土の弟
6/27 ～ 7/6	土の兄	午	火の弟
7/7 ～ 7/16	土の弟	未	火の弟
7/17 ～ 7/19	土の弟	未	木の弟
7/20 ～ 8/7	土の弟	未	土の弟
8/8 ～ 8/15	金の兄	申	土の兄
8/16 ～ 8/22	金の兄	申	水の兄
8/23 ～ 9/7	金の兄	申	土の兄
9/8 ～ 9/18	金の弟	酉	金の兄
9/19 ～ 10/7	金の弟	酉	金の弟
10/8 ～ 10/17	水の兄	戌	金の弟
10/18 ～ 10/20	水の兄	戌	火の弟
10/21 ～ 11/6	水の兄	戌	土の兄
11/7 ～ 11/14	水の弟	亥	土の兄
11/15 ～ 11/21	水の弟	亥	木の兄
11/22 ～ 12/6	水の弟	亥	水の兄
12/7 ～ 12/17	木の兄	子	水の兄
12/18 ～ 1/5	木の兄	子	水の弟
1/6 ～ 1/15	木の弟	丑	水の弟
1/16 ～ 1/18	木の弟	丑	金の弟
1/19 ～ 2/3	木の弟	丑	土の弟
1974年			
2/4 ～ 2/11	火の兄	寅	土の兄
2/12 ～ 2/18	火の兄	寅	火の兄
2/19 ～ 3/5	火の兄	寅	木の兄
3/6 ～ 3/16	火の弟	卯	木の兄
3/17 ～ 4/4	火の弟	卯	木の弟
4/5 ～ 4/14	土の兄	辰	木の弟
4/15 ～ 4/17	土の兄	辰	水の弟
4/18 ～ 5/5	土の兄	辰	土の兄
5/6 ～ 5/13	土の弟	巳	土の兄
5/14 ～ 5/20	土の弟	巳	金の兄
5/21 ～ 6/5	土の弟	巳	火の兄
6/6 ～ 6/16	金の兄	午	火の兄
6/17 ～ 6/26	金の兄	午	土の弟
6/27 ～ 7/6	金の兄	午	火の弟
7/7 ～ 7/16	金の弟	未	火の弟
7/17 ～ 7/19	金の弟	未	木の弟
7/20 ～ 8/7	金の弟	未	土の弟

該当期間	上段	干支	下段
8/8 ～ 8/15	火の兄	申	土の兄
8/16 ～ 8/22	火の兄	申	水の兄
8/23 ～ 9/7	火の兄	申	土の兄
9/8 ～ 9/18	火の弟	酉	金の兄
9/19 ～ 10/8	火の弟	酉	金の弟
10/9 ～ 10/18	土の兄	戌	金の弟
10/19 ～ 10/21	土の兄	戌	火の弟
10/22 ～ 11/7	土の兄	戌	土の兄
11/8 ～ 11/15	土の弟	亥	土の兄
11/16 ～ 11/22	土の弟	亥	木の兄
11/23 ～ 12/7	土の弟	亥	水の兄
12/8 ～ 12/18	金の兄	子	水の兄
12/19 ～ 1/5	金の兄	子	水の弟
1/6 ～ 1/15	金の弟	丑	水の弟
1/16 ～ 1/18	金の弟	丑	金の弟
1/19 ～ 2/4	金の弟	丑	土の弟
1972年			
2/5 ～ 2/12	水の兄	寅	土の兄
2/13 ～ 2/19	水の兄	寅	火の兄
2/20 ～ 3/4	水の兄	寅	木の兄
3/5 ～ 3/15	水の弟	卯	木の兄
3/16 ～ 4/4	水の弟	卯	木の弟
4/5 ～ 4/14	木の兄	辰	木の弟
4/15 ～ 4/17	木の兄	辰	水の弟
4/18 ～ 5/4	木の兄	辰	土の兄
5/5 ～ 5/12	木の弟	巳	土の兄
5/13 ～ 5/19	木の弟	巳	金の兄
5/20 ～ 6/4	木の弟	巳	火の兄
6/5 ～ 6/15	火の兄	午	火の兄
6/16 ～ 6/25	火の兄	午	土の弟
6/26 ～ 7/6	火の兄	午	火の弟
7/7 ～ 7/16	火の弟	未	火の弟
7/17 ～ 7/19	火の弟	未	木の弟
7/20 ～ 8/6	火の弟	未	土の弟
8/7 ～ 8/14	土の兄	申	土の兄
8/15 ～ 8/21	土の兄	申	水の兄
8/22 ～ 9/6	土の兄	申	土の兄
9/7 ～ 9/17	土の弟	酉	金の兄
9/18 ～ 10/7	土の弟	酉	金の弟
10/8 ～ 10/17	金の兄	戌	金の弟
10/18 ～ 10/20	金の兄	戌	火の弟
10/21 ～ 11/6	金の兄	戌	土の兄
11/7 ～ 11/14	金の弟	亥	土の兄
11/15 ～ 11/21	金の弟	亥	木の兄
11/22 ～ 12/6	金の弟	亥	水の兄
12/7 ～ 12/17	水の兄	子	水の兄
12/18 ～ 1/4	水の兄	子	水の弟
1/5 ～ 1/14	水の弟	丑	水の弟
1/15 ～ 1/17	水の弟	丑	金の弟
1/18 ～ 2/3	水の弟	丑	土の弟

該当期間	上段	干支	下段
1970年			
2/4 ～ 2/11	土の兄	寅	土の兄
2/12 ～ 2/18	土の兄	寅	火の兄
2/19 ～ 3/5	土の兄	寅	木の兄
3/6 ～ 3/16	土の弟	卯	木の兄
3/17 ～ 4/4	土の弟	卯	木の弟
4/5 ～ 4/14	金の兄	辰	木の弟
4/15 ～ 4/17	金の兄	辰	水の弟
4/18 ～ 5/5	金の兄	辰	土の兄
5/6 ～ 5/13	金の弟	巳	土の兄
5/14 ～ 5/20	金の弟	巳	金の兄
5/21 ～ 6/5	金の弟	巳	火の兄
6/6 ～ 6/16	水の兄	午	火の兄
6/17 ～ 6/26	水の兄	午	土の弟
6/27 ～ 7/6	水の兄	午	火の弟
7/7 ～ 7/16	水の弟	未	火の弟
7/17 ～ 7/19	水の弟	未	木の弟
7/20 ～ 8/7	水の弟	未	土の弟
8/8 ～ 8/15	木の兄	申	土の兄
8/16 ～ 8/22	木の兄	申	水の兄
8/23 ～ 9/7	木の兄	申	土の兄
9/8 ～ 9/18	木の弟	酉	金の兄
9/19 ～ 10/8	木の弟	酉	金の弟
10/9 ～ 10/18	火の兄	戌	金の弟
10/19 ～ 10/21	火の兄	戌	火の弟
10/22 ～ 11/7	火の兄	戌	土の兄
11/8 ～ 11/15	火の弟	亥	土の兄
11/16 ～ 11/22	火の弟	亥	木の兄
11/23 ～ 12/6	火の弟	亥	水の兄
12/7 ～ 12/17	土の兄	子	水の兄
12/18 ～ 1/5	土の兄	子	水の弟
1/6 ～ 1/15	土の弟	丑	水の弟
1/16 ～ 1/18	土の弟	丑	金の弟
1/19 ～ 2/3	土の弟	丑	土の弟
1971年			
2/4 ～ 2/11	金の兄	寅	土の兄
2/12 ～ 2/18	金の兄	寅	火の兄
2/19 ～ 3/5	金の兄	寅	木の兄
3/6 ～ 3/16	金の弟	卯	木の兄
3/17 ～ 4/4	金の弟	卯	木の弟
4/5 ～ 4/14	水の兄	辰	木の弟
4/15 ～ 4/17	水の兄	辰	水の弟
4/18 ～ 5/5	水の兄	辰	土の兄
5/6 ～ 5/13	水の弟	巳	土の兄
5/14 ～ 5/20	水の弟	巳	金の兄
5/21 ～ 6/5	水の弟	巳	火の兄
6/6 ～ 6/16	木の兄	午	火の兄
6/17 ～ 6/26	木の兄	午	土の弟
6/27 ～ 7/7	木の兄	午	火の弟
7/8 ～ 7/17	木の弟	未	火の弟
7/18 ～ 7/20	木の弟	未	木の弟
7/21 ～ 8/7	木の弟	未	土の弟

該当期間	上段	干支	下段
8/8 ～ 8/15	土の兄	申	土の兄
8/16 ～ 8/22	土の兄	申	水の兄
8/23 ～ 9/7	土の兄	申	土の兄
9/8 ～ 9/18	土の弟	酉	金の兄
9/19 ～ 10/7	土の弟	酉	金の弟
10/8 ～ 10/17	金の兄	戌	金の弟
10/18 ～ 10/20	金の兄	戌	火の弟
10/21 ～ 11/6	金の兄	戌	土の兄
11/7 ～ 11/14	金の弟	亥	土の兄
11/15 ～ 11/21	金の弟	亥	木の兄
11/22 ～ 12/6	金の弟	亥	水の兄
12/7 ～ 12/17	水の兄	子	水の兄
12/18 ～ 1/5	水の兄	子	水の弟
1/6 ～ 1/15	水の弟	丑	水の弟
1/16 ～ 1/18	水の弟	丑	金の弟
1/19 ～ 2/3	水の弟	丑	土の弟
1978年			
2/4 ～ 2/11	木の兄	寅	土の兄
2/12 ～ 2/18	木の兄	寅	火の兄
2/19 ～ 3/5	木の兄	寅	木の兄
3/6 ～ 3/16	木の弟	卯	木の兄
3/17 ～ 4/4	木の弟	卯	木の弟
4/5 ～ 4/14	火の兄	辰	木の弟
4/15 ～ 4/17	火の兄	辰	水の弟
4/18 ～ 5/5	火の兄	辰	土の兄
5/6 ～ 5/13	火の弟	巳	土の兄
5/14 ～ 5/20	火の弟	巳	金の兄
5/21 ～ 6/5	火の弟	巳	火の兄
6/6 ～ 6/16	土の兄	午	火の兄
6/17 ～ 6/26	土の兄	午	土の弟
6/27 ～ 7/6	土の兄	午	火の弟
7/7 ～ 7/16	土の弟	未	火の弟
7/17 ～ 7/19	土の弟	未	木の弟
7/20 ～ 8/7	土の弟	未	土の弟
8/8 ～ 8/15	金の兄	申	土の兄
8/16 ～ 8/22	金の兄	申	水の兄
8/23 ～ 9/7	金の兄	申	土の兄
9/8 ～ 9/18	金の弟	酉	金の兄
9/19 ～ 10/8	金の弟	酉	金の弟
10/9 ～ 10/18	水の兄	戌	金の弟
10/19 ～ 10/21	水の兄	戌	火の弟
10/22 ～ 11/7	水の兄	戌	土の兄
11/8 ～ 11/15	水の弟	亥	土の兄
11/16 ～ 11/22	水の弟	亥	木の兄
11/23 ～ 12/6	水の弟	亥	水の兄
12/7 ～ 12/17	木の兄	子	水の兄
12/18 ～ 1/5	木の兄	子	水の弟
1/6 ～ 1/15	木の弟	丑	水の弟
1/16 ～ 1/18	木の弟	丑	金の弟
1/19 ～ 2/3	木の弟	丑	土の弟

該当期間	上段	干支	下段
1976年			
2/5 ～ 2/12	金の兄	寅	土の兄
2/13 ～ 2/19	金の兄	寅	火の兄
2/20 ～ 3/4	金の兄	寅	木の兄
3/5 ～ 3/15	金の弟	卯	木の兄
3/16 ～ 4/4	金の弟	卯	木の弟
4/5 ～ 4/14	水の兄	辰	木の弟
4/15 ～ 4/17	水の兄	辰	水の弟
4/18 ～ 5/4	水の兄	辰	土の兄
5/5 ～ 5/12	水の弟	巳	土の兄
5/13 ～ 5/19	水の弟	巳	金の兄
5/20 ～ 6/4	水の弟	巳	火の兄
6/5 ～ 6/15	木の兄	午	火の兄
6/16 ～ 6/25	木の兄	午	土の弟
6/26 ～ 7/6	木の兄	午	火の弟
7/7 ～ 7/16	木の弟	未	火の弟
7/17 ～ 7/19	木の弟	未	木の弟
7/20 ～ 8/6	木の弟	未	土の弟
8/7 ～ 8/14	火の兄	申	土の兄
8/15 ～ 8/21	火の兄	申	水の兄
8/22 ～ 9/6	火の兄	申	土の兄
9/7 ～ 9/17	火の弟	酉	金の兄
9/18 ～ 10/7	火の弟	酉	金の弟
10/8 ～ 10/17	土の兄	戌	金の弟
10/18 ～ 10/20	土の兄	戌	火の弟
10/21 ～ 11/6	土の兄	戌	土の兄
11/7 ～ 11/14	土の弟	亥	土の兄
11/15 ～ 11/21	土の弟	亥	木の兄
11/22 ～ 12/6	土の弟	亥	水の兄
12/7 ～ 12/17	金の兄	子	水の兄
12/18 ～ 1/4	金の兄	子	水の弟
1/5 ～ 1/14	金の弟	丑	水の弟
1/15 ～ 1/17	金の弟	丑	金の弟
1/18 ～ 2/3	金の弟	丑	土の弟
1977年			
2/4 ～ 2/11	水の兄	寅	土の兄
2/12 ～ 2/18	水の兄	寅	火の兄
2/19 ～ 3/5	水の兄	寅	木の兄
3/6 ～ 3/16	水の弟	卯	木の兄
3/17 ～ 4/4	水の弟	卯	木の弟
4/5 ～ 4/14	木の兄	辰	木の弟
4/15 ～ 4/17	木の兄	辰	水の弟
4/18 ～ 5/5	木の兄	辰	土の兄
5/6 ～ 5/13	木の弟	巳	土の兄
5/14 ～ 5/20	木の弟	巳	金の兄
5/21 ～ 6/5	木の弟	巳	火の兄
6/6 ～ 6/16	火の兄	午	火の兄
6/17 ～ 6/26	火の兄	午	土の弟
6/27 ～ 7/6	火の兄	午	火の弟
7/7 ～ 7/16	火の弟	未	火の弟
7/17 ～ 7/19	火の弟	未	木の弟
7/20 ～ 8/7	火の弟	未	土の弟

該当期間	上段	干支	下段
8/8 ～ 8/15	水の兄	申	土の兄
8/16 ～ 8/22	水の兄	申	水の兄
8/23 ～ 9/7	水の兄	申	土の兄
9/8 ～ 9/18	水の弟	酉	金の兄
9/19 ～ 10/8	水の弟	酉	金の弟
10/9 ～ 10/18	木の兄	戌	金の弟
10/19 ～ 10/21	木の兄	戌	火の弟
10/22 ～ 11/7	木の兄	戌	土の兄
11/8 ～ 11/15	木の弟	亥	土の兄
11/16 ～ 11/22	木の弟	亥	木の兄
11/23 ～ 12/6	木の弟	亥	水の兄
12/7 ～ 12/17	火の兄	子	水の兄
12/18 ～ 1/5	火の兄	子	水の弟
1/6 ～ 1/15	火の弟	丑	水の弟
1/16 ～ 1/18	火の弟	丑	金の弟
1/19 ～ 2/3	火の弟	丑	土の弟
1975年			
2/4 ～ 2/11	土の兄	寅	土の兄
2/12 ～ 2/18	土の兄	寅	火の兄
2/19 ～ 3/5	土の兄	寅	木の兄
3/6 ～ 3/16	土の弟	卯	木の兄
3/17 ～ 4/4	土の弟	卯	木の弟
4/5 ～ 4/14	金の兄	辰	木の弟
4/15 ～ 4/17	金の兄	辰	水の弟
4/18 ～ 5/5	金の兄	辰	土の兄
5/6 ～ 5/13	金の弟	巳	土の兄
5/14 ～ 5/20	金の弟	巳	金の兄
5/21 ～ 6/5	金の弟	巳	火の兄
6/6 ～ 6/16	水の兄	午	火の兄
6/17 ～ 6/26	水の兄	午	土の弟
6/27 ～ 7/7	水の兄	午	火の弟
7/8 ～ 7/17	水の弟	未	火の弟
7/18 ～ 7/20	水の弟	未	木の弟
7/21 ～ 8/7	水の弟	未	土の弟
8/8 ～ 8/15	木の兄	申	土の兄
8/16 ～ 8/22	木の兄	申	水の兄
8/23 ～ 9/7	木の兄	申	土の兄
9/8 ～ 9/18	木の弟	酉	金の兄
9/19 ～ 10/8	木の弟	酉	金の弟
10/9 ～ 10/18	火の兄	戌	金の弟
10/19 ～ 10/21	火の兄	戌	火の弟
10/22 ～ 11/7	火の兄	戌	土の兄
11/8 ～ 11/15	火の弟	亥	土の兄
11/16 ～ 11/22	火の弟	亥	木の兄
11/23 ～ 12/7	火の弟	亥	水の兄
12/8 ～ 12/18	土の兄	子	水の兄
12/19 ～ 1/5	土の兄	子	水の弟
1/6 ～ 1/15	土の弟	丑	水の弟
1/16 ～ 1/18	土の弟	丑	金の弟
1/19 ～ 2/4	土の弟	丑	土の弟

該当期間	上段	干支	下段
1982年			
2/4 ～ 2/11	水の兄	寅	土の兄
2/12 ～ 2/18	水の兄	寅	火の兄
2/19 ～ 3/5	水の兄	寅	木の兄
3/6 ～ 3/16	水の弟	卯	木の兄
3/17 ～ 4/4	水の弟	卯	木の弟
4/5 ～ 4/14	木の兄	辰	木の弟
4/15 ～ 4/17	木の兄	辰	水の弟
4/18 ～ 5/5	木の兄	辰	土の兄
5/6 ～ 5/13	木の弟	巳	土の兄
5/14 ～ 5/20	木の弟	巳	金の兄
5/21 ～ 6/5	木の弟	巳	火の兄
6/6 ～ 6/16	火の兄	午	火の兄
6/17 ～ 6/26	火の兄	午	土の弟
6/27 ～ 7/6	火の兄	午	火の弟
7/7 ～ 7/16	火の弟	未	火の弟
7/17 ～ 7/19	火の弟	未	木の弟
7/20 ～ 8/7	火の弟	未	土の弟
8/8 ～ 8/15	土の兄	申	土の兄
8/16 ～ 8/22	土の兄	申	水の兄
8/23 ～ 9/7	土の兄	申	土の兄
9/8 ～ 9/18	土の弟	酉	金の兄
9/19 ～ 10/8	土の弟	酉	金の弟
10/9 ～ 10/18	金の兄	戌	金の弟
10/19 ～ 10/21	金の兄	戌	火の弟
10/22 ～ 11/7	金の兄	戌	土の兄
11/8 ～ 11/15	金の弟	亥	土の兄
11/16 ～ 11/22	金の弟	亥	木の兄
11/23 ～ 12/6	金の弟	亥	水の兄
12/7 ～ 12/17	水の兄	子	水の兄
12/18 ～ 1/5	水の兄	子	水の弟
1/6 ～ 1/15	水の弟	丑	水の弟
1/16 ～ 1/18	水の弟	丑	金の弟
1/19 ～ 2/3	水の弟	丑	土の弟
1983年			
2/4 ～ 2/11	木の兄	寅	土の兄
2/12 ～ 2/18	木の兄	寅	火の兄
2/19 ～ 3/5	木の兄	寅	木の兄
3/6 ～ 3/16	木の弟	卯	木の兄
3/17 ～ 4/4	木の弟	卯	木の弟
4/5 ～ 4/14	火の兄	辰	木の弟
4/15 ～ 4/17	火の兄	辰	水の弟
4/18 ～ 5/5	火の兄	辰	土の兄
5/6 ～ 5/13	火の弟	巳	土の兄
5/14 ～ 5/20	火の弟	巳	金の兄
5/21 ～ 6/5	火の弟	巳	火の兄
6/6 ～ 6/16	土の兄	午	火の兄
6/17 ～ 6/26	土の兄	午	土の弟
6/27 ～ 7/7	土の兄	午	火の弟
7/8 ～ 7/17	土の弟	未	火の弟
7/18 ～ 7/20	土の弟	未	木の弟
7/21 ～ 8/7	土の弟	未	土の弟

該当期間	上段	干支	下段
8/7 ～ 8/14	木の兄	申	土の兄
8/15 ～ 8/21	木の兄	申	水の兄
8/22 ～ 9/6	木の兄	申	土の兄
9/7 ～ 9/17	木の弟	酉	金の兄
9/18 ～ 10/7	木の弟	酉	金の弟
10/8 ～ 10/17	火の兄	戌	金の弟
10/18 ～ 10/20	火の兄	戌	火の弟
10/21 ～ 11/6	火の兄	戌	土の兄
11/7 ～ 11/14	火の弟	亥	土の兄
11/15 ～ 11/21	火の弟	亥	木の兄
11/22 ～ 12/6	火の弟	亥	水の兄
12/7 ～ 12/17	土の兄	子	水の兄
12/18 ～ 1/4	土の兄	子	水の弟
1/5 ～ 1/14	土の弟	丑	水の弟
1/15 ～ 1/17	土の弟	丑	金の弟
1/18 ～ 2/3	土の弟	丑	土の弟
1981年			
2/4 ～ 2/11	金の兄	寅	土の兄
2/12 ～ 2/18	金の兄	寅	火の兄
2/19 ～ 3/5	金の兄	寅	木の兄
3/6 ～ 3/16	金の弟	卯	木の兄
3/17 ～ 4/4	金の弟	卯	木の弟
4/5 ～ 4/14	水の兄	辰	木の弟
4/15 ～ 4/17	水の兄	辰	水の弟
4/18 ～ 5/4	水の兄	辰	土の兄
5/5 ～ 5/12	水の弟	巳	土の兄
5/13 ～ 5/19	水の弟	巳	金の兄
5/20 ～ 6/5	水の弟	巳	火の兄
6/6 ～ 6/16	木の兄	午	火の兄
6/17 ～ 6/26	木の兄	午	土の弟
6/27 ～ 7/6	木の兄	午	火の弟
7/7 ～ 7/16	木の弟	未	火の弟
7/17 ～ 7/19	木の弟	未	木の弟
7/20 ～ 8/6	木の弟	未	土の弟
8/7 ～ 8/14	火の兄	申	土の兄
8/15 ～ 8/21	火の兄	申	水の兄
8/22 ～ 9/7	火の兄	申	土の兄
9/8 ～ 9/18	火の弟	酉	金の兄
9/19 ～ 10/7	火の弟	酉	金の弟
10/8 ～ 10/17	土の兄	戌	金の弟
10/18 ～ 10/20	土の兄	戌	火の弟
10/21 ～ 11/6	土の兄	戌	土の兄
11/7 ～ 11/14	土の弟	亥	土の兄
11/15 ～ 11/21	土の弟	亥	木の兄
11/22 ～ 12/6	土の弟	亥	水の兄
12/7 ～ 12/17	金の兄	子	水の兄
12/18 ～ 1/5	金の兄	子	水の弟
1/6 ～ 1/15	金の弟	丑	水の弟
1/16 ～ 1/18	金の弟	丑	金の弟
1/19 ～ 2/3	金の弟	丑	土の弟

該当期間	上段	干支	下段
1979年			
2/4 ～ 2/11	火の兄	寅	土の兄
2/12 ～ 2/18	火の兄	寅	火の兄
2/19 ～ 3/5	火の兄	寅	木の兄
3/6 ～ 3/16	火の弟	卯	木の兄
3/17 ～ 4/4	火の弟	卯	木の弟
4/5 ～ 4/14	土の兄	辰	木の弟
4/15 ～ 4/17	土の兄	辰	水の弟
4/18 ～ 5/5	土の兄	辰	土の兄
5/6 ～ 5/13	土の弟	巳	土の兄
5/14 ～ 5/20	土の弟	巳	金の兄
5/21 ～ 6/5	土の弟	巳	火の兄
6/6 ～ 6/16	金の兄	午	火の兄
6/17 ～ 6/26	金の兄	午	土の弟
6/27 ～ 7/7	金の兄	午	火の弟
7/8 ～ 7/17	金の弟	未	火の弟
7/18 ～ 7/20	金の弟	未	木の弟
7/21 ～ 8/7	金の弟	未	土の弟
8/8 ～ 8/15	水の兄	申	土の兄
8/16 ～ 8/22	水の兄	申	水の兄
8/23 ～ 9/7	水の兄	申	土の兄
9/8 ～ 9/18	水の弟	酉	金の兄
9/19 ～ 10/8	水の弟	酉	金の弟
10/9 ～ 10/18	木の兄	戌	金の弟
10/19 ～ 10/21	木の兄	戌	火の弟
10/22 ～ 11/7	木の兄	戌	土の兄
11/8 ～ 11/15	木の弟	亥	土の兄
11/16 ～ 11/22	木の弟	亥	木の兄
11/23 ～ 12/7	木の弟	亥	水の兄
12/8 ～ 12/18	火の兄	子	水の兄
12/19 ～ 1/5	火の兄	子	水の弟
1/6 ～ 1/15	火の弟	丑	水の弟
1/16 ～ 1/18	火の弟	丑	金の弟
1/19 ～ 2/4	火の弟	丑	土の弟
1980年			
2/5 ～ 2/12	土の兄	寅	土の兄
2/13 ～ 2/19	土の兄	寅	火の兄
2/20 ～ 3/4	土の兄	寅	木の兄
3/5 ～ 3/15	土の弟	卯	木の兄
3/16 ～ 4/4	土の弟	卯	木の弟
4/5 ～ 4/14	金の兄	辰	木の弟
4/15 ～ 4/17	金の兄	辰	水の弟
4/18 ～ 5/4	金の兄	辰	土の兄
5/5 ～ 5/12	金の弟	巳	土の兄
5/13 ～ 5/19	金の弟	巳	金の兄
5/20 ～ 6/4	金の弟	巳	火の兄
6/5 ～ 6/15	水の兄	午	火の兄
6/16 ～ 6/25	水の兄	午	土の弟
6/26 ～ 7/6	水の兄	午	火の弟
7/7 ～ 7/16	水の弟	未	火の弟
7/17 ～ 7/19	水の弟	未	木の弟
7/20 ～ 8/6	水の弟	未	土の弟

該当期間	上段	干支	下段
8/8 ～ 8/15	火の兄	申	土の兄
8/16 ～ 8/22	火の兄	申	水の兄
8/23 ～ 9/7	火の兄	申	土の兄
9/8 ～ 9/18	火の弟	酉	金の兄
9/19 ～ 10/7	火の弟	酉	金の弟
10/8 ～ 10/17	土の兄	戌	金の弟
10/18 ～ 10/20	土の兄	戌	火の弟
10/21 ～ 11/7	土の兄	戌	土の兄
11/8 ～ 11/15	土の弟	亥	土の兄
11/16 ～ 11/22	土の弟	亥	木の兄
11/23 ～ 12/6	土の弟	亥	水の兄
12/7 ～ 12/17	金の兄	子	水の兄
12/18 ～ 1/5	金の兄	子	水の弟
1/6 ～ 1/15	金の弟	丑	水の弟
1/16 ～ 1/18	金の弟	丑	金の弟
1/19 ～ 2/3	金の弟	丑	土の弟
1987年			
2/4 ～ 2/11	水の兄	寅	土の兄
2/12 ～ 2/18	水の兄	寅	火の兄
2/19 ～ 3/5	水の兄	寅	木の兄
3/6 ～ 3/16	水の弟	卯	木の兄
3/17 ～ 4/4	水の弟	卯	木の弟
4/5 ～ 4/14	木の兄	辰	木の弟
4/15 ～ 4/17	木の兄	辰	水の弟
4/18 ～ 5/5	木の兄	辰	土の兄
5/6 ～ 5/13	木の弟	巳	土の兄
5/14 ～ 5/20	木の弟	巳	金の兄
5/21 ～ 6/5	木の弟	巳	火の兄
6/6 ～ 6/16	火の兄	午	火の兄
6/17 ～ 6/26	火の兄	午	土の弟
6/27 ～ 7/7	火の兄	午	火の弟
7/8 ～ 7/17	火の弟	未	火の弟
7/18 ～ 7/20	火の弟	未	木の弟
7/21 ～ 8/7	火の弟	未	土の弟
8/8 ～ 8/15	土の兄	申	土の兄
8/16 ～ 8/22	土の兄	申	水の兄
8/23 ～ 9/7	土の兄	申	土の兄
9/8 ～ 9/18	土の弟	酉	金の兄
9/19 ～ 10/8	土の弟	酉	金の弟
10/9 ～ 10/18	金の兄	戌	金の弟
10/19 ～ 10/21	金の兄	戌	火の弟
10/22 ～ 11/7	金の兄	戌	土の兄
11/8 ～ 11/15	金の弟	亥	土の兄
11/16 ～ 11/22	金の弟	亥	木の兄
11/23 ～ 12/7	金の弟	亥	水の兄
12/8 ～ 12/18	水の兄	子	水の兄
12/19 ～ 1/5	水の兄	子	水の弟
1/6 ～ 1/15	水の弟	丑	水の弟
1/16 ～ 1/18	水の弟	丑	金の弟
1/19 ～ 2/3	水の弟	丑	土の弟

該当期間	上段	干支	下段
1985年			
2/4 ～ 2/11	土の兄	寅	土の兄
2/12 ～ 2/18	土の兄	寅	火の兄
2/19 ～ 3/5	土の兄	寅	木の兄
3/6 ～ 3/16	土の弟	卯	木の兄
3/17 ～ 4/4	土の弟	卯	木の弟
4/5 ～ 4/14	金の兄	辰	木の弟
4/15 ～ 4/17	金の兄	辰	水の弟
4/18 ～ 5/4	金の兄	辰	土の兄
5/5 ～ 5/12	金の弟	巳	土の兄
5/13 ～ 5/19	金の弟	巳	金の兄
5/20 ～ 6/5	金の弟	巳	火の兄
6/6 ～ 6/16	水の兄	午	火の兄
6/17 ～ 6/26	水の兄	午	土の弟
6/27 ～ 7/6	水の兄	午	火の弟
7/7 ～ 7/16	水の弟	未	火の弟
7/17 ～ 7/19	水の弟	未	木の弟
7/20 ～ 8/6	水の弟	未	土の弟
8/7 ～ 8/14	木の兄	申	土の兄
8/15 ～ 8/21	木の兄	申	水の兄
8/22 ～ 9/7	木の兄	申	土の兄
9/8 ～ 9/18	木の弟	酉	金の兄
9/19 ～ 10/7	木の弟	酉	金の弟
10/8 ～ 10/17	火の兄	戌	金の弟
10/18 ～ 10/20	火の兄	戌	火の弟
10/21 ～ 11/6	火の兄	戌	土の兄
11/7 ～ 11/14	火の弟	亥	土の兄
11/15 ～ 11/21	火の弟	亥	木の兄
11/22 ～ 12/6	火の弟	亥	水の兄
12/7 ～ 12/17	土の兄	子	水の兄
12/18 ～ 1/5	土の兄	子	水の弟
1/6 ～ 1/15	土の弟	丑	水の弟
1/16 ～ 1/18	土の弟	丑	金の弟
1/19 ～ 2/3	土の弟	丑	土の弟
1986年			
2/4 ～ 2/11	金の兄	寅	土の兄
2/12 ～ 2/18	金の兄	寅	火の兄
2/19 ～ 3/5	金の兄	寅	木の兄
3/6 ～ 3/16	金の弟	卯	木の兄
3/17 ～ 4/4	金の弟	卯	木の弟
4/5 ～ 4/14	水の兄	辰	木の弟
4/15 ～ 4/17	水の兄	辰	水の弟
4/18 ～ 5/5	水の兄	辰	土の兄
5/6 ～ 5/13	水の弟	巳	土の兄
5/14 ～ 5/20	水の弟	巳	金の兄
5/21 ～ 6/5	水の弟	巳	火の兄
6/6 ～ 6/16	木の兄	午	火の兄
6/17 ～ 6/26	木の兄	午	土の弟
6/27 ～ 7/6	木の兄	午	火の弟
7/7 ～ 7/16	木の弟	未	火の弟
7/17 ～ 7/19	木の弟	未	木の弟
7/20 ～ 8/7	木の弟	未	土の弟

該当期間	上段	干支	下段
8/8 ～ 8/15	金の兄	申	土の兄
8/16 ～ 8/22	金の兄	申	水の兄
8/23 ～ 9/7	金の兄	申	土の兄
9/8 ～ 9/18	金の弟	酉	金の兄
9/19 ～ 10/8	金の弟	酉	金の弟
10/9 ～ 10/18	水の兄	戌	金の弟
10/19 ～ 10/21	水の兄	戌	火の弟
10/22 ～ 11/7	水の兄	戌	土の兄
11/8 ～ 11/15	水の弟	亥	土の兄
11/16 ～ 11/22	水の弟	亥	木の兄
11/23 ～ 12/7	水の弟	亥	水の兄
12/8 ～ 12/18	木の兄	子	水の兄
12/19 ～ 1/5	木の兄	子	水の弟
1/6 ～ 1/15	木の弟	丑	水の弟
1/16 ～ 1/18	木の弟	丑	金の弟
1/19 ～ 2/4	木の弟	丑	土の弟
1984年			
2/5 ～ 2/12	火の兄	寅	土の兄
2/13 ～ 2/19	火の兄	寅	火の兄
2/20 ～ 3/4	火の兄	寅	木の兄
3/5 ～ 3/15	火の弟	卯	木の兄
3/16 ～ 4/3	火の弟	卯	木の弟
4/4 ～ 4/13	土の兄	辰	木の弟
4/14 ～ 4/16	土の兄	辰	水の弟
4/17 ～ 5/4	土の兄	辰	土の兄
5/5 ～ 5/12	土の弟	巳	土の兄
5/13 ～ 5/19	土の弟	巳	金の兄
5/20 ～ 6/4	土の弟	巳	火の兄
6/5 ～ 6/15	金の兄	午	火の兄
6/16 ～ 6/25	金の兄	午	土の弟
6/26 ～ 7/6	金の兄	午	火の弟
7/7 ～ 7/16	金の弟	未	火の弟
7/17 ～ 7/19	金の弟	未	木の弟
7/20 ～ 8/6	金の弟	未	土の弟
8/7 ～ 8/14	水の兄	申	土の兄
8/15 ～ 8/21	水の兄	申	水の兄
8/22 ～ 9/6	水の兄	申	土の兄
9/7 ～ 9/17	水の弟	酉	金の兄
9/18 ～ 10/7	水の弟	酉	金の弟
10/8 ～ 10/17	木の兄	戌	金の弟
10/18 ～ 10/20	木の兄	戌	火の弟
10/21 ～ 11/6	木の兄	戌	土の兄
11/7 ～ 11/14	木の弟	亥	土の兄
11/15 ～ 11/21	木の弟	亥	木の兄
11/22 ～ 12/6	木の弟	亥	水の兄
12/7 ～ 12/17	火の兄	子	水の兄
12/18 ～ 1/4	火の兄	子	水の弟
1/5 ～ 1/14	火の弟	丑	水の弟
1/15 ～ 1/17	火の弟	丑	金の弟
1/18 ～ 2/3	火の弟	丑	土の弟

該当期間	上段	干支	下段
1991年			
2/4 ～ 2/11	金の兄	寅	土の兄
2/12 ～ 2/18	金の兄	寅	火の兄
2/19 ～ 3/5	金の兄	寅	木の兄
3/6 ～ 3/16	金の弟	卯	木の兄
3/17 ～ 4/4	金の弟	卯	木の弟
4/5 ～ 4/14	水の兄	辰	木の弟
4/15 ～ 4/17	水の兄	辰	水の弟
4/18 ～ 5/5	水の兄	辰	土の兄
5/6 ～ 5/13	水の弟	巳	土の兄
5/14 ～ 5/20	水の弟	巳	金の兄
5/21 ～ 6/5	水の弟	巳	火の兄
6/6 ～ 6/16	木の兄	午	火の兄
6/17 ～ 6/26	木の兄	午	土の弟
6/27 ～ 7/6	木の兄	午	火の弟
7/7 ～ 7/16	木の弟	未	火の弟
7/17 ～ 7/19	木の弟	未	木の弟
7/20 ～ 8/7	木の弟	未	土の弟
8/8 ～ 8/15	火の兄	申	土の兄
8/16 ～ 8/22	火の兄	申	水の兄
8/23 ～ 9/7	火の兄	申	土の兄
9/8 ～ 9/18	火の弟	酉	金の兄
9/19 ～ 10/8	火の弟	酉	金の弟
10/9 ～ 10/18	土の兄	戌	金の弟
10/19 ～ 10/21	土の兄	戌	火の弟
10/22 ～ 11/7	土の兄	戌	土の兄
11/8 ～ 11/15	土の弟	亥	土の兄
11/16 ～ 11/22	土の弟	亥	木の兄
11/23 ～ 12/6	土の弟	亥	水の兄
12/7 ～ 12/17	金の兄	子	水の兄
12/18 ～ 1/5	金の兄	子	水の弟
1/6 ～ 1/15	金の弟	丑	水の弟
1/16 ～ 1/18	金の弟	丑	金の弟
1/19 ～ 2/3	金の弟	丑	土の弟
1992年			
2/4 ～ 2/11	水の兄	寅	土の兄
2/12 ～ 2/18	水の兄	寅	火の兄
2/19 ～ 3/4	水の兄	寅	木の兄
3/5 ～ 3/15	水の弟	卯	木の兄
3/16 ～ 4/3	水の弟	卯	木の弟
4/4 ～ 4/13	木の兄	辰	木の弟
4/14 ～ 4/16	木の兄	辰	水の弟
4/17 ～ 5/4	木の兄	辰	土の兄
5/5 ～ 5/12	木の弟	巳	土の兄
5/13 ～ 5/19	木の弟	巳	金の兄
5/20 ～ 6/4	木の弟	巳	火の兄
6/5 ～ 6/15	火の兄	午	火の兄
6/16 ～ 6/25	火の兄	午	土の弟
6/26 ～ 7/6	火の兄	午	火の弟
7/7 ～ 7/16	火の弟	未	火の弟
7/17 ～ 7/19	火の弟	未	木の弟
7/20 ～ 8/6	火の弟	未	土の弟

該当期間	上段	干支	下段
8/7 ～ 8/14	水の兄	申	土の兄
8/15 ～ 8/21	水の兄	申	水の兄
8/22 ～ 9/7	水の兄	申	土の兄
9/8 ～ 9/18	水の弟	酉	金の兄
9/19 ～ 10/7	水の弟	酉	金の弟
10/8 ～ 10/17	木の兄	戌	金の弟
10/18 ～ 10/20	木の兄	戌	火の弟
10/21 ～ 11/6	木の兄	戌	土の兄
11/7 ～ 11/14	木の弟	亥	土の兄
11/15 ～ 11/21	木の弟	亥	木の兄
11/22 ～ 12/6	木の弟	亥	水の兄
12/7 ～ 12/17	火の兄	子	水の兄
12/18 ～ 1/4	火の兄	子	水の弟
1/5 ～ 1/14	火の弟	丑	水の弟
1/15 ～ 1/17	火の弟	丑	金の弟
1/18 ～ 2/3	火の弟	丑	土の弟
1990年			
2/4 ～ 2/11	土の兄	寅	土の兄
2/12 ～ 2/18	土の兄	寅	火の兄
2/19 ～ 3/5	土の兄	寅	木の兄
3/6 ～ 3/16	土の弟	卯	木の兄
3/17 ～ 4/4	土の弟	卯	木の弟
4/5 ～ 4/14	金の兄	辰	木の弟
4/15 ～ 4/17	金の兄	辰	水の弟
4/18 ～ 5/5	金の兄	辰	土の兄
5/6 ～ 5/13	金の弟	巳	土の兄
5/14 ～ 5/20	金の弟	巳	金の兄
5/21 ～ 6/5	金の弟	巳	火の兄
6/6 ～ 6/16	水の兄	午	火の兄
6/17 ～ 6/26	水の兄	午	土の弟
6/27 ～ 7/6	水の兄	午	火の弟
7/7 ～ 7/16	水の弟	未	火の弟
7/17 ～ 7/19	水の弟	未	木の弟
7/20 ～ 8/7	水の弟	未	土の弟
8/8 ～ 8/15	木の兄	申	土の兄
8/16 ～ 8/22	木の兄	申	水の兄
8/23 ～ 9/7	木の兄	申	土の兄
9/8 ～ 9/18	木の弟	酉	金の兄
9/19 ～ 10/7	木の弟	酉	金の弟
10/8 ～ 10/17	火の兄	戌	金の弟
10/18 ～ 10/20	火の兄	戌	火の弟
10/21 ～ 11/7	火の兄	戌	土の兄
11/8 ～ 11/15	火の弟	亥	土の兄
11/16 ～ 11/22	火の弟	亥	木の兄
11/23 ～ 12/6	火の弟	亥	水の兄
12/7 ～ 12/17	土の兄	子	水の兄
12/18 ～ 1/5	土の兄	子	水の弟
1/6 ～ 1/15	土の弟	丑	水の弟
1/16 ～ 1/18	土の弟	丑	金の弟
1/19 ～ 2/3	土の弟	丑	土の弟

該当期間	上段	干支	下段
1988年			
2/4 ～ 2/11	木の兄	寅	土の兄
2/12 ～ 2/18	木の兄	寅	火の兄
2/19 ～ 3/4	木の兄	寅	木の兄
3/5 ～ 3/15	木の弟	卯	木の兄
3/16 ～ 4/3	木の弟	卯	木の弟
4/4 ～ 4/13	火の兄	辰	木の弟
4/14 ～ 4/16	火の兄	辰	水の弟
4/17 ～ 5/4	火の兄	辰	土の兄
5/5 ～ 5/12	火の弟	巳	土の兄
5/13 ～ 5/19	火の弟	巳	金の兄
5/20 ～ 6/4	火の弟	巳	火の兄
6/5 ～ 6/15	土の兄	午	火の兄
6/16 ～ 6/25	土の兄	午	土の弟
6/26 ～ 7/6	土の兄	午	火の弟
7/7 ～ 7/16	土の弟	未	火の弟
7/17 ～ 7/19	土の弟	未	木の弟
7/20 ～ 8/6	土の弟	未	土の弟
8/7 ～ 8/14	金の兄	申	土の兄
8/15 ～ 8/21	金の兄	申	水の兄
8/22 ～ 9/6	金の兄	申	土の兄
9/7 ～ 9/17	金の弟	酉	金の兄
9/18 ～ 10/7	金の弟	酉	金の弟
10/8 ～ 10/17	水の兄	戌	金の弟
10/18 ～ 10/20	水の兄	戌	火の弟
10/21 ～ 11/6	水の兄	戌	土の兄
11/7 ～ 11/14	水の弟	亥	土の兄
11/15 ～ 11/21	水の弟	亥	木の兄
11/22 ～ 12/6	水の弟	亥	水の兄
12/7 ～ 12/17	木の兄	子	水の兄
12/18 ～ 1/4	木の兄	子	水の弟
1/5 ～ 1/14	木の弟	丑	水の弟
1/15 ～ 1/17	木の弟	丑	金の弟
1/18 ～ 2/3	木の弟	丑	土の弟
1989年			
2/4 ～ 2/11	火の兄	寅	土の兄
2/12 ～ 2/18	火の兄	寅	火の兄
2/19 ～ 3/4	火の兄	寅	木の兄
3/5 ～ 3/15	火の弟	卯	木の兄
3/16 ～ 4/4	火の弟	卯	木の弟
4/5 ～ 4/14	土の兄	辰	木の弟
4/15 ～ 4/17	土の兄	辰	水の弟
4/18 ～ 5/4	土の兄	辰	土の兄
5/5 ～ 5/12	土の弟	巳	土の兄
5/13 ～ 5/19	土の弟	巳	金の兄
5/20 ～ 6/5	土の弟	巳	火の兄
6/6 ～ 6/16	金の兄	午	火の兄
6/17 ～ 6/26	金の兄	午	土の弟
6/27 ～ 7/6	金の兄	午	火の弟
7/7 ～ 7/16	金の弟	未	火の弟
7/17 ～ 7/19	金の弟	未	木の弟
7/20 ～ 8/6	金の弟	未	土の弟

該当期間	上段	干支	下段
8/8 ～ 8/15	木の兄	申	土の兄
8/16 ～ 8/22	木の兄	申	水の兄
8/23 ～ 9/7	木の兄	申	土の兄
9/8 ～ 9/18	木の弟	酉	金の兄
9/19 ～ 10/8	木の弟	酉	金の弟
10/9 ～ 10/18	火の兄	戌	金の弟
10/19 ～ 10/21	火の兄	戌	火の弟
10/22 ～ 11/7	火の兄	戌	土の兄
11/8 ～ 11/15	火の弟	亥	土の兄
11/16 ～ 11/22	火の弟	亥	木の兄
11/23 ～ 12/6	火の弟	亥	水の兄
12/7 ～ 12/17	土の兄	子	水の兄
12/18 ～ 1/5	土の兄	子	水の弟
1/6 ～ 1/15	土の弟	丑	水の弟
1/16 ～ 1/18	土の弟	丑	金の弟
1/19 ～ 2/3	土の弟	丑	土の弟
1996年			
2/4 ～ 2/11	金の兄	寅	土の兄
2/12 ～ 2/18	金の兄	寅	火の兄
2/19 ～ 3/4	金の兄	寅	木の兄
3/5 ～ 3/15	金の弟	卯	木の兄
3/16 ～ 4/3	金の弟	卯	木の弟
4/4 ～ 4/13	水の兄	辰	木の弟
4/14 ～ 4/16	水の兄	辰	水の弟
4/17 ～ 5/4	水の兄	辰	土の兄
5/5 ～ 5/12	水の弟	巳	土の兄
5/13 ～ 5/19	水の弟	巳	金の兄
5/20 ～ 6/4	水の弟	巳	火の兄
6/5 ～ 6/15	木の兄	午	火の兄
6/16 ～ 6/25	木の兄	午	土の弟
6/26 ～ 7/6	木の兄	午	火の弟
7/7 ～ 7/16	木の弟	未	火の弟
7/17 ～ 7/19	木の弟	未	木の弟
7/20 ～ 8/6	木の弟	未	土の弟
8/7 ～ 8/14	火の兄	申	土の兄
8/15 ～ 8/21	火の兄	申	水の兄
8/22 ～ 9/6	火の兄	申	土の兄
9/7 ～ 9/17	火の弟	酉	金の兄
9/18 ～ 10/7	火の弟	酉	金の弟
10/8 ～ 10/17	土の兄	戌	金の弟
10/18 ～ 10/20	土の兄	戌	火の弟
10/21 ～ 11/6	土の兄	戌	土の兄
11/7 ～ 11/14	土の弟	亥	土の兄
11/15 ～ 11/21	土の弟	亥	木の兄
11/22 ～ 12/6	土の弟	亥	水の兄
12/7 ～ 12/17	金の兄	子	水の兄
12/18 ～ 1/4	金の兄	子	水の弟
1/5 ～ 1/14	金の弟	丑	水の弟
1/15 ～ 1/17	金の弟	丑	金の弟
1/18 ～ 2/3	金の弟	丑	土の弟

該当期間	上段	干支	下段
1994年			
2/4 ～ 2/11	火の兄	寅	土の兄
2/12 ～ 2/18	火の兄	寅	火の兄
2/19 ～ 3/5	火の兄	寅	木の兄
3/6 ～ 3/16	火の弟	卯	木の兄
3/17 ～ 4/4	火の弟	卯	木の弟
4/5 ～ 4/14	土の兄	辰	木の弟
4/15 ～ 4/17	土の兄	辰	水の弟
4/18 ～ 5/5	土の兄	辰	土の兄
5/6 ～ 5/13	土の弟	巳	土の兄
5/14 ～ 5/20	土の弟	巳	金の兄
5/21 ～ 6/5	土の弟	巳	火の兄
6/6 ～ 6/16	金の兄	午	火の兄
6/17 ～ 6/26	金の兄	午	土の弟
6/27 ～ 7/6	金の兄	午	火の弟
7/7 ～ 7/16	金の弟	未	火の弟
7/17 ～ 7/19	金の弟	未	木の弟
7/20 ～ 8/7	金の弟	未	土の弟
8/8 ～ 8/15	水の兄	申	土の兄
8/16 ～ 8/22	水の兄	申	水の兄
8/23 ～ 9/7	水の兄	申	土の兄
9/8 ～ 9/18	水の弟	酉	金の兄
9/19 ～ 10/7	水の弟	酉	金の弟
10/8 ～ 10/17	木の兄	戌	金の弟
10/18 ～ 10/20	木の兄	戌	火の弟
10/21 ～ 11/7	木の兄	戌	土の兄
11/8 ～ 11/15	木の弟	亥	土の兄
11/16 ～ 11/22	木の弟	亥	木の兄
11/23 ～ 12/6	木の弟	亥	水の兄
12/7 ～ 12/17	火の兄	子	水の兄
12/18 ～ 1/5	火の兄	子	水の弟
1/6 ～ 1/15	火の弟	丑	水の弟
1/16 ～ 1/18	火の弟	丑	金の弟
1/19 ～ 2/3	火の弟	丑	土の弟
1995年			
2/4 ～ 2/11	土の兄	寅	土の兄
2/12 ～ 2/18	土の兄	寅	火の兄
2/19 ～ 3/5	土の兄	寅	木の兄
3/6 ～ 3/16	土の弟	卯	木の兄
3/17 ～ 4/4	土の弟	卯	木の弟
4/5 ～ 4/14	金の兄	辰	木の弟
4/15 ～ 4/17	金の兄	辰	水の弟
4/18 ～ 5/5	金の兄	辰	土の兄
5/6 ～ 5/13	金の弟	巳	土の兄
5/14 ～ 5/20	金の弟	巳	金の兄
5/21 ～ 6/5	金の弟	巳	火の兄
6/6 ～ 6/16	水の兄	午	火の兄
6/17 ～ 6/26	水の兄	午	土の弟
6/27 ～ 7/6	水の兄	午	火の弟
7/7 ～ 7/16	水の弟	未	火の弟
7/17 ～ 7/19	水の弟	未	木の弟
7/20 ～ 8/7	水の弟	未	土の弟

該当期間	上段	干支	下段
8/7 ～ 8/14	土の兄	申	土の兄
8/15 ～ 8/21	土の兄	申	水の兄
8/22 ～ 9/6	土の兄	申	土の兄
9/7 ～ 9/17	土の弟	酉	金の兄
9/18 ～ 10/7	土の弟	酉	金の弟
10/8 ～ 10/17	金の兄	戌	金の弟
10/18 ～ 10/20	金の兄	戌	火の弟
10/21 ～ 11/6	金の兄	戌	土の兄
11/7 ～ 11/14	金の弟	亥	土の兄
11/15 ～ 11/21	金の弟	亥	木の兄
11/22 ～ 12/6	金の弟	亥	水の兄
12/7 ～ 12/17	水の兄	子	水の兄
12/18 ～ 1/4	水の兄	子	水の弟
1/5 ～ 1/14	水の弟	丑	水の弟
1/15 ～ 1/17	水の弟	丑	金の弟
1/18 ～ 2/3	水の弟	丑	土の弟
1993年			
2/4 ～ 2/11	木の兄	寅	土の兄
2/12 ～ 2/18	木の兄	寅	火の兄
2/19 ～ 3/4	木の兄	寅	木の兄
3/5 ～ 3/15	木の弟	卯	木の兄
3/16 ～ 4/4	木の弟	卯	木の弟
4/5 ～ 4/14	火の兄	辰	木の弟
4/15 ～ 4/17	火の兄	辰	水の弟
4/18 ～ 5/4	火の兄	辰	土の兄
5/5 ～ 5/12	火の弟	巳	土の兄
5/13 ～ 5/19	火の弟	巳	金の兄
5/20 ～ 6/5	火の弟	巳	火の兄
6/6 ～ 6/16	土の兄	午	火の兄
6/17 ～ 6/26	土の兄	午	土の弟
6/27 ～ 7/6	土の兄	午	火の弟
7/7 ～ 7/16	土の弟	未	火の弟
7/17 ～ 7/19	土の弟	未	木の弟
7/20 ～ 8/6	土の弟	未	土の弟
8/7 ～ 8/14	金の兄	申	土の兄
8/15 ～ 8/21	金の兄	申	水の兄
8/22 ～ 9/7	金の兄	申	土の兄
9/8 ～ 9/18	金の弟	酉	金の兄
9/19 ～ 10/7	金の弟	酉	金の弟
10/8 ～ 10/17	水の兄	戌	金の弟
10/18 ～ 10/20	水の兄	戌	火の弟
10/21 ～ 11/6	水の兄	戌	土の兄
11/7 ～ 11/14	水の弟	亥	土の兄
11/15 ～ 11/21	水の弟	亥	木の兄
11/22 ～ 12/6	水の弟	亥	水の兄
12/7 ～ 12/17	木の兄	子	水の兄
12/18 ～ 1/4	木の兄	子	水の弟
1/5 ～ 1/14	木の弟	丑	水の弟
1/15 ～ 1/17	木の弟	丑	金の弟
1/18 ～ 2/3	木の弟	丑	土の弟

該当期間	上段	干支	下段
2000年			
2/4 ～ 2/11	土の兄	寅	土の兄
2/12 ～ 2/18	土の兄	寅	火の兄
2/19 ～ 3/4	土の兄	寅	木の兄
3/5 ～ 3/15	土の弟	卯	木の兄
3/16 ～ 4/3	土の弟	卯	木の弟
4/4 ～ 4/13	金の兄	辰	木の弟
4/14 ～ 4/16	金の兄	辰	水の弟
4/17 ～ 5/4	金の兄	辰	土の兄
5/5 ～ 5/12	金の弟	巳	土の兄
5/13 ～ 5/19	金の弟	巳	金の兄
5/20 ～ 6/4	金の弟	巳	火の兄
6/5 ～ 6/15	水の兄	午	火の兄
6/16 ～ 6/25	水の兄	午	土の弟
6/26 ～ 7/6	水の兄	午	火の弟
7/7 ～ 7/16	水の弟	未	火の弟
7/17 ～ 7/19	水の弟	未	木の弟
7/20 ～ 8/6	水の弟	未	土の弟
8/7 ～ 8/14	木の兄	申	土の兄
8/15 ～ 8/21	木の兄	申	水の兄
8/22 ～ 9/6	木の兄	申	土の兄
9/7 ～ 9/17	木の弟	酉	金の兄
9/18 ～ 10/7	木の弟	酉	金の弟
10/8 ～ 10/17	火の兄	戌	金の弟
10/18 ～ 10/20	火の兄	戌	火の弟
10/21 ～ 11/6	火の兄	戌	土の兄
11/7 ～ 11/14	火の弟	亥	土の兄
11/15 ～ 11/21	火の弟	亥	木の兄
11/22 ～ 12/6	火の弟	亥	水の兄
12/7 ～ 12/17	土の兄	子	水の兄
12/18 ～ 1/4	土の兄	子	水の弟
1/5 ～ 1/14	土の弟	丑	水の弟
1/15 ～ 1/17	土の弟	丑	金の弟
1/18 ～ 2/3	土の弟	丑	土の弟
2001年			
2/4 ～ 2/11	金の兄	寅	土の兄
2/12 ～ 2/18	金の兄	寅	火の兄
2/19 ～ 3/4	金の兄	寅	木の兄
3/5 ～ 3/15	金の弟	卯	木の兄
3/16 ～ 4/4	金の弟	卯	木の弟
4/5 ～ 4/14	水の兄	辰	木の弟
4/15 ～ 4/17	水の兄	辰	水の弟
4/18 ～ 5/4	水の兄	辰	土の兄
5/5 ～ 5/12	水の弟	巳	土の兄
5/13 ～ 5/19	水の弟	巳	金の兄
5/20 ～ 6/4	水の弟	巳	火の兄
6/5 ～ 6/15	木の兄	午	火の兄
6/16 ～ 6/25	木の兄	午	土の弟
6/26 ～ 7/6	木の兄	午	火の弟
7/7 ～ 7/16	木の弟	未	火の弟
7/17 ～ 7/19	木の弟	未	木の弟
7/20 ～ 8/6	木の弟	未	土の弟

該当期間	上段	干支	下段
8/8 ～ 8/15	金の兄	申	土の兄
8/16 ～ 8/22	金の兄	申	水の兄
8/23 ～ 9/7	金の兄	申	土の兄
9/8 ～ 9/18	金の弟	酉	金の兄
9/19 ～ 10/7	金の弟	酉	金の弟
10/8 ～ 10/17	水の兄	戌	金の弟
10/18 ～ 10/20	水の兄	戌	火の弟
10/21 ～ 11/7	水の兄	戌	土の兄
11/8 ～ 11/15	水の弟	亥	土の兄
11/16 ～ 11/22	水の弟	亥	木の兄
11/23 ～ 12/6	水の弟	亥	水の兄
12/7 ～ 12/17	木の兄	子	水の兄
12/18 ～ 1/5	木の兄	子	水の弟
1/6 ～ 1/15	木の弟	丑	水の弟
1/16 ～ 1/18	木の弟	丑	金の弟
1/19 ～ 2/3	木の弟	丑	土の弟
1999年			
2/4 ～ 2/11	火の兄	寅	土の兄
2/12 ～ 2/18	火の兄	寅	火の兄
2/19 ～ 3/5	火の兄	寅	木の兄
3/6 ～ 3/16	火の弟	卯	木の兄
3/17 ～ 4/4	火の弟	卯	木の弟
4/5 ～ 4/14	土の兄	辰	木の弟
4/15 ～ 4/17	土の兄	辰	水の弟
4/18 ～ 5/5	土の兄	辰	土の兄
5/6 ～ 5/13	土の弟	巳	土の兄
5/14 ～ 5/20	土の弟	巳	金の兄
5/21 ～ 6/5	土の弟	巳	火の兄
6/6 ～ 6/16	金の兄	午	火の兄
6/17 ～ 6/26	金の兄	午	土の弟
6/27 ～ 7/6	金の兄	午	火の弟
7/7 ～ 7/16	金の弟	未	火の弟
7/17 ～ 7/19	金の弟	未	木の弟
7/20 ～ 8/7	金の弟	未	土の弟
8/8 ～ 8/15	水の兄	申	土の兄
8/16 ～ 8/22	水の兄	申	水の兄
8/23 ～ 9/7	水の兄	申	土の兄
9/8 ～ 9/18	水の弟	酉	金の兄
9/19 ～ 10/8	水の弟	酉	金の弟
10/9 ～ 10/18	木の兄	戌	金の弟
10/19 ～ 10/21	木の兄	戌	火の弟
10/22 ～ 11/7	木の兄	戌	土の兄
11/8 ～ 11/15	木の弟	亥	土の兄
11/16 ～ 11/22	木の弟	亥	木の兄
11/23 ～ 12/6	木の弟	亥	水の兄
12/7 ～ 12/17	火の兄	子	水の兄
12/18 ～ 1/5	火の兄	子	水の弟
1/6 ～ 1/15	火の弟	丑	水の弟
1/16 ～ 1/18	火の弟	丑	金の弟
1/19 ～ 2/3	火の弟	丑	土の弟

該当期間	上段	干支	下段
1997年			
2/4 ～ 2/11	水の兄	寅	土の兄
2/12 ～ 2/18	水の兄	寅	火の兄
2/19 ～ 3/4	水の兄	寅	木の兄
3/5 ～ 3/15	水の弟	卯	木の兄
3/16 ～ 4/4	水の弟	卯	木の弟
4/5 ～ 4/14	木の兄	辰	木の弟
4/15 ～ 4/17	木の兄	辰	水の弟
4/18 ～ 5/4	木の兄	辰	土の兄
5/5 ～ 5/12	木の弟	巳	土の兄
5/13 ～ 5/19	木の弟	巳	金の兄
5/20 ～ 6/5	木の弟	巳	火の兄
6/6 ～ 6/16	火の兄	午	火の兄
6/17 ～ 6/26	火の兄	午	土の弟
6/27 ～ 7/6	火の兄	午	火の弟
7/7 ～ 7/16	火の弟	未	火の弟
7/17 ～ 7/19	火の弟	未	木の弟
7/20 ～ 8/6	火の弟	未	土の弟
8/7 ～ 8/14	土の兄	申	土の兄
8/15 ～ 8/21	土の兄	申	水の兄
8/22 ～ 9/6	土の兄	申	土の兄
9/7 ～ 9/17	土の弟	酉	金の兄
9/18 ～ 10/7	土の弟	酉	金の弟
10/8 ～ 10/17	金の兄	戌	金の弟
10/18 ～ 10/20	金の兄	戌	火の弟
10/21 ～ 11/6	金の兄	戌	土の兄
11/7 ～ 11/14	金の弟	亥	土の兄
11/15 ～ 11/21	金の弟	亥	木の兄
11/22 ～ 12/6	金の弟	亥	水の兄
12/7 ～ 12/17	水の兄	子	水の兄
12/18 ～ 1/4	水の兄	子	水の弟
1/5 ～ 1/14	水の弟	丑	水の弟
1/15 ～ 1/17	水の弟	丑	金の弟
1/18 ～ 2/3	水の弟	丑	土の弟
1998年			
2/4 ～ 2/11	木の兄	寅	土の兄
2/12 ～ 2/18	木の兄	寅	火の兄
2/19 ～ 3/5	木の兄	寅	木の兄
3/6 ～ 3/16	木の弟	卯	木の兄
3/17 ～ 4/4	木の弟	卯	木の弟
4/5 ～ 4/14	火の兄	辰	木の弟
4/15 ～ 4/17	火の兄	辰	水の弟
4/18 ～ 5/5	火の兄	辰	土の兄
5/6 ～ 5/13	火の弟	巳	土の兄
5/14 ～ 5/20	火の弟	巳	金の兄
5/21 ～ 6/5	火の弟	巳	火の兄
6/6 ～ 6/16	土の兄	午	火の兄
6/17 ～ 6/26	土の兄	午	土の弟
6/27 ～ 7/6	土の兄	午	火の弟
7/7 ～ 7/16	土の弟	未	火の弟
7/17 ～ 7/19	土の弟	未	木の弟
7/20 ～ 8/7	土の弟	未	土の弟

該当期間	上段	干支	下段
8/7 ～ 8/14	水の兄	申	土の兄
8/15 ～ 8/21	水の兄	申	水の兄
8/22 ～ 9/6	水の兄	申	土の兄
9/7 ～ 9/17	水の弟	酉	金の兄
9/18 ～ 10/7	水の弟	酉	金の弟
10/8 ～ 10/17	木の兄	戌	金の弟
10/18 ～ 10/20	木の兄	戌	火の弟
10/21 ～ 11/6	木の兄	戌	土の兄
11/7 ～ 11/14	木の弟	亥	土の兄
11/15 ～ 11/21	木の弟	亥	木の兄
11/22 ～ 12/6	木の弟	亥	水の兄
12/7 ～ 12/17	火の兄	子	水の兄
12/18 ～ 1/4	火の兄	子	水の弟
1/5 ～ 1/14	火の弟	丑	水の弟
1/15 ～ 1/17	火の弟	丑	金の弟
1/18 ～ 2/3	火の弟	丑	土の弟
2005年			
2/4 ～ 2/11	土の兄	寅	土の兄
2/12 ～ 2/18	土の兄	寅	火の兄
2/19 ～ 3/4	土の兄	寅	木の兄
3/5 ～ 3/15	土の弟	卯	木の兄
3/16 ～ 4/4	土の弟	卯	木の弟
4/5 ～ 4/14	金の兄	辰	木の弟
4/15 ～ 4/17	金の兄	辰	水の弟
4/18 ～ 5/4	金の兄	辰	土の兄
5/5 ～ 5/12	金の弟	巳	土の兄
5/13 ～ 5/19	金の弟	巳	金の兄
5/20 ～ 6/4	金の弟	巳	火の兄
6/5 ～ 6/15	水の兄	午	火の兄
6/16 ～ 6/25	水の兄	午	土の弟
6/26 ～ 7/6	水の兄	午	火の弟
7/7 ～ 7/16	水の弟	未	火の弟
7/17 ～ 7/19	水の弟	未	木の弟
7/20 ～ 8/6	水の弟	未	土の弟
8/7 ～ 8/14	木の兄	申	土の兄
8/15 ～ 8/21	木の兄	申	水の兄
8/22 ～ 9/6	木の兄	申	土の兄
9/7 ～ 9/17	木の弟	酉	金の兄
9/18 ～ 10/7	木の弟	酉	金の弟
10/8 ～ 10/17	火の兄	戌	金の弟
10/18 ～ 10/20	火の兄	戌	火の弟
10/21 ～ 11/6	火の兄	戌	土の兄
11/7 ～ 11/14	火の弟	亥	土の兄
11/15 ～ 11/21	火の弟	亥	木の兄
11/22 ～ 12/6	火の弟	亥	水の兄
12/7 ～ 12/17	土の兄	子	水の兄
12/18 ～ 1/4	土の兄	子	水の弟
1/5 ～ 1/14	土の弟	丑	水の弟
1/15 ～ 1/17	土の弟	丑	金の弟
1/18 ～ 2/3	土の弟	丑	土の弟

該当期間	上段	干支	下段
2003年			
2/4 ～ 2/11	木の兄	寅	土の兄
2/12 ～ 2/18	木の兄	寅	火の兄
2/19 ～ 3/5	木の兄	寅	木の兄
3/6 ～ 3/16	木の弟	卯	木の兄
3/17 ～ 4/4	木の弟	卯	木の弟
4/5 ～ 4/14	火の兄	辰	木の弟
4/15 ～ 4/17	火の兄	辰	水の弟
4/18 ～ 5/5	火の兄	辰	土の兄
5/6 ～ 5/13	火の弟	巳	土の兄
5/14 ～ 5/20	火の弟	巳	金の兄
5/21 ～ 6/5	火の弟	巳	火の兄
6/6 ～ 6/16	土の兄	午	火の兄
6/17 ～ 6/26	土の兄	午	土の弟
6/27 ～ 7/6	土の兄	午	火の弟
7/7 ～ 7/16	土の弟	未	火の弟
7/17 ～ 7/19	土の弟	未	木の弟
7/20 ～ 8/7	土の弟	未	土の弟
8/8 ～ 8/15	金の兄	申	土の兄
8/16 ～ 8/22	金の兄	申	水の兄
8/23 ～ 9/7	金の兄	申	土の兄
9/8 ～ 9/18	金の弟	酉	金の兄
9/19 ～ 10/8	金の弟	酉	金の弟
10/9 ～ 10/18	水の兄	戌	金の弟
10/19 ～ 10/21	水の兄	戌	火の弟
10/22 ～ 11/7	水の兄	戌	土の兄
11/8 ～ 11/15	水の弟	亥	土の兄
11/16 ～ 11/22	水の弟	亥	木の兄
11/23 ～ 12/6	水の弟	亥	水の兄
12/7 ～ 12/17	木の兄	子	水の兄
12/18 ～ 1/5	木の兄	子	水の弟
1/6 ～ 1/15	木の弟	丑	水の弟
1/16 ～ 1/18	木の弟	丑	金の弟
1/19 ～ 2/3	木の弟	丑	土の弟
2004年			
2/4 ～ 2/11	火の兄	寅	土の兄
2/12 ～ 2/18	火の兄	寅	火の兄
2/19 ～ 3/4	火の兄	寅	木の兄
3/5 ～ 3/15	火の弟	卯	木の兄
3/16 ～ 4/3	火の弟	卯	木の弟
4/4 ～ 4/13	土の兄	辰	木の弟
4/14 ～ 4/16	土の兄	辰	水の弟
4/17 ～ 5/4	土の兄	辰	土の兄
5/5 ～ 5/12	土の弟	巳	土の兄
5/13 ～ 5/19	土の弟	巳	金の兄
5/20 ～ 6/4	土の弟	巳	火の兄
6/5 ～ 6/15	金の兄	午	火の兄
6/16 ～ 6/25	金の兄	午	土の弟
6/26 ～ 7/6	金の兄	午	火の弟
7/7 ～ 7/16	金の弟	未	火の弟
7/17 ～ 7/19	金の弟	未	木の弟
7/20 ～ 8/6	金の弟	未	土の弟

該当期間	上段	干支	下段
8/7 ～ 8/14	火の兄	申	土の兄
8/15 ～ 8/21	火の兄	申	水の兄
8/22 ～ 9/6	火の兄	申	土の兄
9/7 ～ 9/17	火の弟	酉	金の兄
9/18 ～ 10/7	火の弟	酉	金の弟
10/8 ～ 10/17	土の兄	戌	金の弟
10/18 ～ 10/20	土の兄	戌	火の弟
10/21 ～ 11/6	土の兄	戌	土の兄
11/7 ～ 11/14	土の弟	亥	土の兄
11/15 ～ 11/21	土の弟	亥	木の兄
11/22 ～ 12/6	土の弟	亥	水の兄
12/7 ～ 12/17	金の兄	子	水の兄
12/18 ～ 1/4	金の兄	子	水の弟
1/5 ～ 1/14	金の弟	丑	水の弟
1/15 ～ 1/17	金の弟	丑	金の弟
1/18 ～ 2/3	金の弟	丑	土の弟
2002年			
2/4 ～ 2/11	水の兄	寅	土の兄
2/12 ～ 2/18	水の兄	寅	火の兄
2/19 ～ 3/5	水の兄	寅	木の兄
3/6 ～ 3/16	水の弟	卯	木の兄
3/17 ～ 4/4	水の弟	卯	木の弟
4/5 ～ 4/14	木の兄	辰	木の弟
4/15 ～ 4/17	木の兄	辰	水の弟
4/18 ～ 5/5	木の兄	辰	土の兄
5/6 ～ 5/13	木の弟	巳	土の兄
5/14 ～ 5/20	木の弟	巳	金の兄
5/21 ～ 6/5	木の弟	巳	火の兄
6/6 ～ 6/16	火の兄	午	火の兄
6/17 ～ 6/26	火の兄	午	土の弟
6/27 ～ 7/6	火の兄	午	火の弟
7/7 ～ 7/16	火の弟	未	火の弟
7/17 ～ 7/19	火の弟	未	木の弟
7/20 ～ 8/7	火の弟	未	土の弟
8/8 ～ 8/15	土の兄	申	土の兄
8/16 ～ 8/22	土の兄	申	水の兄
8/23 ～ 9/7	土の兄	申	土の兄
9/8 ～ 9/18	土の弟	酉	金の兄
9/19 ～ 10/7	土の弟	酉	金の弟
10/8 ～ 10/17	金の兄	戌	金の弟
10/18 ～ 10/20	金の兄	戌	火の弟
10/21 ～ 11/6	金の兄	戌	土の兄
11/7 ～ 11/14	金の弟	亥	土の兄
11/15 ～ 11/21	金の弟	亥	木の兄
11/22 ～ 12/6	金の弟	亥	水の兄
12/7 ～ 12/17	水の兄	子	水の兄
12/18 ～ 1/5	水の兄	子	水の弟
1/6 ～ 1/15	水の弟	丑	水の弟
1/16 ～ 1/18	水の弟	丑	金の弟
1/19 ～ 2/3	水の弟	丑	土の弟

該当期間	上段	干支	下段
2009年			
2/4 ～ 2/11	火の兄	寅	土の兄
2/12 ～ 2/18	火の兄	寅	火の兄
2/19 ～ 3/4	火の兄	寅	木の兄
3/5 ～ 3/15	火の弟	卯	木の兄
3/16 ～ 4/4	火の弟	卯	木の弟
4/5 ～ 4/14	土の兄	辰	木の弟
4/15 ～ 4/17	土の兄	辰	水の弟
4/18 ～ 5/4	土の兄	辰	土の兄
5/5 ～ 5/12	土の弟	巳	土の兄
5/13 ～ 5/19	土の弟	巳	金の兄
5/20 ～ 6/4	土の弟	巳	火の兄
6/5 ～ 6/15	金の兄	午	火の兄
6/16 ～ 6/25	金の兄	午	土の弟
6/26 ～ 7/6	金の兄	午	火の弟
7/7 ～ 7/16	金の弟	未	火の弟
7/17 ～ 7/19	金の弟	未	木の弟
7/20 ～ 8/6	金の弟	未	土の弟
8/7 ～ 8/14	水の兄	申	土の兄
8/15 ～ 8/21	水の兄	申	水の兄
8/22 ～ 9/6	水の兄	申	土の兄
9/7 ～ 9/17	水の弟	酉	金の兄
9/18 ～ 10/7	水の弟	酉	金の弟
10/8 ～ 10/17	木の兄	戌	金の弟
10/18 ～ 10/20	木の兄	戌	火の弟
10/21 ～ 11/6	木の兄	戌	土の兄
11/7 ～ 11/14	木の弟	亥	土の兄
11/15 ～ 11/21	木の弟	亥	木の兄
11/22 ～ 12/6	木の弟	亥	水の兄
12/7 ～ 12/17	火の兄	子	水の兄
12/18 ～ 1/4	火の兄	子	水の弟
1/5 ～ 1/14	火の弟	丑	水の弟
1/15 ～ 1/17	火の弟	丑	金の弟
1/18 ～ 2/3	火の弟	丑	土の弟
2010年			
2/4 ～ 2/11	土の兄	寅	土の兄
2/12 ～ 2/18	土の兄	寅	火の兄
2/19 ～ 3/5	土の兄	寅	木の兄
3/6 ～ 3/16	土の弟	卯	木の兄
3/17 ～ 4/4	土の弟	卯	木の弟
4/5 ～ 4/14	金の兄	辰	木の弟
4/15 ～ 4/17	金の兄	辰	水の弟
4/18 ～ 5/4	金の兄	辰	土の兄
5/5 ～ 5/12	金の弟	巳	土の兄
5/13 ～ 5/19	金の弟	巳	金の兄
5/20 ～ 6/5	金の弟	巳	火の兄
6/6 ～ 6/16	水の兄	午	火の兄
6/17 ～ 6/26	水の兄	午	土の弟
6/27 ～ 7/6	水の兄	午	火の弟
7/7 ～ 7/16	水の弟	未	火の弟
7/17 ～ 7/19	水の弟	未	木の弟
7/20 ～ 8/6	水の弟	未	土の弟

該当期間	上段	干支	下段
8/8 ～ 8/15	土の兄	申	土の兄
8/16 ～ 8/22	土の兄	申	水の兄
8/23 ～ 9/7	土の兄	申	土の兄
9/8 ～ 9/18	土の弟	酉	金の兄
9/19 ～ 10/8	土の弟	酉	金の弟
10/9 ～ 10/18	金の兄	戌	金の弟
10/19 ～ 10/21	金の兄	戌	火の弟
10/22 ～ 11/7	金の兄	戌	土の兄
11/8 ～ 11/15	金の弟	亥	土の兄
11/16 ～ 11/22	金の弟	亥	木の兄
11/23 ～ 12/6	金の弟	亥	水の兄
12/7 ～ 12/17	水の兄	子	水の兄
12/18 ～ 1/5	水の兄	子	水の弟
1/6 ～ 1/15	水の弟	丑	水の弟
1/16 ～ 1/18	水の弟	丑	金の弟
1/19 ～ 2/3	水の弟	丑	土の弟
2008年			
2/4 ～ 2/11	木の兄	寅	土の兄
2/12 ～ 2/18	木の兄	寅	火の兄
2/19 ～ 3/4	木の兄	寅	木の兄
3/5 ～ 3/15	木の弟	卯	木の兄
3/16 ～ 4/3	木の弟	卯	木の弟
4/4 ～ 4/13	火の兄	辰	木の弟
4/14 ～ 4/16	火の兄	辰	水の弟
4/17 ～ 5/4	火の兄	辰	土の兄
5/5 ～ 5/12	火の弟	巳	土の兄
5/13 ～ 5/19	火の弟	巳	金の兄
5/20 ～ 6/4	火の弟	巳	火の兄
6/5 ～ 6/15	土の兄	午	火の兄
6/16 ～ 6/25	土の兄	午	土の弟
6/26 ～ 7/6	土の兄	午	火の弟
7/7 ～ 7/16	土の弟	未	火の弟
7/17 ～ 7/19	土の弟	未	木の弟
7/20 ～ 8/6	土の弟	未	土の弟
8/7 ～ 8/14	金の兄	申	土の兄
8/15 ～ 8/21	金の兄	申	水の兄
8/22 ～ 9/6	金の兄	申	土の兄
9/7 ～ 9/17	金の弟	酉	金の兄
9/18 ～ 10/7	金の弟	酉	金の弟
10/8 ～ 10/17	水の兄	戌	金の弟
10/18 ～ 10/20	水の兄	戌	火の弟
10/21 ～ 11/6	水の兄	戌	土の兄
11/7 ～ 11/14	水の弟	亥	土の兄
11/15 ～ 11/21	水の弟	亥	木の兄
11/22 ～ 12/6	水の弟	亥	水の兄
12/7 ～ 12/17	木の兄	子	水の兄
12/18 ～ 1/4	木の兄	子	水の弟
1/5 ～ 1/14	木の弟	丑	水の弟
1/15 ～ 1/17	木の弟	丑	金の弟
1/18 ～ 2/3	木の弟	丑	土の弟

該当期間	上段	干支	下段
2006年			
2/4 ～ 2/11	金の兄	寅	土の兄
2/12 ～ 2/18	金の兄	寅	火の兄
2/19 ～ 3/5	金の兄	寅	木の兄
3/6 ～ 3/16	金の弟	卯	木の兄
3/17 ～ 4/4	金の弟	卯	木の弟
4/5 ～ 4/14	水の兄	辰	木の弟
4/15 ～ 4/17	水の兄	辰	水の弟
4/18 ～ 5/5	水の兄	辰	土の兄
5/6 ～ 5/13	水の弟	巳	土の兄
5/14 ～ 5/20	水の弟	巳	金の兄
5/21 ～ 6/5	水の弟	巳	火の兄
6/6 ～ 6/16	木の兄	午	火の兄
6/17 ～ 6/26	木の兄	午	土の弟
6/27 ～ 7/6	木の兄	午	火の弟
7/7 ～ 7/16	木の弟	未	火の弟
7/17 ～ 7/19	木の弟	未	木の弟
7/20 ～ 8/7	木の弟	未	土の弟
8/8 ～ 8/15	火の兄	申	土の兄
8/16 ～ 8/22	火の兄	申	水の兄
8/23 ～ 9/7	火の兄	申	土の兄
9/8 ～ 9/18	火の弟	酉	金の兄
9/19 ～ 10/7	火の弟	酉	金の弟
10/8 ～ 10/17	土の兄	戌	金の弟
10/18 ～ 10/20	土の兄	戌	火の弟
10/21 ～ 11/6	土の兄	戌	土の兄
11/7 ～ 11/14	土の弟	亥	土の兄
11/15 ～ 11/21	土の弟	亥	木の兄
11/22 ～ 12/6	土の弟	亥	水の兄
12/7 ～ 12/17	金の兄	子	水の兄
12/18 ～ 1/5	金の兄	子	水の弟
1/6 ～ 1/15	金の弟	丑	水の弟
1/16 ～ 1/18	金の弟	丑	金の弟
1/19 ～ 2/3	金の弟	丑	土の弟
2007年			
2/4 ～ 2/11	水の兄	寅	土の兄
2/12 ～ 2/18	水の兄	寅	火の兄
2/19 ～ 3/5	水の兄	寅	木の兄
3/6 ～ 3/16	水の弟	卯	木の兄
3/17 ～ 4/4	水の弟	卯	木の弟
4/5 ～ 4/14	木の兄	辰	木の弟
4/15 ～ 4/17	木の兄	辰	水の弟
4/18 ～ 5/5	木の兄	辰	土の兄
5/6 ～ 5/13	木の弟	巳	土の兄
5/14 ～ 5/20	木の弟	巳	金の兄
5/21 ～ 6/5	木の弟	巳	火の兄
6/6 ～ 6/16	火の兄	午	火の兄
6/17 ～ 6/26	火の兄	午	土の弟
6/27 ～ 7/6	火の兄	午	火の弟
7/7 ～ 7/16	火の弟	未	火の弟
7/17 ～ 7/19	火の弟	未	木の弟
7/20 ～ 8/7	火の弟	未	土の弟

該当期間	上段	干支	下段
8/7 ～ 8/14	金の兄	申	土の兄
8/15 ～ 8/21	金の兄	申	水の兄
8/22 ～ 9/6	金の兄	申	土の兄
9/7 ～ 9/17	金の弟	酉	金の兄
9/18 ～ 10/7	金の弟	酉	金の弟
10/8 ～ 10/17	水の兄	戌	金の弟
10/18 ～ 10/20	水の兄	戌	火の弟
10/21 ～ 11/6	水の兄	戌	土の兄
11/7 ～ 11/14	水の弟	亥	土の兄
11/15 ～ 11/21	水の弟	亥	木の兄
11/22 ～ 12/6	水の弟	亥	水の兄
12/7 ～ 12/17	木の兄	子	水の兄
12/18 ～ 1/4	木の兄	子	水の弟
1/5 ～ 1/14	木の弟	丑	水の弟
1/15 ～ 1/17	木の弟	丑	金の弟
1/18 ～ 2/3	木の弟	丑	土の弟
2014年			
2/4 ～ 2/11	火の兄	寅	土の兄
2/12 ～ 2/18	火の兄	寅	火の兄
2/19 ～ 3/5	火の兄	寅	木の兄
3/6 ～ 3/16	火の弟	卯	木の兄
3/17 ～ 4/4	火の弟	卯	木の弟
4/5 ～ 4/14	土の兄	辰	木の弟
4/15 ～ 4/17	土の兄	辰	水の弟
4/18 ～ 5/4	土の兄	辰	土の兄
5/5 ～ 5/12	土の弟	巳	土の兄
5/13 ～ 5/19	土の弟	巳	金の兄
5/20 ～ 6/5	土の弟	巳	火の兄
6/6 ～ 6/16	金の兄	午	火の兄
6/17 ～ 6/26	金の兄	午	土の弟
6/27 ～ 7/6	金の兄	午	火の弟
7/7 ～ 7/16	金の弟	未	火の弟
7/17 ～ 7/19	金の弟	未	木の弟
7/20 ～ 8/6	金の弟	未	土の弟
8/7 ～ 8/14	水の兄	申	土の兄
8/15 ～ 8/21	水の兄	申	水の兄
8/22 ～ 9/7	水の兄	申	土の兄
9/8 ～ 9/18	水の弟	酉	金の兄
9/19 ～ 10/7	水の弟	酉	金の弟
10/8 ～ 10/17	木の兄	戌	金の弟
10/18 ～ 10/20	木の兄	戌	火の弟
10/21 ～ 11/6	木の兄	戌	土の兄
11/7 ～ 11/14	木の弟	亥	土の兄
11/15 ～ 11/21	木の弟	亥	木の兄
11/22 ～ 12/6	木の弟	亥	水の兄
12/7 ～ 12/17	火の兄	子	水の兄
12/18 ～ 1/5	火の兄	子	水の弟
1/6 ～ 1/15	火の弟	丑	水の弟
1/16 ～ 1/18	火の弟	丑	金の弟
1/19 ～ 2/3	火の弟	丑	土の弟

該当期間	上段	干支	下段
2012年			
2/4 ～ 2/11	水の兄	寅	土の兄
2/12 ～ 2/18	水の兄	寅	火の兄
2/19 ～ 3/4	水の兄	寅	木の兄
3/5 ～ 3/15	水の弟	卯	木の兄
3/16 ～ 4/3	水の弟	卯	木の弟
4/4 ～ 4/13	木の兄	辰	木の弟
4/14 ～ 4/16	木の兄	辰	水の弟
4/17 ～ 5/4	木の兄	辰	土の兄
5/5 ～ 5/12	木の弟	巳	土の兄
5/13 ～ 5/19	木の弟	巳	金の兄
5/20 ～ 6/4	木の弟	巳	火の兄
6/5 ～ 6/15	火の兄	午	火の兄
6/16 ～ 6/25	火の兄	午	土の弟
6/26 ～ 7/6	火の兄	午	火の弟
7/7 ～ 7/16	火の弟	未	火の弟
7/17 ～ 7/19	火の弟	未	木の弟
7/20 ～ 8/6	火の弟	未	土の弟
8/7 ～ 8/14	土の兄	申	土の兄
8/15 ～ 8/21	土の兄	申	水の兄
8/22 ～ 9/6	土の兄	申	土の兄
9/7 ～ 9/17	土の弟	酉	金の兄
9/18 ～ 10/7	土の弟	酉	金の弟
10/8 ～ 10/17	金の兄	戌	金の弟
10/18 ～ 10/20	金の兄	戌	火の弟
10/21 ～ 11/6	金の兄	戌	土の兄
11/7 ～ 11/14	金の弟	亥	土の兄
11/15 ～ 11/21	金の弟	亥	木の兄
11/22 ～ 12/6	金の弟	亥	水の兄
12/7 ～ 12/17	水の兄	子	水の兄
12/18 ～ 1/4	水の兄	子	水の弟
1/5 ～ 1/14	水の弟	丑	水の弟
1/15 ～ 1/17	水の弟	丑	金の弟
1/18 ～ 2/3	水の弟	丑	土の弟
2013年			
2/4 ～ 2/11	木の兄	寅	土の兄
2/12 ～ 2/18	木の兄	寅	火の兄
2/19 ～ 3/4	木の兄	寅	木の兄
3/5 ～ 3/15	木の弟	卯	木の兄
3/16 ～ 4/4	木の弟	卯	木の弟
4/5 ～ 4/14	火の兄	辰	木の弟
4/15 ～ 4/17	火の兄	辰	水の弟
4/18 ～ 5/4	火の兄	辰	土の兄
5/5 ～ 5/12	火の弟	巳	土の兄
5/13 ～ 5/19	火の弟	巳	金の兄
5/20 ～ 6/4	火の弟	巳	火の兄
6/5 ～ 6/15	土の兄	午	火の兄
6/16 ～ 6/25	土の兄	午	土の弟
6/26 ～ 7/6	土の兄	午	火の弟
7/7 ～ 7/16	土の弟	未	火の弟
7/17 ～ 7/19	土の弟	未	木の弟
7/20 ～ 8/6	土の弟	未	土の弟

該当期間	上段	干支	下段
8/7 ～ 8/14	木の兄	申	土の兄
8/15 ～ 8/21	木の兄	申	水の兄
8/22 ～ 9/7	木の兄	申	土の兄
9/8 ～ 9/18	木の弟	酉	金の兄
9/19 ～ 10/7	木の弟	酉	金の弟
10/8 ～ 10/17	火の兄	戌	金の弟
10/18 ～ 10/20	火の兄	戌	火の弟
10/21 ～ 11/6	火の兄	戌	土の兄
11/7 ～ 11/14	火の弟	亥	土の兄
11/15 ～ 11/21	火の弟	亥	木の兄
11/22 ～ 12/6	火の弟	亥	水の兄
12/7 ～ 12/17	土の兄	子	水の兄
12/18 ～ 1/5	土の兄	子	水の弟
1/6 ～ 1/15	土の弟	丑	水の弟
1/16 ～ 1/18	土の弟	丑	金の弟
1/19 ～ 2/3	土の弟	丑	土の弟
2011年			
2/4 ～ 2/11	金の兄	寅	土の兄
2/12 ～ 2/18	金の兄	寅	火の兄
2/19 ～ 3/5	金の兄	寅	木の兄
3/6 ～ 3/16	金の弟	卯	木の兄
3/17 ～ 4/4	金の弟	卯	木の弟
4/5 ～ 4/14	水の兄	辰	木の弟
4/15 ～ 4/17	水の兄	辰	水の弟
4/18 ～ 5/5	水の兄	辰	土の兄
5/6 ～ 5/13	水の弟	巳	土の兄
5/14 ～ 5/20	水の弟	巳	金の兄
5/21 ～ 6/5	水の弟	巳	火の兄
6/6 ～ 6/16	木の兄	午	火の兄
6/17 ～ 6/26	木の兄	午	土の弟
6/27 ～ 7/6	木の兄	午	火の弟
7/7 ～ 7/16	木の弟	未	火の弟
7/17 ～ 7/19	木の弟	未	木の弟
7/20 ～ 8/7	木の弟	未	土の弟
8/8 ～ 8/15	火の兄	申	土の兄
8/16 ～ 8/22	火の兄	申	水の兄
8/23 ～ 9/7	火の兄	申	土の兄
9/8 ～ 9/18	火の弟	酉	金の兄
9/19 ～ 10/8	火の弟	酉	金の弟
10/9 ～ 10/18	土の兄	戌	金の弟
10/19 ～ 10/21	土の兄	戌	火の弟
10/22 ～ 11/7	土の兄	戌	土の兄
11/8 ～ 11/15	土の弟	亥	土の兄
11/16 ～ 11/22	土の弟	亥	木の兄
11/23 ～ 12/6	土の弟	亥	水の兄
12/7 ～ 12/17	金の兄	子	水の兄
12/18 ～ 1/5	金の兄	子	水の弟
1/6 ～ 1/15	金の弟	丑	水の弟
1/16 ～ 1/18	金の弟	丑	金の弟
1/19 ～ 2/3	金の弟	丑	土の弟

該当期間	上段	干支	下段
2018年			
2/4 ～ 2/11	木の兄	寅	土の兄
2/12 ～ 2/18	木の兄	寅	火の兄
2/19 ～ 3/5	木の兄	寅	木の兄
3/6 ～ 3/16	木の弟	卯	木の兄
3/17 ～ 4/4	木の弟	卯	木の弟
4/5 ～ 4/14	火の兄	辰	木の弟
4/15 ～ 4/17	火の兄	辰	水の弟
4/18 ～ 5/4	火の兄	辰	土の兄
5/5 ～ 5/12	火の弟	巳	土の兄
5/13 ～ 5/19	火の弟	巳	金の兄
5/20 ～ 6/5	火の弟	巳	火の兄
6/6 ～ 6/16	土の兄	午	火の兄
6/17 ～ 6/26	土の兄	午	土の弟
6/27 ～ 7/6	土の兄	午	火の弟
7/7 ～ 7/16	土の弟	未	火の弟
7/17 ～ 7/19	土の弟	未	木の弟
7/20 ～ 8/6	土の弟	未	土の弟
8/7 ～ 8/14	金の兄	申	土の兄
8/15 ～ 8/21	金の兄	申	水の兄
8/22 ～ 9/7	金の兄	申	土の兄
9/8 ～ 9/18	金の弟	酉	金の兄
9/19 ～ 10/7	金の弟	酉	金の弟
10/8 ～ 10/17	水の兄	戌	金の弟
10/18 ～ 10/20	水の兄	戌	火の弟
10/21 ～ 11/6	水の兄	戌	土の兄
11/7 ～ 11/14	水の弟	亥	土の兄
11/15 ～ 11/21	水の弟	亥	木の兄
11/22 ～ 12/6	水の弟	亥	水の兄
12/7 ～ 12/17	木の兄	子	水の兄
12/18 ～ 1/5	木の兄	子	水の弟
1/6 ～ 1/15	木の弟	丑	水の弟
1/16 ～ 1/18	木の弟	丑	金の弟
1/19 ～ 2/3	木の弟	丑	土の弟
2019年			
2/4 ～ 2/11	火の兄	寅	土の兄
2/12 ～ 2/18	火の兄	寅	火の兄
2/19 ～ 3/5	火の兄	寅	木の兄
3/6 ～ 3/16	火の弟	卯	木の兄
3/17 ～ 4/4	火の弟	卯	木の弟
4/5 ～ 4/14	土の兄	辰	木の弟
4/15 ～ 4/17	土の兄	辰	水の弟
4/18 ～ 5/5	土の兄	辰	土の兄
5/6 ～ 5/13	土の弟	巳	土の兄
5/14 ～ 5/20	土の弟	巳	金の兄
5/21 ～ 6/5	土の弟	巳	火の兄
6/6 ～ 6/16	金の兄	午	火の兄
6/17 ～ 6/26	金の兄	午	土の弟
6/27 ～ 7/6	金の兄	午	火の弟
7/7 ～ 7/16	金の弟	未	火の弟
7/17 ～ 7/19	金の弟	未	木の弟
7/20 ～ 8/7	金の弟	未	土の弟

該当期間	上段	干支	下段
8/7 ～ 8/14	火の兄	申	土の兄
8/15 ～ 8/21	火の兄	申	水の兄
8/22 ～ 9/6	火の兄	申	土の兄
9/7 ～ 9/17	火の弟	酉	金の兄
9/18 ～ 10/7	火の弟	酉	金の弟
10/8 ～ 10/17	土の兄	戌	金の弟
10/18 ～ 10/20	土の兄	戌	火の弟
10/21 ～ 11/6	土の兄	戌	土の兄
11/7 ～ 11/14	土の弟	亥	土の兄
11/15 ～ 11/21	土の弟	亥	木の兄
11/22 ～ 12/6	土の弟	亥	水の兄
12/7 ～ 12/17	金の兄	子	水の兄
12/18 ～ 1/4	金の兄	子	水の弟
1/5 ～ 1/14	金の弟	丑	水の弟
1/15 ～ 1/17	金の弟	丑	金の弟
1/18 ～ 2/3	金の弟	丑	土の弟
2017年			
2/4 ～ 2/11	水の兄	寅	土の兄
2/12 ～ 2/18	水の兄	寅	火の兄
2/19 ～ 3/4	水の兄	寅	木の兄
3/5 ～ 3/15	水の弟	卯	木の兄
3/16 ～ 4/3	水の弟	卯	木の弟
4/4 ～ 4/13	木の兄	辰	木の弟
4/14 ～ 4/16	木の兄	辰	水の弟
4/17 ～ 5/4	木の兄	辰	土の兄
5/5 ～ 5/12	木の弟	巳	土の兄
5/13 ～ 5/19	木の弟	巳	金の兄
5/20 ～ 6/4	木の弟	巳	火の兄
6/5 ～ 6/15	火の兄	午	火の兄
6/16 ～ 6/25	火の兄	午	土の弟
6/26 ～ 7/6	火の兄	午	火の弟
7/7 ～ 7/16	火の弟	未	火の弟
7/17 ～ 7/19	火の弟	未	木の弟
7/20 ～ 8/6	火の弟	未	土の弟
8/7 ～ 8/14	土の兄	申	土の兄
8/15 ～ 8/21	土の兄	申	水の兄
8/22 ～ 9/6	土の兄	申	土の兄
9/7 ～ 9/17	土の弟	酉	金の兄
9/18 ～ 10/7	土の弟	酉	金の弟
10/8 ～ 10/17	金の兄	戌	金の弟
10/18 ～ 10/20	金の兄	戌	火の弟
10/21 ～ 11/6	金の兄	戌	土の兄
11/7 ～ 11/14	金の弟	亥	土の兄
11/15 ～ 11/21	金の弟	亥	木の兄
11/22 ～ 12/6	金の弟	亥	水の兄
12/7 ～ 12/17	水の兄	子	水の兄
12/18 ～ 1/4	水の兄	子	水の弟
1/5 ～ 1/14	水の弟	丑	水の弟
1/15 ～ 1/17	水の弟	丑	金の弟
1/18 ～ 2/3	水の弟	丑	土の弟

該当期間	上段	干支	下段
2015年			
2/4 ～ 2/11	土の兄	寅	土の兄
2/12 ～ 2/18	土の兄	寅	火の兄
2/19 ～ 3/5	土の兄	寅	木の兄
3/6 ～ 3/16	土の弟	卯	木の兄
3/17 ～ 4/4	土の弟	卯	木の弟
4/5 ～ 4/14	金の兄	辰	木の弟
4/15 ～ 4/17	金の兄	辰	水の弟
4/18 ～ 5/5	金の兄	辰	土の兄
5/6 ～ 5/13	金の弟	巳	土の兄
5/14 ～ 5/20	金の弟	巳	金の兄
5/21 ～ 6/5	金の弟	巳	火の兄
6/6 ～ 6/16	水の兄	午	火の兄
6/17 ～ 6/26	水の兄	午	土の弟
6/27 ～ 7/6	水の兄	午	火の弟
7/7 ～ 7/16	水の弟	未	火の弟
7/17 ～ 7/19	水の弟	未	木の弟
7/20 ～ 8/7	水の弟	未	土の弟
8/8 ～ 8/15	木の兄	申	土の兄
8/16 ～ 8/22	木の兄	申	水の兄
8/23 ～ 9/7	木の兄	申	土の兄
9/8 ～ 9/18	木の弟	酉	金の兄
9/19 ～ 10/7	木の弟	酉	金の弟
10/8 ～ 10/17	火の兄	戌	金の弟
10/18 ～ 10/20	火の兄	戌	火の弟
10/21 ～ 11/7	火の兄	戌	土の兄
11/8 ～ 11/15	火の弟	亥	土の兄
11/16 ～ 11/22	火の弟	亥	木の兄
11/23 ～ 12/6	火の弟	亥	水の兄
12/7 ～ 12/17	土の兄	子	水の兄
12/18 ～ 1/5	土の兄	子	水の弟
1/6 ～ 1/15	土の弟	丑	水の弟
1/16 ～ 1/18	土の弟	丑	金の弟
1/19 ～ 2/3	土の弟	丑	土の弟
2016年			
2/4 ～ 2/11	金の兄	寅	土の兄
2/12 ～ 2/18	金の兄	寅	火の兄
2/19 ～ 3/4	金の兄	寅	木の兄
3/5 ～ 3/15	金の弟	卯	木の兄
3/16 ～ 4/3	金の弟	卯	木の弟
4/4 ～ 4/13	水の兄	辰	木の弟
4/14 ～ 4/16	水の兄	辰	水の弟
4/17 ～ 5/4	水の兄	辰	土の兄
5/5 ～ 5/12	水の弟	巳	土の兄
5/13 ～ 5/19	水の弟	巳	金の兄
5/20 ～ 6/4	水の弟	巳	火の兄
6/5 ～ 6/15	木の兄	午	火の兄
6/16 ～ 6/24	木の兄	午	土の弟
6/25 ～ 7/6	木の兄	午	火の弟
7/7 ～ 7/16	木の弟	未	火の弟
7/17 ～ 7/19	木の弟	未	木の弟
7/20 ～ 8/6	木の弟	未	土の弟

該当期間	上段	干支	下段
7/20 ～ 8/6	水の弟	未	土の弟
8/7 ～ 8/14	木の兄	申	土の兄
8/15 ～ 8/21	木の兄	申	水の兄
8/22 ～ 9/6	木の兄	申	土の兄
9/7 ～ 9/17	木の弟	酉	金の兄
9/18 ～ 10/7	木の弟	酉	金の弟
10/8 ～ 10/17	火の兄	戌	金の弟
10/18 ～ 10/20	火の兄	戌	火の弟
10/21 ～ 11/6	火の兄	戌	土の兄
11/7 ～ 11/14	火の弟	亥	土の兄
11/15 ～ 11/21	火の弟	亥	木の兄
11/22 ～ 12/6	火の弟	亥	水の兄
12/7 ～ 12/17	土の兄	子	水の兄
12/18 ～ 1/4	土の兄	子	水の弟
1/5 ～ 1/14	土の弟	丑	水の弟
1/15 ～ 1/17	土の弟	丑	金の弟
1/18 ～ 2/3	土の弟	丑	土の弟

該当期間	上段	干支	下段
2020年			
2/4 ～ 2/11	土の兄	寅	土の兄
2/12 ～ 2/18	土の兄	寅	火の兄
2/19 ～ 3/4	土の兄	寅	木の兄
3/5 ～ 3/15	土の弟	卯	木の兄
3/16 ～ 4/3	土の弟	卯	木の弟
4/4 ～ 4/13	金の兄	辰	木の弟
4/14 ～ 4/16	金の兄	辰	水の弟
4/17 ～ 5/4	金の兄	辰	土の兄
5/5 ～ 5/12	金の弟	巳	土の兄
5/13 ～ 5/19	金の弟	巳	金の兄
5/20 ～ 6/4	金の弟	巳	火の兄
6/5 ～ 6/15	水の兄	午	火の兄
6/16 ～ 6/25	水の兄	午	土の弟
6/26 ～ 7/6	水の兄	午	火の弟
7/7 ～ 7/16	水の弟	未	火の弟
7/17 ～ 7/19	水の弟	未	木の弟

該当期間	上段	干支	下段
8/8 ～ 8/15	水の兄	申	土の兄
8/16 ～ 8/22	水の兄	申	水の兄
8/23 ～ 9/7	水の兄	申	土の兄
9/8 ～ 9/18	水の弟	酉	金の兄
9/19 ～ 10/7	水の弟	酉	金の弟
10/8 ～ 10/17	木の兄	戌	金の弟
10/18 ～ 10/20	木の兄	戌	火の弟
10/21 ～ 11/7	木の兄	戌	土の兄
11/8 ～ 11/15	木の弟	亥	土の兄
11/16 ～ 11/22	木の弟	亥	木の兄
11/23 ～ 12/6	木の弟	亥	水の兄
12/7 ～ 12/17	火の兄	子	水の兄
12/18 ～ 1/5	火の兄	子	水の弟
1/6 ～ 1/15	火の弟	丑	水の弟
1/16 ～ 1/18	火の弟	丑	金の弟
1/19 ～ 2/3	火の弟	丑	土の弟

④ 通変星早見表

前にも書きましたが、通変星を見つけるためには、まず誕生日の十干十二支を調べます。全ての日には、天干と地支がついていて、例えば火の弟（丁）の亥の日のように決められています。

これは、市販の万年暦やインターネットでも調べられます。また、この付録の4～5ページを使っても計算できます。

誕生日の天干を、このページの左表の一番左の欄から探し出し、その段を右へ辿っていき、月柱や年柱や時柱の天干とクロスする行の一番上に書いてある通変星が、それぞれ柱の通変星と言うことになります。

日柱の天干を日主と言います。

■通変星早見表

日柱＼通変星	比肩	劫財	食神	傷官	偏財	正財	偏官	正官	偏印	印綬
木の兄	木の兄	木の弟	火の兄	火の弟	土の兄	土の弟	金の兄	金の弟	水の兄	水の弟
木の弟	木の弟	木の兄	火の弟	火の兄	土の弟	土の兄	金の弟	金の兄	水の弟	水の兄
火の兄	火の兄	火の弟	土の兄	土の弟	金の兄	金の弟	水の兄	水の弟	木の兄	木の弟
火の弟	火の弟	火の兄	土の弟	土の兄	金の弟	金の兄	水の弟	水の兄	木の弟	木の兄
土の兄	土の兄	土の弟	金の兄	金の弟	水の兄	水の弟	木の兄	木の弟	火の兄	火の弟
土の弟	土の弟	土の兄	金の弟	金の兄	水の弟	水の兄	木の弟	木の兄	火の弟	火の兄
金の兄	金の兄	金の弟	水の兄	水の弟	木の兄	木の弟	火の兄	火の弟	土の兄	土の弟
金の弟	金の弟	金の兄	水の弟	水の兄	木の弟	木の兄	火の弟	火の兄	土の弟	土の兄
水の兄	水の兄	水の弟	木の兄	木の弟	火の兄	火の弟	土の兄	土の弟	金の兄	金の弟
水の弟	水の弟	水の兄	木の弟	木の兄	火の弟	火の兄	土の弟	土の兄	金の弟	金の兄

⑤

時柱の星と補運を調べる

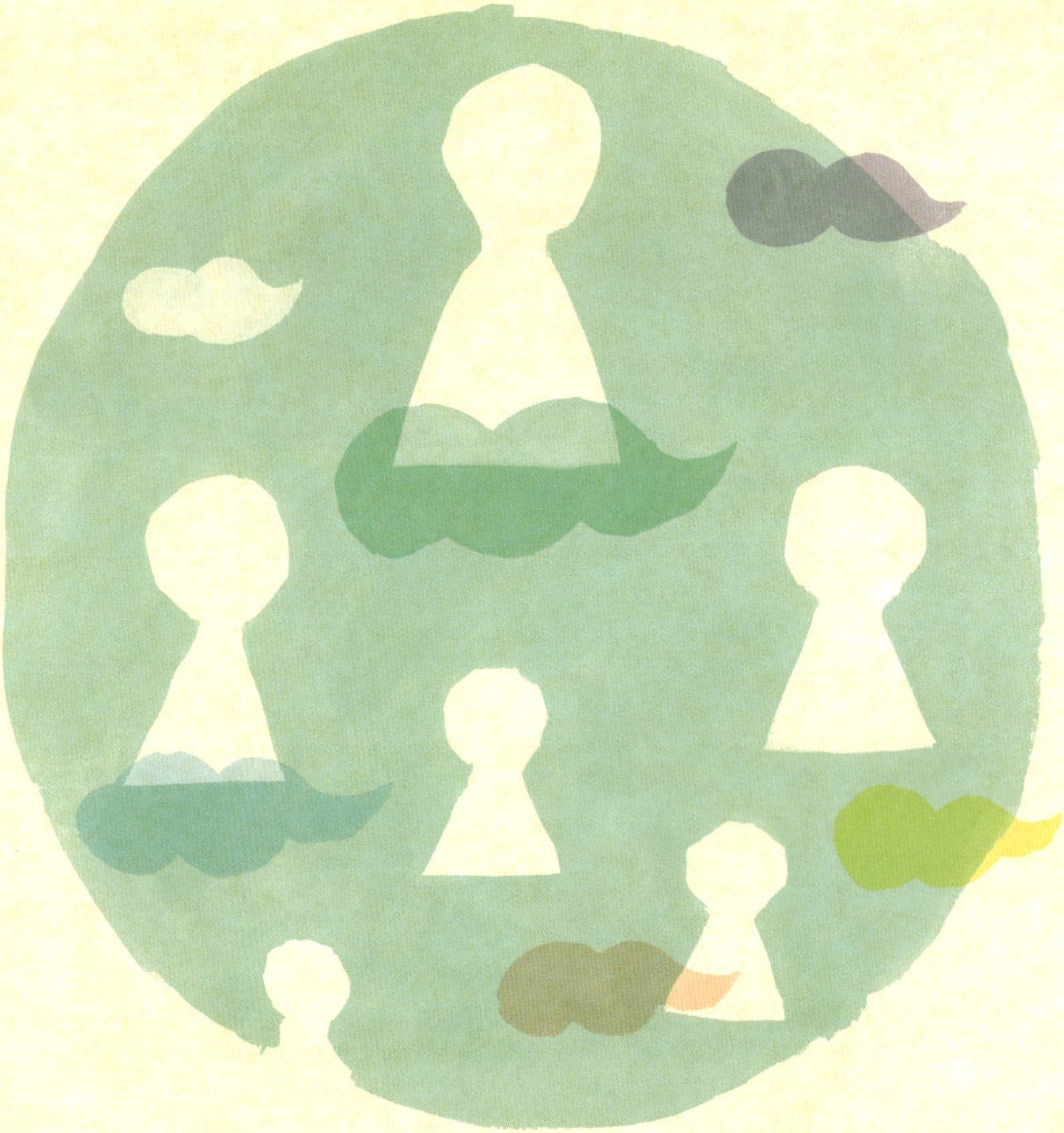

生まれた時間が分からない方は、日柱、月柱、年柱だけで、充分に鑑定が可能なので、時柱は考慮しなくて結構です。

時柱は、人生の終わり方だからと、あえて見ない流派もあるくらいですから。

本書では、時柱は、自分の子供や部下、後輩なども意味しているという解釈を取っています。また、他の3つの柱にある5つの通変星のバランスが悪い場合に、時柱の通変星が助けになる場合もあると考えています。

付録29ページの表の最上段で、まず、あなたの日柱の天干の行を探してください。次に左端の欄で生まれた時間を見つけ、その段と、日柱の天干が交差する欄に明記されている二つの天干と地支を選び出します。二つの天干のうち、上段にあるほうが時柱上段の通変星を、下のほうが時柱下段の通変星を見つけるための天干です。次に、付録27ページの通変星早見表に戻ります。この表では、左の端の欄で、あなたの日柱の天干の段を見つけましょう。この段を右へ辿り、それぞれ時柱上段の天干の行と、時柱下段の天干の行にぶつかったら、この行を上へ辿り、一番上の通変星を見つけてください。

■時柱早見表

	日柱上段				
生まれ時間	水の弟＆土の兄	水の兄＆火の弟	金の弟＆火の兄	金の兄＆木の弟	土の弟＆木の兄
午後11時 ↓	水の兄 子	金の兄 子	土の兄 子	火の兄 子	木の兄 子
	水の弟	水の弟	水の弟	水の弟	水の弟
午前1時 ↓	水の弟 丑	金の弟 丑	土の弟 丑	火の弟 丑	木の弟 丑
	土の弟	土の弟	土の弟	土の弟	土の弟
午前3時 ↓	木の兄 寅	水の兄 寅	金の兄 寅	土の兄 寅	火の兄 寅
	木の兄	木の兄	木の兄	木の兄	木の兄
午前5時 ↓	木の弟 卯	水の弟 卯	金の弟 卯	土の弟 卯	火の弟 卯
	木の弟	木の弟	木の弟	木の弟	木の弟
午前7時 ↓	火の兄 辰	木の兄 辰	水の兄 辰	金の兄 辰	土の兄 辰
	土の兄	土の兄	土の兄	土の兄	土の兄
午前9時 ↓	火の弟 巳	木の弟 巳	水の弟 巳	金の弟 巳	土の弟 巳
	火の兄	火の兄	火の兄	火の兄	火の兄
午前11時 ↓	土の兄 午	火の兄 午	木の兄 午	水の兄 午	金の兄 午
	火の弟	火の弟	火の弟	火の弟	火の弟
午後1時 ↓	土の弟 未	火の弟 未	木の弟 未	水の弟 未	金の弟 未
	土の弟	土の弟	土の弟	土の弟	土の弟
午後3時 ↓	金の兄 申	土の兄 申	火の兄 申	木の兄 申	水の兄 申
	金の兄	金の兄	金の兄	金の兄	金の兄
午後5時 ↓	金の弟 酉	土の弟 酉	火の弟 酉	木の弟 酉	水の弟 酉
	金の弟	金の弟	金の弟	金の弟	金の弟
午後7時 ↓	水の兄 戌	金の兄 戌	土の兄 戌	火の兄 戌	木の兄 戌
	土の兄	土の兄	土の兄	土の兄	土の兄
午後9時 ↓	水の弟 亥	金の弟 亥	土の弟 亥	火の弟 亥	木の弟 亥
	水の兄	水の兄	水の兄	水の兄	水の兄

7つの通変星に付く補運を調べる

補運は、全ての通変星に付いて補足する働きがある

四柱推命の命式（運命図）には、年柱の上段と下段、月柱の上段と下段、日柱の下段の5カ所に、通変星が入ります。

生まれた時間が分かっている人は、時柱の上段と下段にもそれぞれ通変星が入るので、7つの通変星を持っています。そして各通変星には、それぞれ補運が付いていて、その通変星の働きを強めたり、補足したりする作用をします。

補運は、12種類あり、胎、養、長生、沐浴、冠帯、建禄、帝旺、衰、病、死、墓、絶です。病、死、墓、というような怖い文字が付いていますが、必要以上に怖がることはありません。人間の一生に例えたサイクルだと思ってください。補運の詳しい意味は、本書の108ページに書いていきます。

補運は、年柱、月柱、日柱、時柱の地支（十二支）から割り出します。

年柱の地支は、付録6～7ページの年柱早見表の真ん中に明記してあります。

月柱の地支は、付録8ページ～の月柱早見表の真ん中の干支の欄に明記してあります。

日柱の地支は、付録5ページの日柱早見表の左から二番目の欄に書いてありますが、日柱の補運は自動的に算出できるので、同じ欄の左端に既に明記しています。

時柱の地支は、付録29ページの時柱早見表の真ん中の段に、明記してあります。

それぞれの柱の地支（十二支）が決まったら、付録31ページの表から、補運を割り出すことができます。

補運は、天干と地支の組み合わせです

補運早見表の左の端の欄で、あなたの年柱上段の天干を見つけて、その段を右

■補運早見表

日柱	長生	沐浴	冠帯	建禄	帝旺	衰	病	死	墓	絶	胎	養
木の兄	亥	子	丑	寅	卯	辰	巳	午	未	申	酉	戌
木の弟	午	巳	辰	卯	寅	丑	子	亥	戌	酉	申	未
火の兄	寅	卯	辰	巳	午	未	申	酉	戌	亥	子	丑
火の弟	酉	申	未	午	巳	辰	卯	寅	丑	子	亥	戌
土の兄	寅	卯	辰	巳	午	未	申	酉	戌	亥	子	丑
土の弟	酉	申	未	午	巳	辰	卯	寅	丑	子	亥	戌
金の兄	巳	午	未	申	酉	戌	亥	子	丑	寅	卯	辰
金の弟	子	亥	戌	酉	申	未	午	巳	辰	卯	寅	丑
水の兄	申	酉	戌	亥	子	丑	寅	卯	辰	巳	午	未
水の弟	卯	寅	丑	子	亥	戌	酉	申	未	午	巳	辰

へ辿って行き、年柱の地支にぶつかったら、その行の一番上の段に書いてある補運が、年柱上段の通変星に付く補運です。

同様に、月柱の天干を見つけて、その段を右へ辿って、月柱の地支にぶつかったら、その行の最上段に書いてある補運が、月柱上段の補運になります。

同様に、時柱の天干の段を右へ辿って、時柱の地支にぶつかったら、その行の最上段に書いてある補運が、時柱上段の補運です。

各柱の下段に位置する通変星に付く補運の見つけ方は、まったく別の方法なので注意してください。

まず、補運早見表の左の端の欄で、あなたの日柱の上段の天干を見つけてください。その段を右へ辿り、それぞれ年柱や、月柱や、時柱の地支（十二支）にぶつかったら、その行の一番上の欄にある補運が、それぞれ年柱下段、月柱下段、時柱下段の通変星に付いている補運です。

前述しましたが、日柱下段の通変星に付く補運は、付録5ページの**日柱早見表**の中に算出して書かれているので、わざわざ探す必要はありません。そのまま付録3ページの命式に記入してください。